Gestão
com pessoas

Takeshy Tachizawa
Victor Cláudio Paradela Ferreira
Antônio Alfredo Mello Fortuna

Gestão com pessoas

Uma abordagem aplicada às estratégias de negócios

5ª edição

FGV
EDITORA

ISBN — 85-225-0332-X

Copyright © 2006 Takeshy Tachizawa, Victor Cláudio Paradela e Antônio Alfredo Mello Fortuna

Direitos desta edição reservados à
EDITORA FGV
Rua Jornalista Orlando Dantas, 37
22231-010 — Rio de Janeiro, RJ — Brasil
Tels.: 0800-021-7777 — 21-3799-4427
Fax: 21-3799-4430
e-mail: editora@fgv.br — pedidoseditora@fgv.br
web site: www.fgv.br/editora

Impresso no Brasil / *Printed in Brazil*

Todos os direitos reservados. A reprodução não autorizada desta publicação, no todo ou em parte, constitui violação do copyright (Lei nº 9.610/98).

Os conceitos emitidos neste livro são de inteira responsabilidade dos autores.

1ª edição — 2001; 2ª edição — 2001; 3ª edição — 2004; 4ª edição revista e atualizada — 2004; 5ª edição — 2006; 1ª e 2ª reimpressões — 2008; 3ª e 4ª reimpressões — 2009; 5ª reimpressão — 2010; 6ª reimpressão — 2011; 7ª reimpressão — 2013; 8ª reimpressão — 2015; 9ª reimpressão — 2017.

REVISÃO DE ORIGINAIS : Luiz Alberto Monjardim

EDITORAÇÃO ELETRÔNICA : FA Editoração Eletrônica

REVISÃO : Fatima Caroni e Sandra Pássaro

CAPA: Ricardo Bouillet, Sergio de Carvalho Filgueiras e Marcelo Damm

ATUALIZAÇÃO ORTOGRÁFICA : Ilustrarte Design e Produção Editorial

Ficha catalográfica elaborada pela Biblioteca
Mario Henrique Simonsen/FGV

Tachizawa, Takeshy
    Gestão com pessoas: uma abordagem aplicada às estratégias de negócios / Takeshy Tachizawa, Victor Cláudio Paradela Ferreira e Antônio Alfredo Mello Fortuna. — 5. ed. — Rio de Janeiro : Editora FGV, 2006.
    312 p. — (Coleção FGV Negócios)

    Inclui bibliografia.

    1. Administração de recursos humanos. 2. Desenvolvimento organizacional. I. Ferreira, Victor Cláudio Paradela. II. Fortuna, Antônio Alfredo Mello. III. Fundação Getulio Vargas. IV. Série.

CDD — 658.3124

A todas as pessoas que conosco convivem e que por isso estão presentes neste livro.

Sumário

Gestão com pessoas: uma abordagem aplicada às estratégias de negócios
Rui Otávio Bernardes de Andrade   11

Apresentação   15

PARTE I – UM MODELO DE GESTÃO DE PESSOAS PARA UM MELHOR DESEMPENHO
ORGANIZACIONAL   17
Visão geral   18

Capítulo 1 – Reflexões sobre gestão de pessoas   21
    Estudo de caso: Petroquímica S.A.   44

Capítulo 2 – Princípios considerados no modelo de gestão de pessoas   55
    Estudo de caso: Hardware S.A.   57
    Estudo de caso: Máquinas S.A.   62
    Estudo de caso: Serviços Hospitalares S/C   71

Capítulo 3 – Um modelo de gestão de pessoas   75
    Estudo de caso: Empresa ABC   99
    Estudo de caso: Indústria de Papel e Celulose S.A.   118

PARTE II – GESTÃO DE PESSOAS   121
Visão geral   122

Capítulo 4 - Gestão de pessoas nos níveis estratégico e operacional   129
    Estudo de caso: Telemática S.A.   134
    Estudo de caso: Siderúrgica S.A.   161

Capítulo 5 – Recrutamento, seleção e contratação de pessoal 167
   Estudo de caso: Empresa Beta S.A. 176

Capítulo 6 – Estratégia de cargos e salários 179
   Estudo de caso: Plano de cargos e vencimentos do governo estadual 190

Capítulo 7 – Planejamento de carreira 197
   Estudo de caso: Serviços de Engenharia Consultiva S/C Ltda. 200

Capítulo 8 – Avaliação de desempenho 207
   Estudo de caso: Industrial S.A. 214

Capítulo 9 – Treinamento e desenvolvimento 219

Capítulo 10 – Higiene e segurança no trabalho 229
   Estudo de caso: Serviços de Engenharia Ambiental Ltda. 234

Capítulo 11 – Clima organizacional e motivação 239
   Estudo de caso: Instituição de Ensino S/C 249

Posfácio 257

Bibliografia 263

Sites úteis 265

Anexo – Resenhas de filmes ilustrativos 267
   A conquista do paraíso: Colombo 269
   A história de uma fraude: o caso Enron 270
   A firma 271
   Apolo 13: do desastre ao triunfo 272
   A queda do Império Romano 274
   A rede 276
   Até o limite da honra 277
   Ameaça virtual 278
   Beijos de Chocolate 279

Chocolate	280
Com o dinheiro dos outros	281
Do que as mulheres gostam	283
Doze homens e uma sentença	284
Erin Brockovich	285
Esquentando o Alasca	286
Henry Ford's America	287
Mauá: o imperador e o rei	289
Mestre dos mares: o lado mais distante do mundo	291
Monstros S.A.	292
O amor é contagioso	293
O dia depois de amanhã	294
O informante	295
O gladiador	296
O náufrago	297
O sucesso a qualquer preço	298
O último samurai	299
Piratas da informática	300
Presente de grego	302
Tempos modernos	303
Troia	304
Tucker: um homem e seu sonho	305
Uma linda mulher	306
Uma mulher de classe	308
Wall Street: poder e cobiça	309
Sobre os autores	311

Gestão com pessoas:
uma abordagem aplicada às estratégias de negócios

Uma mudança fundamental, em escala mundial, está ocorrendo no meio ambiente e no contexto interno das organizações. Esta mudança está provocando a renovação do modelo de gestão, principalmente na gestão de pessoas, devido à necessidade de sobrevivência no ambiente em que tais organizações atuam. Segundo *The Economist*, nada mudou mais em 10 séculos de vida humana do que o mundo do trabalho. A maioria das atividades praticadas atualmente não existia há 250 anos.

O exemplo maior é o declínio das atividades da agricultura, onde uma só pessoa, trabalhando com os recursos de tratores, colheitadeiras e outros equipamentos de mecanização da lavoura, faz o trabalho que antigamente era realizado por 20 a 50 pessoas. Outras atividades tornaram-se mecanizadas de modo mais rápido e abrangente. Entretanto, a mecanização não constitui a maior mudança, nem foi um avanço como a máquina de escrever ou como o *chip* de silício. A maior mudança repousa no fato de ter sido criado um mundo do trabalho a partir do surgimento da fábrica, no século XVIII, e, com ela, uma grande massa de empregos remunerados.

Nos dias de hoje, em pleno século XXI, novas e significativas mudanças ocorrem. Até o final da década de 1970, prevalecia nas empresas o modelo organizacional vertical e compartimentado, onde as várias áreas vivenciavam "seu negócio" e se comunicavam através dos canais formais de hierarquia. Com isso, sua integração ficava comprometida e o nível de responsabilidade dos gerentes, reduzido aos limites de seus setores.

Já nos anos 1990, com o advento da estruturação das organizações por processos e com a competitividade sendo mandatária na era da globalização, eliminaram-se as barreiras internas e os gerentes foram obrigados a assumir papéis de "donos" do negócio.

Os gerentes tiveram seu perfil ajustado a uma nova realidade e a *gestão dos recursos humanos* que estivessem sob sua responsabilidade passou a fazer parte de sua rotina de trabalho.

Com isso, sua capacitação passou a incluir disciplinas voltadas para a área do comportamento, condição fundamental para que pudessem se comunicar melhor com os subordinados, compreendendo melhor seus problemas pessoais. É como se entende, hoje, *gestão com pessoas*.

Por outro lado, na maioria das organizações a administração dos *recursos humanos* continua sendo responsabilidade do órgão específico, de onde emanam as diretrizes e recomendações que permitem à organização uma padronização das rotinas e orientação legal para os procedimentos nas relações capital *x* trabalho.

Diante dos novos cenários que se desenham a cada crise internacional e em face das tendências de mudanças nas relações capital *x* trabalho, cabem algumas reflexões sobre como a gestão de pessoas será afetada e, todos juntos, procurarmos estabelecer um *modus vivendi* que seja construtivo, ao se voltar para o atingimento dos objetivos, e plenamente satisfatório como ambiente de parceria e colaboração entre todos.

No contexto do novo século XXI, como será a economia? Quais serão as novas regras do comércio internacional? O que acontecerá aos negócios com o advento do comércio eletrônico? No novo mundo virtual, quais serão as regras de relacionamento entre a organização, suas empresas fornecedoras e clientes? E no contexto interno das organizações, quais serão os reflexos de tais mudanças no comportamento das pessoas? Gestão do capital intelectual, de competências e do conhecimento e novos conceitos que transformam a tradicional administração de recursos humanos exigirão que tipos de gestor e de trabalhadores? E a missão, a visão e os valores da nova organização, como seriam redefinidos?

Esta obra certamente não apresenta as respostas para todas estas indagações, uma vez que tais mudanças são permanentes e exigem um ajustamento contínuo do processo de gestão, principalmente a das pessoas que compõem as organizações. Representa, no entanto, uma síntese da vivência dos autores ao longo do exercício de suas carreiras profissionais e visa a estabelecer uma compreensão relativa à gestão com pessoas no âmbito organizacional.

Esta atividade, mais conhecida como administração de recursos humanos, nomenclatura que deriva do fato de, convencionalmente, a organização ser considerada uma conjugação de três ordens de recursos e insumos produtivos (financeiros, materiais e humanos), assume nos dias de hoje a maior importância no seu contexto e remete a gestão de pessoas ao nível estratégico da organização. Durante muito tempo, considerou-se o elemento humano um recurso comparável aos de material e finanças. Foi um erro!

Entendemos que as pessoas que trabalham nas organizações são, na verdade, muito mais do que simples recursos, pois delas dependem os resultados da organização. Se, por um lado, são rotuladas como empregados por força da legislação trabalhista, por outro, são efetivos colaboradores que atuam nos diferentes níveis do processo decisório. A organização que pretende alcançar a excelência deve estabelecer estratégias de gestão de pessoas visando à obtenção de um clima de trabalho propício ao alto desempenho empresarial.

A gestão com pessoas tem como objetivo fundamental tornar a relação entre o capital e o trabalho, no âmbito das organizações, a mais produtiva e menos conflituosa possível.

Enfim, este livro, da lavra de três competentes professores, Takeshy, Paradela e Fortuna, proporciona uma base conceitual sobre os mecanismos e instrumentos utilizados na gestão com pessoas, bem como sobre as novas tendências da função no âmbito das organizações. Identifica os elementos críticos da gestão com pessoas para a implementação dos aperfeiçoamentos demandados pelos novos paradigmas da produtividade e da qualidade voltados à competitividade empresarial.

Com certeza, será muito valiosa para o leitor a experiência acumulada pelos autores, tanto acadêmica quanto profissional, e aqui colocada para reflexão.

Boa leitura.

Rui Otávio Bernardes de Andrade
(Presidente do Conselho Federal de
Administração – CFA)

Apresentação

Dedicamos este livro aos executivos, técnicos e administradores em geral das organizações públicas e privadas. Por estar estruturado em módulos, ele pode ser lido em qualquer ordem, conforme o interesse e o nível de conhecimento de cada leitor. Sugerimos, porém, que seja observada a sua ordem original, dado o encadeamento lógico dos temas abordados.

A parte I, intitulada "Um modelo de gestão de pessoas para um melhor desempenho organizacional", compõe-se de três capítulos, nos quais apresentamos uma reflexão sobre a gestão de pessoas e uma proposta de modelo sistêmico de gestão. Partindo do pressuposto de que existe uma estreita ligação entre gestão estratégica, qualidade, tecnologias da informação, processos, estrutura organizacional e gestão de pessoas, procuramos demonstrar que as estratégias de gestão de pessoas estão diretamente relacionadas com o setor econômico a que pertence a organização.

No capítulo 1, "Reflexões sobre gestão de pessoas", desenvolvemos uma análise do atual contexto brasileiro no que tange à necessidade de mudanças no processo de gestão das organizações.

O capítulo 2, "Princípios considerados no modelo de gestão de pessoas", mostra o embasamento conceitual e filosófico adotado no modelo proposto.

No capítulo 3, "Um modelo de gestão de pessoas", procuramos definir a finalidade maior da organização, propondo uma forma inovadora de delineamento estratégico em função das características particulares de cada conjunto de empresas assemelhadas. Analisamos o macroambiente e o ambiente operacional em que se inserem as organizações empresariais, estabelecendo as características e estratégias comuns às organizações em geral.

A parte II, composta dos capítulos 4 a 11, apresenta uma base conceitual e prática visando a esclarecer melhor a gestão de pessoas no contexto das organizações. O capítulo 4, "Gestão de pessoas no nível estratégico e operacional", descreve as principais decisões inerentes ao planejamento e as decisões estratégicas e operacionais relacionadas ao processo gestão de pessoas. Além de diferentes estratégias a serem adotadas conforme o tipo de organização enfocada, sugerimos que as decisões inerentes à gestão de pessoas sejam estratificadas em função dos níveis estratégico e operacional identificáveis nas organizações.

No capítulo 5, "Recrutamento, seleção e contratação de pessoal", descrevemos as alternativas viáveis para a contratação de pessoal, bem como as atividades inerentes ao processo de recrutamento e seleção.

O capítulo 6, "Estratégia de cargos e salários", expõe os métodos possíveis de avaliação de cargos e salários e propõe um método flexível para organizações públicas e privadas.

No capítulo 7, "Planejamento de carreira", analisamos o processo de formulação de planos de carreira de forma complementar à avaliação de cargos e salários e ao processo de avaliação de desempenho.

O capítulo 8, "Avaliação de desempenho", mostra a necessidade de uma contínua interação entre a organização e seus colaboradores, buscando atender simultaneamente aos objetivos corporativos e às aspirações de seus empregados.

No capítulo 9, "Treinamento e desenvolvimento", focaliza-se o treinamento como parte de um conjunto maior que é o desenvolvimento de pessoas, mostrando-se os passos adequados à realização do plano e dos respectivos programas, de modo a obter a eficácia desejada.

O capítulo 10, "Higiene e segurança no trabalho", estabelece procedimentos nessa área em função de algumas práticas testadas em organizações eficazes e de acordo com a legislação vigente.

No capítulo 11, "Clima organizacional e motivação", aborda-se a questão do contexto intraorganizacional em termos de cultura interna envolvendo as crenças e os valores da organização, enfocando a qualidade total como meta a ser percebida pelos empregados e membros da organização.

Ao final dos capítulos foram inseridos, para efeito didático e ilustrativo, estudos de casos de gestão de pessoas ocorridos em organizações verdadeiras, embora designadas por nomes fictícios. São fatos recentes, que ainda se desenrolavam enquanto os estudos estavam sendo desenvolvidos e que servem de orientação para a tomada de decisões, trazendo o mundo real para o imaginário dos leitores. Os dados provêm de várias fontes, como *sites WEB* especializados em intercâmbio de resultados da implementação de programas de reestruturação organizacional e de gestão da qualidade ou mesmo *sites* de organizações nacionais. Foram também consultados balanços e relatórios de administração de companhias abertas, bem como reportagens publicadas em jornais e revistas especializadas, com especial destaque para a *Gazeta Mercantil*.

Cabe mencionar aqui as seguintes obras: *Gestão de instituições de ensino*, de Tachizawa e Andrade, *Como fazer monografia na prática*, de Tachizawa e Mendes (FGV), *Estratégia empresarial: tendências e desafios*, de Tachizawa e Rezende (Makron Books), e *Organização flexível: qualidade na gestão por processos*, de Tachizawa e Scaico (Atlas), todas elas precursoras nos temas desenvolvidos na primeira parte deste livro.

Parte I

Um modelo de gestão de pessoas para um melhor desempenho organizacional

Do tradicional departamento de pessoal da década de 1950, passando pela divisão de relações industriais na década de 1960, à recente área de recursos humanos, assistimos atualmente a significativas mudanças que apontam para um inovador modelo de gestão de pessoas.

Visão geral

A atual realidade do ambiente global é o surgimento de uma nova era em termos de competição, não apenas a partir de concorrentes conhecidos em mercados tradicionais ou de outras organizações que entram em determinados setores econômicos, mas também a partir da desintegração de barreiras de acesso a mercados anteriormente isolados e protegidos. As organizações não se limitam mais às suas tradicionais bases de clientes. Bancos passam a oferecer seguros e serviços de corretagem de títulos. Empresas de cartões de crédito entram em territórios anteriormente reservados a bancos. Companhias seguradoras comercializam serviços financeiros. Empresas de alta tecnologia vendem mercadorias de consumo. Até mesmo os correios estão se envolvendo em atividades comerciais de varejo e prestando serviços financeiros. Caem rapidamente as barreiras que separavam os setores econômicos e, consequentemente, as organizações que neles operavam. A competição pode surgir inesperadamente de qualquer lugar.

E a *gestão de pessoas* nesse contexto? Do tradicional *departamento de pessoal* da década de 1950, passando pela *divisão de relações industriais* na década de 1960, à recente *área de recursos humanos*, assistimos atualmente a significativas mudanças

Figura 1
Modelo de gestão de pessoas

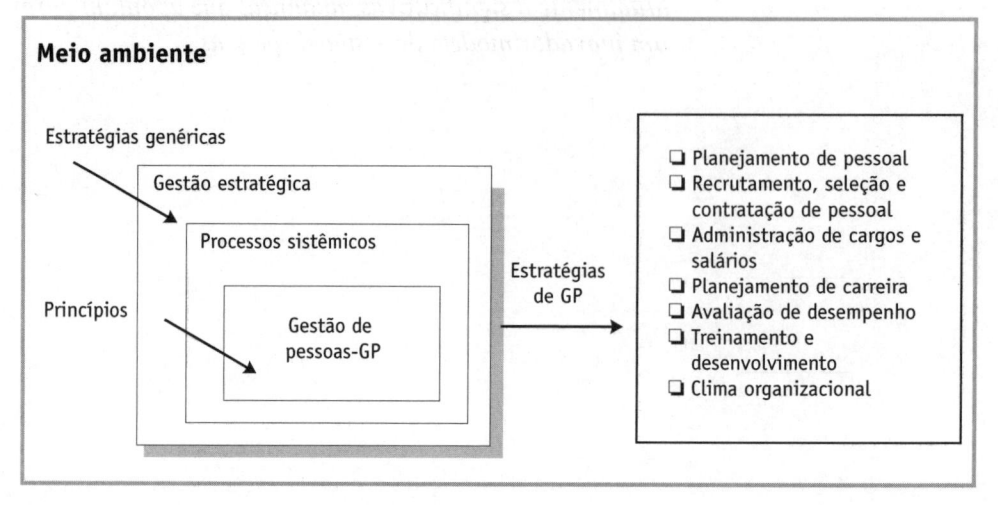

de paradigma que apontam para uma nova fase de *gestão de pessoas*, como ilustra a figura 1.

Por *gestão de pessoas* entende-se, num contexto futuro, um processo de gestão descentralizada apoiada nos *gestores* responsáveis, cada qual em sua área, pelas atividades-fim e atividades-meio das organizações. Os novos tempos estão a exigir novos modelos de gestão e, consequentemente, novas formas de conduzir os interesses da organização e das pessoas. Pela análise da atuação dos gestores da organização pode-se chegar à atuação que se espera dos responsáveis pela gestão de pessoas.

Nesta primeira parte do livro, começamos por uma reflexão sobre a gestão de pessoas para depois analisar a influência do meio ambiente sobre as organizações e, finalmente, formular um modelo, entre outros possíveis, para a gestão de pessoas. Ou seja, partimos de fora para dentro e do geral para o particular até chegar a um modelo de gestão de pessoas para determinada organização.

Capítulo 1

Reflexões sobre gestão de pessoas

Transformações em curso

As duas primeiras revoluções industriais caracterizaram-se pela figura do trabalhador como apêndice da máquina e pelos conceitos do *paradigma industrial*. Posteriormente, com o advento do *just-in-time*, da qualidade total, das tecnologias da informação, da produção enxuta, da engenharia simultânea e da automação, estabeleceu-se o *paradigma pós-industrial*.

Nesta era de economia digital, da Internet e do comércio eletrônico, o relacionamento entre a organização e suas empresas fornecedoras e clientes, o comportamento das pessoas, a gestão do capital intelectual, a gestão de competências e a gestão do conhecimento representam novos conceitos que vieram transformar a tradicional administração de recursos humanos.

Captar e compreender as principais tendências que estão se delineando para os próximos anos é tão vital para a gestão de pessoas quanto administrar os problemas do dia a dia. Uma gestão de pessoas desatrelada da realidade presente pode tropeçar em obstáculos mais imediatos e comprometer a sobrevivência da organização. Em contrapartida, a gestão de pessoas que não procure antever o amanhã pode ser apanhada de surpresa pelas transformações que venham a atingir os fornecedores, os clientes, a competição do mercado e o ambiente como um todo, impedindo assim a organização de reagir de forma eficaz.

Colocar-se acima das turbulências de curto prazo e enxergar as transformações mais amplas que ocorrem no ambiente é fundamental para os *gestores* das organizações, entendendo-se por estes os gestores dos processos-fim e de apoio, aí incluído o de pessoas, bem como aqueles que na nova organização tendem a caracterizar-se como trabalhadores do conhecimento. Esse trabalhador do futuro, desde que motivado e potencializado pelas novas tecnologias, aplicaria seus conhecimentos, individual e coletivamente, para agregar valor ao longo da cadeia produtiva da organização.

A concorrência entre as organizações tende a aumentar em virtude de:

a) novas exigências do consumidor em relação a produtos e serviços;
b) demanda crescente do consumidor por produtos e serviços de qualidade;
c) alteração no poder de compra da população;
d) escassez de insumos produtivos e de recursos críticos;
e) alterações tecnológicas crescentes;
f) escassez de determinadas habilidades;
g) alterações no ritmo e na natureza das mudanças sociais.

Parece sensato preocupar-se com tudo isso, mas é comum haver nas organizações uma grande distância entre o cotidiano e o processo de construir o futuro da organização. Especialmente em ambientes extremamente dinâmicos, como o da economia nacional, e devido ao constante bombardeio de informações, o gestor de pessoas corre ainda o risco de perder a visão global de longo prazo de sua organização.

Como montar o quebra-cabeça formado pelos milhares de eventos internos e externos à organização? Como encaixar os pequenos fatos do *micromundo* da organização no todo maior de uma sociedade em contínua transformação?

O estudo das grandes tendências na administração e na gestão de pessoas pode oferecer respostas a essas questões. Tais tendências podem não apenas sinalizar a emergência de eventos significativos, ajudando a distinguir o que é relevante do que não é relevante, como também permitir encaixar tais eventos num todo coerente.

A análise das grandes tendências transforma dados em informações e conhecimentos, dando significado às coisas e revelando os desafios que as organizações terão pela frente. Tais desafios não devem ser encarados apenas como mais *problemas*. Todo desafio ou *ameaça* aparente pode ser visto por outro ângulo, mais positivo. As transformações sempre trazem consigo fantásticas oportunidades. Além de revelar as oportunidades e os problemas que o futuro pode gerar, o estudo das grandes tendências permite monitorar a congruência entre os esforços da organização e as forças atuantes em seu ambiente.

O primeiro ganho decorrente de um alinhamento das forças da organização com as tendências de mudança do ambiente é a utilização mais racional das energias disponíveis. A organização que trabalha em sintonia com as mudanças em curso tem a vantagem adicional do *impulso a seu favor* e multiplica suas possibilidades de êxito. Essa capacidade de sintonia com o ambiente maior pode vir a ser o principal diferencial competitivo de organizações num mercado em transformação: é a diferença entre deixar-se levar pelas mudanças e interagir com elas, buscando influenciar o próprio processo de renovação do ambiente, papel este a ser desempenhado pelos gestores.

Tudo isso mostra quão realística é a atitude de se tentar olhar para o futuro. Não se trata de prever o que vai acontecer, e sim de buscar compreender profundamente o contexto político, social, econômico, tecnológico e competitivo, além de uma série de grandes movimentos que ocorrem na sociedade. A partir dessa compreensão é possível analisar as informações sobre as mudanças externas, abstrair o processo de transformação ao longo do tempo e formular questões estratégicas relevantes.

Nesta passagem de século, prevê-se que o mundo entrará num período de prosperidade econômica devido a uma extraordinária confluência de fatores. A mais impressionante mudança é a velocidade com que se caminha para uma economia interdependente: a *globalização dos mercados*.

As forças econômicas estão ultrapassando as fronteiras nacionais, o que resulta em mais comunicação, mais comércio e mais oportunidades. A nova economia global deve ser vista como um processo de formação de uma economia integrada entre os países, bem como entre os estados de um mesmo país. Na economia global, as considerações econômicas quase sempre transcendem as diferenças políticas e ideológicas. Com as relações econômicas em ascensão, os principais gestores das organizações de um país são, com frequência, mais importantes do que as figuras políticas.

Para uma economia global, um *único mercado*, será preciso um livre comércio entre as nações, como já ocorre entre os estados de uma nação. O movimento em direção ao livre comércio global estará sendo guiado pela tecnologia, principalmente a tecnologia das *telecomunicações* e a tecnologia da *informação*, ambas a provocar mudanças como o fez a manufatura durante o período industrial.

Nesta *era da informação*, os trabalhadores qualificados e de elevado nível educacional ganharão os mais altos salários da história. Quanto mais a economia da informação evoluir, melhores serão certos empregos e seus níveis de remuneração. Porém, é preciso estar qualificado para desempenhar esses trabalhos.

A passagem da economia industrial para a economia da informação eleva os salários. Mas esse aumento de salários beneficia os trabalhadores instruídos e tecnicamente competentes. Os trabalhadores sem qualificação e instrução verão seus salários diminuir.

Na competição econômica global da sociedade da informação, a capacidade de inovar a política de gestão das pessoas constituirá o diferencial competitivo das organizações e dos países.

O mundo assiste à passagem das economias de planejamento centralizado para as economias de livre mercado. As tendências apontam para um modelo de caráter descentralizador, empreendedor e dirigido pelo mercado.

A privatização é um fenômeno global, em contraposição ao declínio do modelo estatal, o *Welfare State*, em que o governo investe recursos para promover o bem-estar social. Tal modelo mostrou-se eficiente em alguns países, mas com o tempo gerou efeitos sociais negativos. A tendência atual é a criação de modelos de livre mercado, com privatização de empresas estatais, concessão de serviços públicos e crescimento das organizações sociais.

Nesse contexto, é possível projetar as transformações que ocorrerão no âmbito das organizações empresariais. Tais mudanças terão a ver com:

a) mercados;
b) técnicas de mercado;
c) produção;
d) *modus operandi* da organização;
e) estrutura e crescimento;
f) relações com fornecedores e clientes;
g) capacitação de pessoas e busca de talentos; e
h) liderança.

No que tange aos *mercados*, evolui-se do tradicional padrão de estabilidade para a internacionalização dos mercados e o comércio inter e intrablocos econômicos, com a contínua fragmentação e transformação dos mercados existentes e a criação de mercados com base em novos produtos e serviços de ciclo de vida efêmero. Um novo tipo de cliente estará influenciando cada vez mais os trabalhadores ao longo da cadeia produtiva da empresa, exigindo maior qualificação profissional através do treinamento permanente da força de trabalho.

No que diz respeito a *técnicas de mercado*, observa-se a tendência para a criação e exploração de nichos de mercado, com ênfase na assistência técnica ao produto e ao cliente, com qualidade e confiabilidade. Isso vem substituir os estudos de mercado aprofundados e exclusivamente voltados para o consumo de massa. Essas mudanças visando à personalização da produção em massa demandarão uma interação digitalizada entre a organização e seus clientes e fornecedores; internamente, a comunicação entre os trabalhadores passará a ser virtual e horizontalizada, a fim de encurtar o tempo de execução das atividades, o ciclo de vida dos produtos e o ciclo produtivo da organização. A nova organização é uma entidade em tempo real, com equipes dinamicamente constituídas para tomar decisões de forma descentralizada, ajustando-se permanentemente às novas condições ambientais.

Quanto à *produção*, nota-se a obsolescência de conceitos como manutenção do ritmo de produção a qualquer custo, economia de escala e elevado volume de produção como princípio único, e uso de estoques de mercadorias para absorver variações na demanda, com a correspondente produção para acumular estoques. Conceitos como sistema fechado, automação e capital mais importantes do que recursos humanos, cortes de pessoal nas quedas de demanda, e volume, baixo custo e produtividade mais importantes do que qualidade e capacidade de resposta estarão sendo substituídos por uma nova abordagem.

Esse novo enfoque, direcionando o *modus operandi* da organização, considera sistemas flexíveis de manufatura com alto grau de automação e integrados por computador, capazes de produzir com eficiência e qualidade uma grande variedade de produtos. Considera, ainda, a natural adaptação do ritmo de produção às variações de demanda, tornando-se a manufatura um instrumento de técnica de mercado e estímulo à inovação, e as pessoas, mais importantes do que o capital. Incorpora conceitos como o uso das quedas de demanda para manutenção e capacitação de recursos humanos, a qualidade e produtividade globais, a capacidade de resposta e a solução conjunta de problemas com clientes e fornecedores. Um número menor de pessoas passará a integrar a força de trabalho, contando-se, ainda, com o trabalho de pessoal de fora da organização.

O *modelo de gestão* da organização tenderá a pautar-se por valores, e não por regras e papéis, enfatizando-se o aprendizado e o aperfeiçoamento contínuos. A organização assimilará conceitos como sistemas flexíveis e procedimentos adaptativos, ampla delegação no processo de tomada de decisões, múltiplos fluxos de comunicação em todas as direções com base nas tecnologias da informação, recursos humanos de múltiplas habilidades cumprindo tarefas variáveis, autodefinidas e quase sempre autocontroladas. Tais conceitos inovadores substituirão os atuais, como a especialização funcional única, a linha de comando e a comunicação vertical de cima para baixo, as costumeiras sanções contra erros e a definição detalhada das tarefas individuais. Esse novo contexto exigirá uma gestão de pessoas que leve em conta a existência, na organização, de um acervo intelectual constituído pelas experiências – *know-how* – acumuladas pelos trabalhadores. É um ativo invisível que complementa os tradicionais acervos organizacionais sob forma de manuais operacionais, políticas e diretrizes, registros de processos produtivos e desenhos e projetos técnicos. Com essa maior valorização do conhecimento, a gestão de pessoas deve criar um clima organizacional propício, promovendo educação continuada e programas de incentivo para retenção do acervo intelectual (a saída de uma pessoa da organização provoca a perda de conhecimento e, portanto, de valor e de resultado econômico em potencial para a organização). Para que uma organização possa introduzir novos produtos e serviços, novas tecnologias e processos sistêmicos, os trabalhadores do conhecimento devem estar motivados e treinados para tanto. Daí a necessidade de direcionar a gestão das pessoas de modo a evitar a perda do investimento corporativo realizado pela organização.

No que tange a *estrutura e crescimento*, profundas mudanças ocorrerão na atual hierarquia piramidal estável. A tendência é reduzir-se a hierarquia através das novas tecnologias da informação, adotando-se uma configuração organizacional dinâmica e *ao redor*, sob forma de rede plana, ágil e flexível de unidades organizacionais. Serão também incorporadas inovações como a eliminação dos níveis intermediários de gerência, a descentralização como norma e o monitoramento das fronteiras organizacionais em processo de permanente redefinição.

Quanto às *relações com fornecedores e clientes*, deverão ser amplamente revistos os atuais conceitos de firme posição com fornecedores variáveis para maximizar utilidade e de ampla diversificação de clientes e relativa falta de atenção às suas necessidades. Tais conceitos darão lugar à busca de relações duradouras com fornecedores e clientes selecionados visando à inovação e aos ganhos conjuntos. Adotar-se-á um sistema organizacional aberto, que incorpore fornecedores, clientes e demais entidades externas, ampliando assim as fronteiras da organização.

No que se refere a *pessoas e talentos*, há que levar em conta certas novidades como autocontrole, autoavaliação e constante capacitação interna num ambiente onde os postos de trabalho estão em permanente redefinição com pessoas generalistas. Registre-se, ainda, a perspectiva de evolução da mão de obra, tendo como valores centrais capital humano, competência, motivação, criatividade, trabalho em grupo, adaptabilidade a mudanças e alto grau de compromisso.

Quanto à *liderança*, preveem-se mudanças no atual quadro de comando centralizado e controle vertical, onde o chefe é a autoridade suprema que decide de forma independente e se dedica aos jogos de poder, cultivando imagem distante e desvinculada de seu pessoal. Tal figura será substituída por colaboradores tidos como agregadores de valor e como elementos centrais para o contínuo processo de inovação na organização empresarial. O desenvolvimento das pessoas passará a ser questão central do novo líder, que deve estimular a participação e a criatividade dos empregados no processo decisório. O novo líder surge como visionário, integrador, agente de mudanças, motivador, facilitador, comunicador, capacitador e desenvolvedor de pessoal, além de guardião dos valores centrais da organização.

Nessa linha de raciocínio, pode-se afirmar que o desempenho da organização do futuro deverá ser medido não apenas pelos dividendos advindos dos lucros distribuídos periodicamente, mas pela sua capacidade de manter-se no mercado, de proteger os investimentos realizados, de assegurar dividendos e empregos futuros mediante a melhoria dos produtos e serviços prestados.

Gestão de pessoas e o novo ambiente organizacional

Obras recentes no campo da administração abordam as significativas mudanças verificadas no ambiente organizacional, as quais estão ligadas às mudanças políticas e econômicas que se processam em nível mundial. Autores como Peter F. Drucker, Jay Galbraith, Bill Gates, Michael E. Porter, Don Tapscott, entre outros, assinalam as mudanças fundamentais na situação econômica mundial e na natureza das organizações, bem como a necessidade de um novo referencial na administração de empresas, de uma abordagem fundamentalmente inovadora para poder compreender e tratar as novas realidades. Esse novo contexto e essa nova forma de gerenciamento das organizações vão requerer novos trabalhadores e gestores fortalecidos e autônomos, agrupados em equipes e despojados do tradicional conceito de hierarquia, comando e controle.

Segundo Tapscott (1997), as organizações têm oportunidades inéditas para poder desfrutar de novos mercados. Por outro lado, os mercados tradicionais estão mudando bastante – ou encolhem ou se tornam intensamente competitivos. Além disso, as menores margens de lucros, aliadas às crescentes exigências de qualidade por parte dos consumidores de produtos e serviços, estão criando pressões insuportáveis para a maioria das organizações.

Um novo ambiente competitivo global está surgindo, e as barreiras que separavam os setores econômicos e as organizações que neles operavam estão rapidamente caindo. Isso significa que os gestores das organizações não poderão mais sentir-se excessivamente confiantes em relação às suas fatias de mercado e às suas posições competitivas. Dentro das organizações, a tendência é descartarem-se os gerentes de nível médio e outras pessoas cujas funções sejam meramente ampliar os sinais de comunicação entre os diferentes segmentos organizacionais.

Tapscott afirma que a abertura dos mercados mundiais tem provocado significativas mudanças em inúmeras organizações, levando os seus gestores a efetivar maciça reestruturação em quase todos os setores econômicos. A reestruturação das economias nacionais tem sido implacável, impulsionada sobretudo pelos avanços da tecnologia da informação. Com os mercados e seus protagonistas mudando constantemente, não existe mais a possibilidade de as organizações estabelecerem uma vantagem competitiva duradoura.

Mudança no regime de trabalho

O paradigma pós-industrial é marcado por um confronto direto com a rigidez do *fordismo*. Ele se apoia na flexibilidade dos processos de trabalho, dos produtos, dos padrões de consumo e, principalmente, dos mercados de trabalho, com profundos reflexos na gestão de pessoas no âmbito das organizações. Caracteriza-se pelo surgimento de setores de produção inteiramente novos, novas maneiras de prestação de serviços financeiros, novos mercados e, sobretudo, altas taxas de inovação comercial, tecnológica e organizacional.

Em face das inúmeras transformações em curso, o mercado de trabalho passa por uma radical reestruturação. Tal mercado fica saturado quando o número de profissionais procurando vender sua força de trabalho (oferta) é maior que o número de empregos (procura). Os fatores que determinam o mercado de trabalho (a relação entre a oferta e a procura) estão diretamente relacionados com a política econômica do governo. Assim, numa recessão econômica, os investimentos diminuem e o mercado de trabalho em geral se retrai. Como resultado, não só se demitem trabalhadores, como também não se absorvem novos trabalhadores. Quando o mercado se retrai, aumentam os requisitos para a ocupação de cargos. Por exemplo, passa-se a exigir um grau de escolarização superior ao que se exigia anteriormente, maior número de anos de experiência (nos anúncios de empregos, exige-se experiência até para estagiário!) etc. Outro fenômeno que acompanha o aumento da oferta de mão de obra e a diminuição da procura é a redução em termos relativos dos salários.

Ante a forte volatilidade do mercado, o aumento da competição e o estreitamento das margens de lucro, as organizações empregadoras de pessoal tiram proveito do enfraquecimento do poder sindical e da grande quantidade de desempregados ou subempregados para impor regimes e contratos de trabalho mais flexíveis. Essa defasagem entre a oferta de postos de trabalho e os candidatos a empregos formais e informais é de ordem conjuntural (fruto da situação econômica reinante no país), podendo ser também de ordem tecnológica. Neste último caso, as mudanças tecnológicas e organizacionais podem aumentar o desemprego, com diferentes impactos nos diferentes setores econômicos em que se inserem as empresas. Estas últimas, portanto, sofrem consequências que diferem conforme o ramo de negócios a que pertençam.

É difícil esboçar um quadro geral claro, visto que o propósito dessa flexibilidade é satisfazer as necessidades geralmente muito específicas de cada organização. Mesmo para os empregados regulares, com jornada de trabalho de 40 horas semanais em média, há uma certa obrigatoriedade de trabalhar bem mais nos períodos de pico de demanda drástica, compensando com menos horas nos períodos de redução da demanda, cada vez mais comuns. Mais importante do que isso é a aparente redução do emprego regular em favor do crescente uso do trabalho em tempo parcial, temporário ou subcontratado. O resultado de tais mudanças pode evoluir para uma estrutura do mercado de trabalho *versus* organização do tipo ilustrado na figura a seguir.

Figura 2
A organização e uma nova estrutura de trabalho

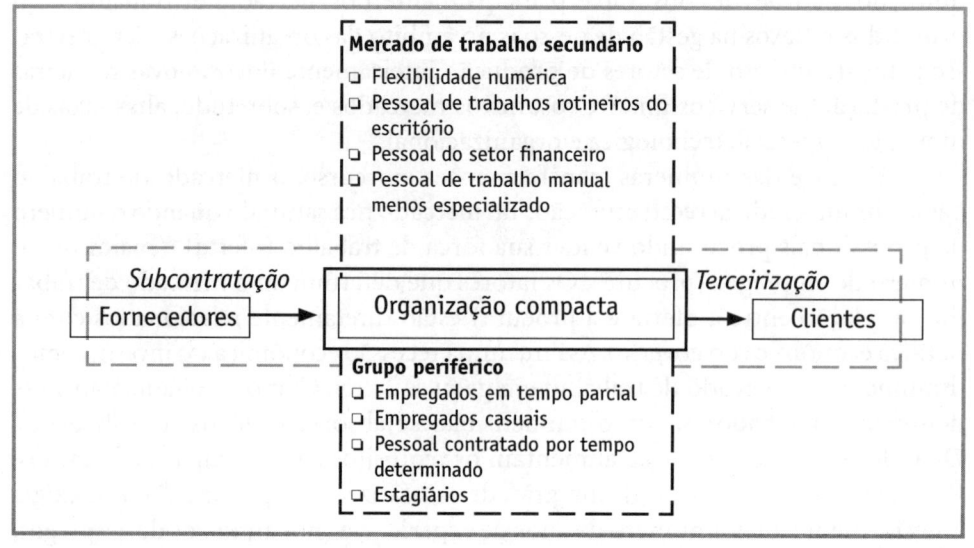

Mercado de trabalho secundário
- Flexibilidade numérica
- Pessoal de trabalhos rotineiros do escritório
- Pessoal do setor financeiro
- Pessoal de trabalho manual menos especializado

Subcontratação → Fornecedores → **Organização compacta** → *Terceirização* → Clientes

Grupo periférico
- Empregados em tempo parcial
- Empregados casuais
- Pessoal contratado por tempo determinado
- Estagiários

O grupo central, que diminui cada vez mais, compõe-se de colaboradores em tempo integral, condição permanente e posição essencial para o futuro de longo prazo da organização. Usufruindo de maior segurança no emprego, de boas perspectivas de promoção e reciclagem, e de vantajosos benefícios, esse grupo deve atender à expectativa de ser adaptável, flexível e, se necessário, móvel. Os custos potenciais da dispensa temporária de colaboradores do grupo central em época de dificuldade podem, no entanto, levar a organização a subcontratar externamente, mesmo para funções de alto nível, mantendo o grupo central relativamente pequeno.

A periferia abrange dois subgrupos distintos. O primeiro consiste em colaboradores em tempo integral com habilidades facilmente disponíveis no mercado de trabalho, como o pessoal do setor financeiro, das áreas de trabalho rotineiro e de trabalho manual menos especializado. Com menos acesso a oportunidades de carreira, esse grupo tende a se caracterizar por uma alta taxa de rotatividade, o que torna as reduções da força de trabalho relativamente fáceis por desgaste natural. O segundo grupo periférico oferece uma flexibilidade numérica ainda maior e inclui funcionários em tempo parcial, colaboradores casuais, pessoal contratado por tempo determinado, temporários, subcontratados e estagiários. Aqui a segurança de emprego é menor do que no primeiro grupo periférico.

A atual tendência dos mercados de trabalho, particularmente válida para o ambiente em que se inserem as organizações, é reduzir o número de colaboradores centrais e empregar cada vez mais uma força de trabalho que entra facilmente e é deslocada ou dispensada sem custos quando a flutuação da demanda assim o exige. Outra mudança ainda em curso é o surgimento de uma nova era, a da economia digital, em que o capital humano torna-se mais importante do que o capital tradicional.

Tais mudanças de caráter social, cultural e tecnológico dão maior relevo à gestão de pessoas, porquanto a organização, para ser efetiva, necessita de motivação dos funcionários, trabalho em equipe, senso de compromisso e polivalência nas atividades desenvolvidas. Empresas que atuam globalmente (intercâmbio entre filiais mundo afora) e localmente (experiências sem sair do Brasil), como Embraco, Tigre, Weg e Ceval, são exemplos de utilização do conceito de trabalho rotativo, com troca de tarefas por tempo determinado e transferência de empregados entre filiais e setores da organização. Cabe citar aqui empresas como Carrefour, Lucent, ABB, Novartis, Cummins, Redecard, Tekno, Motorola e GM, ganhadoras do prêmio Destaque RH 99 (2000) e que no Brasil implementam soluções inovadoras na gestão de pessoas. A Cummins transformou a maioria dos operários (*blue collars*) em gerentes e os tornou mais responsáveis por sua produção. Os empregados acumulam funções gerenciais de custos, qualidade, segurança e organização com os trabalhos manuais nas máquinas. Revezam-se entre a fabricação de peças e blocos de motor e o controle de metas.

Empresas que fornecem produtos a supermercados promovem excursões de seus empregados a estabelecimentos como o Carrefour, por exemplo, para falar com seus consumidores e clientes finais. Tais iniciativas, além de darem maior independência aos colaboradores da empresa, proporcionam uma visão integrada da organização como um todo e, logo, um maior rendimento nas atividades antes rotineiras do pessoal da empresa.

A Asea Brown Boveri (ABB), por exemplo, resolveu tirar proveito das insuspeitadas habilidades dos cônjuges dos executivos da empresa. Como principais ouvintes dos executivos, os cônjuges têm muito a dizer sobre os negócios da empresa e como tal são convidados a opinar em seminários que visam a integrar a família na empresa. Segundo os dirigentes da ABB, as sugestões aí apresentadas abrangem desde estratégias de comunicação para divulgar os produtos da empresa até a flexibilização da jornada de trabalho, assunto que afeta diretamente os cônjuges.

Tais iniciativas no âmbito da gestão de pessoas alteram as fronteiras físicas da empresa tradicional, assim como os fatores tecnológicos ampliam virtualmente as fronteiras da organização.

A organização virtualmente ampliada

Na era da informação ou da economia digital, a *administração* deve encarar como absolutamente normal o fato de uma organização ter as suas fronteiras ampliadas. De fato, um novo tipo de relacionamento está surgindo entre a organização e seus fornecedores e clientes e demais instituições de seu meio de atuação. Segundo Tapscott (1997), tal relacionamento deverá capacitar as organizações a desenvolver estratégias abrangentes para os seus mercados, responder rapidamente às novas oportunidades, ter acesso interorganizacional a clientes comuns, criar novos mercados, compartilhar informações e expandir-se geograficamente através de empreendimentos conjuntos, entre outras possibilidades.

A computação *entre organizações* permitirá que os fornecedores visualizem a demanda de seus produtos, ao mesmo tempo em que auxiliará as organizações clientes a fortalecer suas redes de suprimento, reduzir seus estoques e melhorar a disponibilidade de seus produtos. As barreiras físicas entre as organizações estão caindo e dando lugar a organizações virtualmente interligadas. Tais redes informatizadas aproximam as organizações, criando condições para parcerias e alianças estratégicas, sem que haja necessidade de contratar pessoal próprio. Ou seja, grandes transformações ocorrerão na natureza das interações comerciais, trazendo à tona questões estratégicas de extrema relevância.

A ampliação virtual das fronteiras da organização deverá estabelecer um cenário em que:

a) as informações da organização estarão disponíveis aos seus parceiros e agentes externos;

b) a interligação com os clientes da organização beneficiará ambas as partes, fortalecendo a fidelidade e o relacionamento de longo prazo;
c) a participação relativa das organizações de um mesmo setor se alterará constantemente em função direta da adoção de tecnologias da informação, como Internet, intercâmbio eletrônico de documentos e redes informatizadas; ou seja, a inovação introduzida por uma organização tenderá a provocar mudanças no *market share*, afetando as demais organizações concorrentes;
d) a possibilidade de ganhos e benefícios comuns permitirá a cooperação entre organizações concorrentes (por exemplo, sistemas de reservas de hotéis, transações interbancárias eletrônicas, intercâmbio em rede de pesquisas etc.);
e) a criação de parcerias e alianças entre organizações virtualmente interligadas permitirá oferecer novos produtos e serviços, sem que seja necessário criar novas organizações, ou mesmo de novos departamentos dentro da organização.

Galbraith (1995) observa que um dos efeitos da competição global foi conferir maior poder ao comprador. Em muitos setores econômicos, o mercado comprador existe simplesmente porque há mais concorrentes e excesso de oferta. O comprador está aprendendo a usar esse novo poder. Isso vem favorecer um modelo de gestão que privilegie a configuração organizacional por segmento de clientes. O cliente continuará a penetrar cada vez mais na organização, e suas solicitações sinalizarão as decisões do gestor no contexto da organização dos novos tempos.

As novas exigências na área de administração implicarão decisões relativas a terceirização (*outsourcing*). Segundo Galbraith, diferentemente da era industrial, quando as organizações tinham necessidade de ser autossuficientes por meio da integração vertical intraorganizacional, os novos tempos exigem que o gestor busque uma integração horizontal e vertical interorganizacional, passando a interagir com as entidades externas na forma de parcerias e alianças estratégicas. Ou seja, a tendência é a renovação do interesse pela terceirização de determinados aspectos da produção, distribuição, vendas, serviços e atividades de suporte. Mas se é fato que a terceirização pode revelar-se econômica e favorecer o aumento da produtividade, ela também pode trazer, quando mal gerenciada, sérios prejuízos. Colaborar para o sucesso dos programas de terceirização é um desafio que precisa ser incorporado na formulação de políticas de gestão de pessoas.

Algumas organizações têm utilizado a terceirização apenas como forma de reduzir os encargos trabalhistas. Assim, despedem os funcionários de alguns setores, fazendo com que eles criem uma empresa apenas para serem recontratados sem vínculos trabalhistas. Quando isso ocorre e a nova empresa tem como único cliente a organização que "estimulou" seu surgimento, continuando os empregados a trabalhar no espaço físico da contratante e a utilizar seus móveis e equipamentos, estão criadas as condições para futuros processos trabalhistas.

Outro problema que pode ocorrer em processos de terceirização é o descomprometimento dos terceirizados com os padrões de qualidade adotados pela organização. O contrato de terceirização deve incorporar mecanismos que possibilitem à contratante participar diretamente da seleção e da definição de programas de treinamento e capacitação para os terceirizados. As políticas de pessoal precisam alcançar os funcionários da terceirizada, pois seu grau de qualificação e envolvimento influenciará diretamente o sucesso da organização.

Produtividade e qualidade

Cada vez mais, o grande desafio empresarial com que se defrontam os gestores nas organizações é a melhoria da produtividade de sua mão de obra para melhor atender os clientes, voláteis em função da pressão exercida pelos concorrentes em seu mercado de atuação.

Cabe estabelecer aqui uma comparação entre a necessidade de produtividade na era da informação e aquela que havia na era industrial. A produtividade em manufatura, agricultura, mineração e transportes tem crescido a uma taxa anual combinada de 3 a 4%, resultando numa fenomenal melhoria de 45 vezes ao longo dos últimos 120 anos. Tais ganhos de produtividade foram resultado da aplicação de métodos científicos, de engenharia avançada e de técnicas de administração.

A economia brasileira, segundo a Confederação Nacional da Indústria, apresenta evolução favorável no índice de produtividade, que passou de 100 em 1990 para 192,4 em 1999, enquanto o índice de custo unitário do trabalho, medido em dólares, caiu de 98,7 para 59,9 (quando comparado com o ano anterior), o que representa um aumento da competitividade em relação à indústria de outros países que concorrem com o Brasil no mercado mundial. O gestor deverá estar atento a importantes mudanças nas organizações no futuro, quando processos inteiros estarão sendo racionalizados e simplificados. Haverá uma mudança no enfoque da produtividade, deixando-se de privilegiar apenas a redução dos custos para dar maior atenção à melhoria do desempenho e da eficácia organizacionais.

Tal melhoria do desempenho, como veremos mais adiante, ainda depende diretamente do tipo de organização ou do setor econômico em que se enquadre a empresa sob análise. Como mostram os dados da *Gazeta Mercantil* (2000), (Tabela 1) tem-se uma produtividade de mão de obra diferenciada em função do ramo de negócios.

Segundo Galbraith, como mais e mais concorrentes entram no mercado, tudo leva a crer que as pressões de custo continuarão sua escalada. Quando uma organização busca obter vantagem competitiva através da eficácia de custos, isso traz implicações profundas para todas as partes dessa organização. Os novos métodos de custeio baseados na atividade, por exemplo, constituem-se numa importante ferramenta projetada para segmentar os custos operacionais em seus vários elementos.

Tabela 1
Produtividade da mão de obra
(faturamento por empregado em R$ mil)

Setor econômico	1999	2000
Têxtil	80,5	74,2
Metalúrgico	238,4	219,2
Serviços	147,4	164,5
Eletroeletrônico	367,7	786,9
Papel e celulose	232,3	285,8
Alimentício	262,4	366,1
Químico	539,0	962,6

Atualmente, os problemas de qualidade podem acumular-se em *fábricas inteiras*, com reações ao longo da cadeia produtiva envolvendo inclusive fornecedores e clientes. Falhas na entrega de produtos frequentemente têm como resultado dispendiosas paradas de produção para os clientes, onerosos reparos e retrabalhos e, principalmente, clientes insatisfeitos.

O grau de exigência dos clientes quanto à qualidade tem crescido vertiginosamente. Criando uma cultura empresarial em torno da qualidade, o *gestor* pode lograr resultados significativos na âmbito das organizações. No campo da administração, a qualidade transformou-se num tema abrangente, englobando aspectos como consistência, previsibilidade, motivação do pessoal, envolvimento dos fornecedores e medição de desempenho. Trata-se, pois, de um referencial a ser observado pelos gestores.

O futuro não acena com qualquer indicação de menor ênfase em produtos ou qualidade de serviços. Na verdade, essa ênfase deverá crescer. Mais e mais organizações enfatizam a oferta de produtos e serviços de melhor qualidade e se concentram na satisfação do cliente. Essa tendência tem fortes implicações em todas as partes da organização. Os principais gestores precisarão dar efetivo suporte ao pessoal operacional porque o nível de desempenho da organização vai-se refletir diretamente na qualidade final do produto ou serviço por ela oferecido.

Novas tecnologias e novos modelos de gestão

A tecnologia não é uma força isolada. É também a mola da competição global. Os dispêndios em pesquisa e desenvolvimento, típicos dos países desenvolvidos, tornam-se fundamentais. O encurtamento dos ciclos de vida dos produtos equivale a uma redução do número de anos ao longo dos quais os custos fixos serão amortizados. As novas tecnologias da informação induzirão a novas formas de administração e, consequentemente, a um novo tipo de gestor. Esse profissional dos novos tempos tenderá a trabalhar em organizações menos hierárquicas cujo ambiente informacional possibilitará a um grande número de pessoas comunicar--se rapidamente através de redes informatizadas.

Assim, a gestão de pessoas deverá ser coerente com as novas funções e postos de trabalho criados nas organizações pelas novas tecnologias. Cargos como *webdesigner* (projetistas de páginas na Internet), *webmaster* (gerente de correio eletrônico), *customer relationship manager* (gerente de *software* de relacionamento com clientes), analistas de ERP (*software* de integração empresarial) e de *workflow* (fluxo de dados/documentos eletrônicos), *data minning/data warehousing manager* (administradores de banco de dados), *data center running* (gerente operador de centro de dados), *enabling manager* (gerente de implementação de soluções de tecnologia), *mobility solution manager* (gerente de venda de soluções *wap* para operadoras de telefonia celular), *pervasive solution manager* (gerente de soluções de Internet em equipamentos não PCs) e *Internet engineer* vão exigir não apenas novas formas de recrutar, selecionar e remunerar, mas também uma gestão de pessoas radicalmente diferente da tradicional administração de recursos humanos. Para essas novas profissões da era digital, por exemplo, faltam não só cursos acadêmicos específicos, como também profissionais bem treinados no mercado de trabalho. Daí a necessidade de a empresa recrutar mão de obra internamente e investir na formação de seus próprios profissionais para ocupar esses novos postos de trabalho.

Segundo Gates (1999), a administração das futuras organizações deverá atentar para o fato de que no novo contexto empresarial:

a) a maioria das transações será digital, do tipo *self-service*, e à medida que a Internet baixar os custos das transações, o intermediário desaparecerá ou evoluirá para agregar valor;

b) o serviço aos clientes se tornará a principal função de valor agregado em todas as organizações;

c) somente algumas organizações sobreviverão por ter o preço menor, de modo que a maioria precisará de uma estratégia que inclua serviços aos clientes;

d) o gestor, ao adotar uma estratégia baseada em serviços, deverá assegurar--se de que seus profissionais do conhecimento tenham ferramentas digitais de informação para se conectar com clientes e administrar essas relações;

e) o ritmo das transações e a necessidade de uma atenção mais personalizada aos clientes levarão as organizações a adotar processos digitais internamente;

f) a Internet terá papel de destaque na redefinição das fronteiras entre as organizações e entre estas e as pessoas, permitindo que uma administração empresarial se estruture com mais produtividade;

g) a Internet possibilitará que os empregados colaborem entre si a distância, na forma de teletrabalho;

h) a Internet possibilitará que as grandes organizações pareçam menores e mais flexíveis, e que as pequenas organizações se tornem efetivamente maiores do que são;

i) o tempo até o mercado diminuirá para todas as organizações; assim, utilizar a informação digital para chegar primeiro ao mercado pode melhorar radicalmente a posição competitiva;

j) os operários de tarefa desaparecerão; suas funções serão automatizadas ou combinadas em tarefas maiores, que exigirão trabalho de conhecimento.

Segundo Trope (1999), as novas tecnologias estão fazendo surgir organizações virtuais, onde muitos funcionários trabalham fora das instalações físicas da organização, interligados por sistemas de informação. A despeito das vantagens que proporciona à empresa e ao trabalhador, o teletrabalho pode trazer algumas dificuldades consideráveis. O trabalhador pode ver-se prejudicado em seu relacionamento familiar devido à tênue divisão entre sua vida pessoal e profissional e à "invasão da privacidade", uma vez que seus colegas, supervisores e liderados podem contatá-lo a qualquer hora do dia e da noite. Do lado da organização, surgem algumas questões jurídicas que precisam ser dirimidas. Por exemplo: deve-se pagar ao empregado uma indenização pelo uso de sua residência para fins profissionais? Quem se responsabilizará no caso de haver perda ou roubo de materiais de trabalho? Como caracterizar um acidente de trabalho? Como definir o direito a horas extras?

Segundo Mello (1999), já se tem consciência de que essas transformações sem precedente estão levando as organizações a adotar abordagens alternativas no tocante ao gerenciamento integrado dos novos ambientes de trabalho, como é o caso do teletrabalho. Essa nova forma de executar tarefas e as mudanças que estão acontecendo nas tecnologias da informação, na telemática e na convergência de tecnologias afins estão a exigir novas formas de gestão de processos e pessoas.

Ao se passar da tradicional administração de recursos humanos para um contexto de gestão de pessoas, as políticas de pessoal têm que oferecer respostas às questões anteriormente levantadas, a fim de que a organização possa ingressar com mais tranquilidade no mundo do trabalho virtual. Esse é mais um exemplo, portanto, do grau de complexidade que caracteriza a gestão de pessoal contemporânea.

Resposta às mudanças ambientais

A necessidade de responder com rapidez às mudanças nas condições de mercado, às ameaças competitivas e às exigências dos clientes constitui outro grande desafio para as organizações. O tempo gasto entre a inovação do produto/serviço e a chegada deste ao mercado está encolhendo rapidamente nas organizações de quase todos os setores econômicos e industriais.

Nestes novos tempos, o gestor deverá atentar para a capacidade de reagir, uma vez que o tempo de reação passará a constituir elemento fundamental para a definição de estratégias. Nos futuros mercados globalizados, os gestores terão que reduzir a dependência de tempo e espaço no âmbito intra e interorganizacional.

A velocidade de entrada no mercado e a rapidez para responder às necessidades do cliente e corrigir os problemas organizacionais são fontes potenciais de vantagem competitiva. Num ambiente empresarial global em rápida mutação, o excesso de análise e a lentidão nas decisões podem ser tão prejudiciais ou custosos quanto as decisões incorretas.

A capacidade de resposta é bastante favorecida quando os trabalhadores sentem-se responsáveis por resolver as demandas dos clientes e encontram as condições organizacionais necessárias para tanto. O conceito de *empowerment*, largamente difundido nos últimos anos, revela o que deve ser buscado nesse sentido. Trata-se de "autorizar" os colaboradores a resolverem com maior autonomia os problemas de seu dia a dia profissional, de modo a oferecer respostas rápidas e eficazes aos clientes internos e externos.

O *empowerment* deve ser buscado através de duas ações paralelas e igualmente relevantes: Cumpre motivar as pessoas a descobrirem seu poder pessoal e a aprenderem a usá-lo e expandi-lo de forma construtiva. Faz-se necessário, também, reestruturar as rotinas administrativas, minimizando a rigidez hierárquica típica do modelo burocrático e atribuindo mais responsabilidades e poder a todos os que interagem com os clientes. Para criar um ambiente favorável ao *empowerment*, é fundamental a resposta que se dá na organização à seguinte pergunta: as pessoas preferem ser brilhantes ou medíocres no trabalho? Provavelmente, a maioria prefere ser brilhante. Todavia, muitos gerentes parecem acreditar que elas são desinteressadas. Mas não é que as pessoas não consigam dar o melhor de si em seu trabalho; o fato é que elas têm medo de dar o melhor de si. Algumas organizações estão prontas a flagrar as pessoas nos erros, mas não a flagrá-las fazendo as coisas certas. Corrigir essa distorção deve ser uma preocupação fundamental da política de gestão de pessoas.

Aspectos sociais nas organizações

Em face das crescentes e mutáveis expectativas dos clientes, dos fornecedores, do pessoal interno e dos *gestores*, a organização do futuro deverá agir de forma responsável em seus relacionamentos internos e externos. Os novos tempos se caracterizam pela firme disposição dos clientes de interagir com organizações que sejam éticas, tenham boa imagem institucional no mercado e atuem de forma ecologicamente responsável.

Nesse novo ambiente empresarial, os gestores devem ter um novo senso de responsabilidade para com os membros do corpo funcional da organização, que esperam receber tratamento justo, participar do processo decisório e dispor de instrumental apropriado para exercer suas funções e poder trabalhar em equipe.

A responsabilidade social e ambiental pode ser resumida no conceito de "efetividade" formulado por Motta (1972): capacidade de cumprir as metas do desenvolvimento econômico-social. A efetividade está relacionada à satisfação da sociedade, ao atendimento de suas demandas sociais, econômicas e culturais. Portanto, uma organização é efetiva quando mantém uma postura socialmente responsável.

Um caso que ilustra bem a importância de ser efetivo é a notícia publicada pelo *Jornal do Brasil* em 23-11-1996, citada por Souza e Ferreira (2000), na qual aparece a foto de um trabalhador inspecionando um cacho de bananas, com o seguinte texto: "Um trabalhador holandês retira do contêiner, no porto de Roterdam, um carregamento de bananas ecologicamente corretas, importadas de Gana e do Equador. As frutas, que levam a marca de Oke, terão o selo Max Havelaar de aprovação. Max Havelaar, uma ONG holandesa, apenas aprova produtos cultivados em boas condições ambientais, preservando os ecossistemas nativos e evitando o uso de substâncias químicas como pesticidas e fertilizantes. A ONG também confere se as empresas pagam salários justos aos trabalhadores".

Esse tipo de preocupação da população holandesa, de só consumir produtos que tenham sido cultivados em condições "politicamente corretas", tende a disseminar-se cada vez mais. Embora no Brasil essas ações ainda não sejam tão comuns, é certo que, à medida que a sociedade civil for amadurecendo, elas tenderão a se tornar mais constantes.

A nova organização e a gestão de pessoas

Como já foi dito, autores como Peter F. Drucker, Jay Galbraith, Bill Gates, Michael E. Porter e Don Tapscott, entre outros, descrevem um novo tipo de organização empresarial para os anos vindouros. A organização tradicional, hierárquica, está passando por profundas mudanças. Assim como estão sendo desmanteladas as barreiras na esfera política e econômica, a organização do futuro tornar-se-á cada vez mais aberta. Não existem regras e receitas prontas para os gestores adotarem no novo contexto organizacional. As múltiplas dimensões da mudança exigirão um reajustamento dos profissionais de administração ao novo paradigma da era pós-industrial.

A transição do paradigma industrial para o paradigma pós-industrial será marcada pela flexibilidade dos processos e dos mercados de trabalho, dos produtos e dos padrões de consumo. Teremos setores de produção inteiramente novos, novas maneiras de prestar serviços financeiros, novos mercados e, sobretudo, elevados índices de inovação comercial, tecnológica e organizacional.

O paradigma pós-industrial implicará rápidas mudanças nos padrões heterogêneos de desenvolvimento setorial e regional, expandindo o emprego no chamado setor de serviços e criando conjuntos industriais completamente novos em regiões até então subdesenvolvidas. Implicará, ainda, a aceleração do processo decisório nos setores privado e público, visto que as telecomunicações e a queda dos custos de transporte possibilitarão a difusão cada vez mais ampla dessas decisões.

A maior mobilidade permitida pelo paradigma pós-industrial induzirá à flexibilização do emprego, passando as organizações a contar com empregados em tempo parcial, colaboradores casuais, pessoal contratado por tempo determinado, temporários, subcontratados e estagiários. A segurança no emprego será ainda menor.

A atual tendência dos mercados de trabalho é reduzir o número de trabalhadores centrais e empregar cada vez mais uma força de trabalho que entra facilmente e é dispensada sem custos quando a conjuntura se torna adversa. A subcontratação organizada criará oportunidades para a formação de pequenos negócios, permitindo que esquemas mais antigos de trabalho doméstico, artesanal e familiar ressurjam e floresçam como peças centrais e não apenas como apêndices do sistema produtivo maior.

Novas técnicas e novas formas organizacionais de produção puseram em risco os negócios da organização tradicional, espalhando uma onda de falências que ameaçou até as empresas mais poderosas. A forma organizacional e a técnica gerencial apropriadas à produção padronizada em grandes volumes nem sempre se ajustavam com facilidade ao sistema de produção flexível, com sua ênfase na solução de problemas, nas respostas rápidas e na adaptabilidade.

As economias de escala buscadas na produção fordista de massa serão substituídas por uma crescente capacidade de manufatura de uma variedade de bens em pequenos lotes e a preços baixos. As economias de escopo estão substituindo as economias de escala.

As organizações tayloristas até poderiam adotar as novas tecnologias e processos de trabalho, mas as pressões competitivas e a luta por melhor controle do trabalho levarão ao surgimento de inovadores meios de produção ou à integração do paradigma industrial a toda uma rede de subcontratação e de deslocamento para obter maior flexibilidade ante o aumento da competição e dos riscos. A produção em pequenos lotes e a subcontratação terão por certo a virtude de superar a rigidez do paradigma industrial e de atender a uma ampla gama de necessidades do mercado, inclusive as rapidamente mutáveis.

Esses métodos de produção flexível permitirão uma aceleração do ritmo de inovação do produto, bem como a exploração de nichos de mercado altamente especializados e de pequena escala. Em condições recessivas e de competição crescente, a capacidade de explorar essas possibilidades será fundamental para a sobrevivência.

O tempo de giro será drasticamente reduzido pela adoção de novas tecnologias produtivas (automação e robôs) e de novas formas organizacionais (gestão de estoques, *just-in-time*). Contudo, a aceleração do tempo de giro na produção é inútil sem a redução do tempo de giro no consumo, devendo a vida-média de um produto fordista (de cinco a sete anos) cair para mais da metade em certos setores.

Isso tudo demandará um aumento proporcional do emprego no setor de serviços, complementado pelo crescimento da subcontratação, que permitirá que atividades antes exercidas nas empresas (secretaria, manutenção, serviços gerais) sejam confiadas a firmas externas.

O acesso à informação, o controle desta e uma ampla capacidade de análise instantânea de dados possibilitarão às organizações obter maior coesão e coordenar interesses corporativos descentralizados. Complementarmente, o acesso ao conhecimento científico e técnico se tornará crucial num mundo de gostos e necessidades cambiáveis e de sistemas de produção flexíveis, onde o conhecimento da última técnica, do mais novo produto e da mais recente descoberta científica possibilita alcançar importante vantagem competitiva.

Na passagem do paradigma industrial para o paradigma pós-industrial, que sintetiza a evolução do antigo processo de gestão (baseado em economia de escala) para o novo (baseado em economia de escopo), eis as principais mudanças a serem observadas pelos gestores em seus futuros modelos de gestão:

a) da produção em massa de bens homogêneos para a produção em pequenos lotes;

b) da uniformidade e padronização para a produção flexível de uma variedade de produtos;

c) de grandes estoques e inventários para um estágio sem estoques;

d) de testes de qualidade *a posteriori* para uma fase de controle de qualidade integrado ao processo;

e) de um estágio de produtos defeituosos nos estoques para uma fase de rejeição imediata de peças com defeito;

f) de perda de tempo de produção devido a longos períodos de preparo das máquinas, pontos de estrangulamento nos estoques etc., para uma fase de redução do tempo perdido, reduzindo-se a porosidade do dia de trabalho;

g) da organização voltada para os recursos para uma organização voltada para a demanda;

h) da integração vertical e (em alguns casos) horizontal para a integração horizontal, com subcontratação de terceiros;

i) de um estágio de redução de custos através do controle dos salários para uma fase de aprendizagem na prática integrada ao planejamento a longo prazo.

Assim como o paradigma industrial, o paradigma pós-industrial não se tornará hegemônico em toda parte. Ou seja, a conjuntura futura se caracterizará por uma combinação de produção fordista altamente eficiente (amiúde evidenciada pela tecnologia e pelo produto flexível) em alguns setores e regiões (automóveis nos EUA, no Japão ou na Coreia do Sul) com sistemas de produção mais tradicionais (Cingapura, Taiwan ou Hong Kong), baseados em relações de trabalho "artesanais", paternalistas ou patriarcais (familiares) e com mecanismos bem distintos de controle do trabalho.

Essa mudança terá importantes implicações. As coordenações de mercado, frequentemente do tipo subcontratação, se expandirão em prejuízo do planejamento corporativo direto no âmbito do sistema de produção e apropriação de mais-valia. A natureza e a composição da classe trabalhadora global também se modificará, o mesmo ocorrendo com as condições de conscientização e de ação política.

Complementarmente, e visando a evidenciar essas mudanças no controle do trabalho, comparamos o paradigma industrial com o paradigma pós-industrial, no tocante à gestão de pessoas, como se segue:

a) de realização de uma única tarefa para um regime de múltiplas tarefas;
b) de pagamento *pro rata* (baseado em critérios da definição do emprego) para pagamento pessoal em função de resultados por equipe;
c) de um regime de alto grau de especialização de tarefas para a eliminação da delimitação de tarefas;
d) de pouco ou nenhum treinamento no trabalho para uma fase de longo treinamento no trabalho e "educação continuada";
e) de organização vertical do trabalho para uma organização horizontal do trabalho;
f) de nenhuma experiência de aprendizagem para a aprendizagem no trabalho;
g) da ênfase na redução da responsabilidade do trabalhador (disciplinamento da força de trabalho) para uma ênfase na corresponsabilidade do trabalhador;
h) de nenhuma ou pouca preocupação com a segurança no trabalho para uma grande estabilidade no emprego para trabalhadores do quadro central;
i) de um regime de autocracia para uma liderança participativa.

Uma visão de futuro

A organização é um sistema concebido, estruturado e acionado para atingir determinados objetivos. Utiliza insumos produtivos (pessoas, recursos financeiros, recursos materiais e de informação) para, através do processo de transformação pertinente à natureza de suas atividades, produzir resultados previsíveis (bens e serviços).

Os objetivos das organizações variam de acordo com a sua missão, podendo ter fins lucrativos ou não. As organizações existem praticamente desde os primórdios da humanidade, pois, como se sabe, o homem é um ser social e, como tal, tende a organizar-se para atender suas necessidades e satisfações pessoais.

O sentido de organização também não é um privilégio dos seres humanos, estando presente na maioria das espécies. Um dos fatores que influenciam as organizações é a previsibilidade, que lhes permite preparar-se para eventos que ainda não aconteceram. Outros fatores estão ligados a fatos consumados, não havendo, portanto, o risco de que não venham a acontecer. No entanto, cada vez mais as organizações se deparam com situações inusitadas que, pela forma como se apresentam, terminam por lhes causar sérios prejuízos, quando não o encerramento de suas atividades. Daí a importância de preverem o futuro de uma forma científica que lhes possibilite tomar as decisões mais acertadas.

Sabe-se que o futuro está de alguma forma ligado ao passado: o que está para acontecer é consequência do que já aconteceu. Cabe, pois, às organizações analisar os acontecimentos que influenciaram e ainda influenciam os seus negócios e, a partir daí, vislumbrar os cenários possíveis, decidindo como deve atuar no futuro.

Tudo quanto se pode prever para os próximos anos ou decênios, se não mais, é simplesmente a continuação das turbulências que têm sacudido o mundo e exigido, permanentemente, mudanças de toda ordem. Somente nos últimos 30 anos, desde que o homem desceu na lua, o muro de Berlim caiu, a União Soviética desapareceu, alguns regimes políticos ascenderam e depois desintegraram-se, vários conflitos alteraram o mapa geopolítico mundial, a pobreza aumentou em proporções alarmantes em vários pontos do mundo, as condições ambientais do planeta deterioraram-se a níveis alarmantes e a economia dos países não resistiu ao assédio do capital internacional, tornando-se refém das regras de mercado. A globalização da economia é uma realidade, e a tecnologia atingiu níveis jamais imaginados, principalmente na automação das fábricas e na informatização de todos os segmentos das organizações. Nos próximos anos, o futuro delas estará muito mais ligado ao seu desempenho econômico-financeiro do que ao seu desempenho na produção de bens ou serviços.

Para tanto as organizações deverão buscar tecnologia de ponta, porém adequada às suas necessidades, sem excessos que possam gerar ociosidade; adquirir seus insumos em fornecedores que ofereçam certificados de qualidade, menores prazos e preços mais justos; utilizar capital próprio ou obtê-lo através de suas vendas; e, por fim, formar equipes que apresentem altos níveis de eficiência e estejam comprometidas com os negócios da organização.

Alguns autores, como Handy (1996), falam em *era da desrazão*, e outros assinalam a mutação do perfil da força de trabalho. Todos, segundo Galbraith (1995), puderam testemunhar as rápidas mudanças ocorridas nas fronteiras e identidades dos países. Estamos ingressando numa era em que as mudanças em ritmo acelerado farão parte do cotidiano de todos, particularmente dos gestores das organizações, que serão os mais influenciados por essa dinâmica social, tecnológica e econômica.

Para sobreviver, as organizações precisarão adaptar-se a esse fato, e os gestores terão de buscar um novo patamar organizacional, coerente ao novo ambiente empresarial, que será cada vez menos previsível e mais instável. Haverá necessidade de novos modelos de gestão, ainda a serem concebidos pelos estudiosos da administração. Tais modelos irão exigir, cada vez mais, trabalho em equipe, intercâmbio de informações, compartilhamento no processo decisório e outras práticas de administração que levem em conta o fato de que produtividade, qualidade e serviço ao cliente serão necessidades competitivas, e não mais vantagens competitivas.

Para competir com maior eficácia, as organizações estarão não só introduzindo estratégias de custos, agilidade, qualidade e compressão do tempo em seus ciclos operacionais, mas também implementando novas tecnologias da informação. Além dessas mudanças intraorganizacionais, também estarão influenciando a atuação do gestor das organizações do futuro uma série de fatores: a necessidade de alianças estratégicas e de parcerias e acordos com fornecedores e clientes; a falta de qualificação da força de trabalho; os desequilíbrios nas balanças comerciais; o poder de compra etc.

Para Gates (1999), o gestor empresarial do futuro deverá atentar para novos requisitos de gestão que serão exigidos no desempenho das atividades do conhecimento, nas operações empresariais e no comércio. No tocante a *atividades do conhecimento*, o gestor deverá:

a) providenciar para que a comunicação flua pela organização através de *e-mail*, de modo que as decisões sejam tomadas com a agilidade requerida pelos novos tempos;
b) analisar os dados do mercado, de forma *online*, para identificar padrões, compreender tendências gerais e personalizar produtos e serviços para os seus clientes;
c) usar as tecnologias da informação para analisar os negócios e as atividades operacionais, reservando aos profissionais do conhecimento o trabalho intelectual de alto nível concernente a produtos, serviços e resultados econômico-financeiros;
d) usar ferramentas digitais para criar equipes virtuais interdepartamentais que possam compartilhar tarefas e aproveitar conhecimentos e ideias em tempo real e em nível mundial.
e) usar sistemas informatizados para a criação de um acervo histórico da organização a ser compartilhado por todos;

f) converter os tradicionais processos burocráticos em processos digitais, eliminando entraves administrativos e liberando os profissionais do conhecimento para tarefas mais importantes;
g) conhecer as tecnologias da informação e saber utilizá-las como recurso estratégico para obter melhores resultados econômico-financeiros para a organização.

Para as *operações empresariais*, o gestor necessitará de:

a) ferramentas digitais para eliminar funções isoladas ou transformá-las em atividades de valor agregado, administradas por um profissional do conhecimento;
b) circuitos ágeis de controle digital para melhorar a eficácia dos processos físicos e a qualidade dos produtos e serviços; cada elemento da organização deverá ser capaz de monitorar facilmente todos os principais parâmetros da organização;
c) sistemas de informação digitais para encaminhar as reclamações dos clientes e os dados estratégicos do mercado aos responsáveis pelo aprimoramento dos produtos e serviços;
d) comunicações digitais para redefinir as fronteiras internas e externas da organização (saber se os clientes querem uma organização maior e mais poderosa ou uma organização menor e mais íntima).

Quanto à questão do *comércio,* o gestor deverá:

a) trocar informações por tempo, diminuindo os ciclos operacionais através de transações digitais com todos os fornecedores e parceiros comerciais e transformando cada negócio numa interação *just-in-time*;
b) efetuar a transação digital de produtos e serviços para eliminar intermediários nas interações com clientes; se a organização for um intermediário, usar ferramentas digitais para agregar valor às suas transações comerciais;
c) usar ferramentas digitais para auxiliar os próprios clientes a resolverem problemas, reservando o contato pessoal para as necessidades mais complexas desses clientes.

As tendências na administração aqui abordadas mostram as grandes linhas de atuação para os gestores das organizações do futuro, os quais deverão estar atentos a uma nova maneira de fazer negócios, baseada na crescente velocidade da informação. Segundo o novo conceito de administração, o uso da tecnologia por si só não basta. A tecnologia deve estar a serviço do gestor para que este possa redefinir o estilo de gestão das organizações nos novos tempos.

Estudo de caso: Petroquímica S.A.

A empresa

A direção da Petroquímica S.A., em sua constituição, levou em conta os fatores peculiares a uma organização pertencente ao setor econômico concentrado, quais sejam: qualidade, segurança industrial e meio ambiente. Tal setor abrange empresas altamente concentradas devido à exigência de elevado aporte de recursos financeiros, ampla base tecnológica e alto grau de automação industrial. Normalmente compõe-se de empresas produtoras de petroquímicos, cimento, papel/celulose, químicos em geral, construção pesada, siderúrgicas e afins.

Seus produtos são, basicamente, os seguintes: produtos petroquímicos básicos, *commodities* diferenciadas e serviços de utilidades para empresas de produtos químicos e derivados que atuam de forma integrada (empresas de segunda geração) com a Petroquímica S.A.

Visão e missão

Numa perspectiva de longo prazo e buscando transformar-se num tipo de organização de alto desempenho, a Petroquímica S.A. assim estabeleceu sua visão:

"Empresa petroquímica líder na sua região de atuação, com diversificação e integração de negócios, preservando as necessidades de seus clientes e os interesses dos acionistas e empregados, constituindo-se em centro de excelência e de desempenho de classe mundial."

A partir da redefinição de seus negócios pelo processo de planejamento estratégico e ambiental, a empresa assim definiu sua missão:

"Fornecer produtos petroquímicos básicos e intermediários, utilidades e serviços, com rentabilidade e equilíbrio econômico-financeiro a longo prazo, para assegurar o desenvolvimento e a perpetuidade do negócio."

Filosofia empresarial

"O compromisso da Petroquímica S.A. é satisfazer e superar as expectativas e necessidades dos clientes, através da obtenção de padrões de desempenho e gestão em nível de empresa de classe mundial."

Para tanto, a Petroquímica S.A. procurou fundamentar suas ações estratégicas e operacionais nos seguintes princípios:

- fornecer produtos segundo padrão de qualidade que proporcione satisfação aos clientes, caracterizando a Petroquímica S.A. como fornecedora confiável;

continua

- buscar constantes melhorias nos padrões de produtividade e atendimento das operações, permitindo assegurar solidez, crescimento e perpetuidade ao negócio;
- construir e manter adequado clima organizacional mediante o desenvolvimento, a valorização e a participação dos colaboradores nos resultados da Petroquímica S.A.;
- desenvolver as operações pautando-se por política consistente de prevenção e atendimento às exigências em relação a meio ambiente, saúde e segurança, buscando melhorias no desempenho.

Valores

Os valores da Petroquímica S.A. espelhados em sua visão e missão enfatizam a interação com a comunidade, a ética, o respeito e os aspectos ambientais.

Seus valores foram assim explicitados:

a) quanto a resultados:
  - preferir os efeitos de longo prazo aos de curto prazo;
  - comprometimento;
  - preservação do patrimônio;
  - atualização tecnológica;
b) quanto a colaboradores:
  - desenvolvimento;
  - trabalho em times;
  - abertura para participação;
  - transparência;
  - criatividade e capacidade de aprender;
  - disposição para mudanças;
  - espírito empreendedor;
  - saúde;
  - segurança no trabalho;
  - confiança em si, nos outros e na organização;
c) quanto a clientes:
  - orientada para o cliente;
  - fornecedor confiável;
d) quanto à comunidade:
  - preservação do meio ambiente;
  - preservação da imagem da empresa;
  - respeito.

continua

Figura 3
Gestão ambiental como órgão de linha

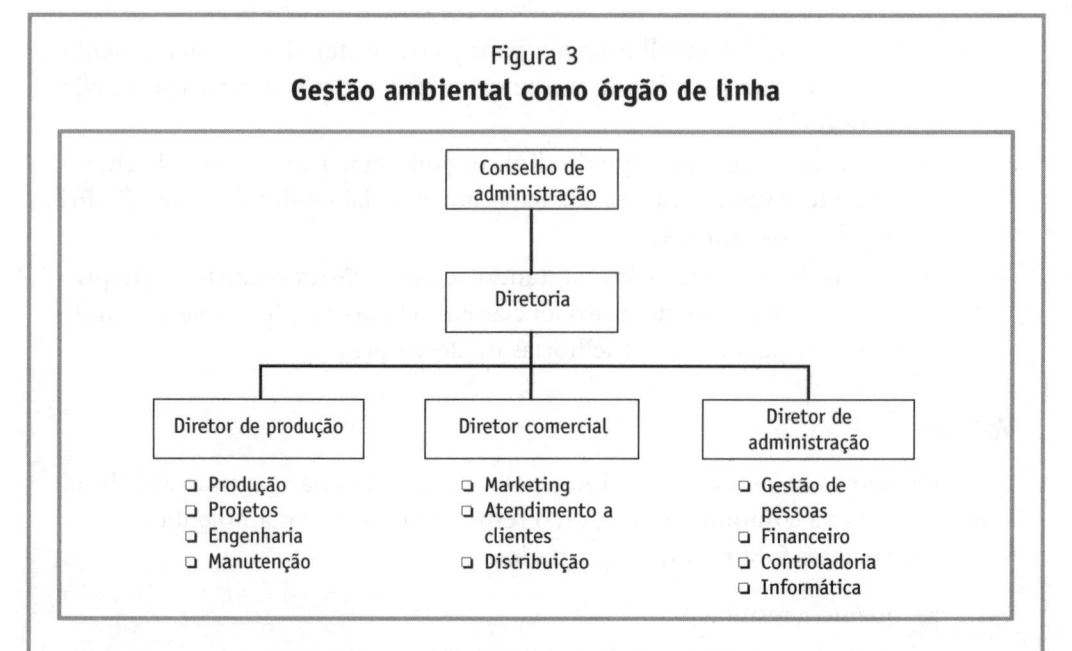

```
                    Conselho de
                    administração
                         |
                      Diretoria
          _____|_____
         |              |              |
   Diretor de      Diretor        Diretor de
   produção       comercial      administração
```

- Produção
- Projetos
- Engenharia
- Manutenção

- Marketing
- Atendimento a clientes
- Distribuição

- Gestão de pessoas
- Financeiro
- Controladoria
- Informática

Configuração organizacional

Além do conselho de administração, a Petroquímica S.A. conta com uma diretoria composta de três diretores, 11 departamentos, e equipes de trabalho permanentes para atuação interdepartamental.

O modelo de gestão de pessoas da Petroquímica S.A. baseia-se em princípios de valorização do colaborador como indivíduo e profissional: confiança, estímulo ao talento e à vocação, motivação e clima organizacional propício ao comprometimento com a busca de resultados. Tal modelo orienta o desenvolvimento da estrutura organizacional e dos processos sistêmicos da Petroquímica S.A. Centralizado num departamento subordinado ao diretor de administração, ele funciona como um órgão de linha. A estruturação horizontal, com unidades operando como centro de resultados, times sem a tradicional chefia hierárquica e uma relação cliente/fornecedor interno destacada, faz com que cada colaborador responda pelo resultado do seu serviço perante o cliente interno e as expectativas e planos do time. Assim, cada um procura conhecer o seu papel dentro do time e suas atribuições na construção dos produtos a serem entregues aos clientes.

A estruturação das unidades em equipes de colaboradores polivalentes com visão sistêmica de processos, associada à disposição física/espacial em células de trabalho com base no agrupamento de atividades afins e/ou interdependentes, privilegia a comunicação eficaz entre os elementos cujas atividades se somam para atender às necessidades dos clientes. O *layout* das equipes, com todos os colaboradores agrupados num único espaço físico sem divisórias, facilita a troca de informações e a cooperação na busca de objetivos comuns, agregando velocidade e prontidão à continuidade operacional e à solução de problemas.

continua

Nessa estrutura, as equipes são chefiadas por um líder cujo conceito difere do modelo tradicional de supervisor/chefe e cuja atuação prioriza o desenvolvimento dos colaboradores, a fim de garantir resultados de alto desempenho. O líder é um colaborador e um membro da equipe, escolhido por um comitê formado por colegas, clientes e fornecedores internos conforme um perfil previamente estabelecido.

Os objetivos e metas resultantes do ciclo anual de planejamento das atividades da organização são desdobrados até o nível de equipe de trabalho. Anualmente realiza-se auditoria interna para verificar o nível de realização das metas estipuladas. O resultado da auditoria é levado em conta na negociação dos objetivos e metas para o período seguinte e também na distribuição do bônus por resultado.

Modelo de gestão de pessoas

A Petroquímica S.A. adota modernos instrumentos de gestão de pessoas, combinados com conceitos tradicionais de administração de recursos humanos. Como já vimos, o modelo de gestão de pessoas é descentralizado. As atividades-meio de assessoramento são exercidas por um departamento subordinado ao diretor de administração, e as atividades de gestão das pessoas que compõem cada área da empresa são exercidas pela própria chefia de tais unidades organizacionais sob orientação funcional daquele departamento.

Com base no preceito de que os responsáveis por um processo devem ter plena responsabilidade e autoridade sobre os recursos de que necessitam para atingir seus propósitos, a organização transferiu para o controle das próprias equipes as atividades de gestão de pessoas relativas a recrutamento, seleção, treinamento, integração, promoção, monitoramento da satisfação e desligamento de colaboradores. Como parte de sua política de transparência, o funcionário tem acesso a todas as informações relativas ao seu plano de carreira, ao seu prontuário médico e à sua remuneração mensal, com os respectivos descontos e pontuação considerada para o pagamento da remuneração variável (bônus por resultado). As atividades de gestão de pessoas são em geral desenvolvidas por comitês participativos que podem restringir-se à própria equipe interessada ou contar também com a participação de convidados de outras equipes. O tradicional papel de uma unidade de recursos humanos foi substituído pela função de consultoria interna, com profissionais encarregados não só de acompanhar e apoiar as ações desenvolvidas pelas equipes, mas também de elaborar estudos, simulações, planos e propostas para gestão de pessoas. A gestão de pessoas é hoje mais uma atividade normal em qualquer área da empresa, sendo exercida pelas mesmas pessoas que atendem às demandas técnicas.

A organização e distribuição das atividades obedecem a um sistema de gestão conhecido internamente como "gestão da evolução profissional", que atende às necessidades do planejamento e controle da gestão de pessoas segundo as demandas efetivas de cada equipe e, ao mesmo tempo, privilegia o desenvolvimento, o crescimento e a valorização dos colaboradores. Tal sistema está intimamente

continua

relacionado aos produtos da equipe e às habilidades necessárias à geração desses produtos. Cada habilidade é descrita de forma a estabelecer um perfil de responsabilidade e autonomia que permite a orientação dos colaboradores certificados.

A certificação em uma habilidade equivale a um contrato de prestação de serviço firmado entre o time e o colaborador. O plano de habilidade da equipe, no qual é especificada a quantidade de certificações necessárias a cada uma das habilidades envolvidas num determinado processo, orienta a identificação, a análise e o planejamento da demanda.

A partir da demanda, a equipe desenvolve negociação interna, buscando selecionar o colaborador com melhores condições de atendê-la. Para tanto, deve observar a disponibilidade de recursos orçamentários para o treinamento e a futura remuneração da futura habilidade. Para estar disponíveis, tais recursos devem ter sido previstos na negociação anual do orçamento da equipe. O treinamento é realizado segundo o programa previsto na descrição da habilidade.

A certificação em uma habilidade ocorre somente quando o colaborador obtém aproveitamento no programa de treinamento e atinge um desempenho satisfatório no exercício das atividades especificadas para a habilidade. Para avaliar essa condição, forma-se um comitê de certificação constituído por colaboradores da equipe e, eventualmente, representantes de alguns clientes e fornecedores internos.

A gestão da evolução profissional é permanentemente monitorada pelos executivos, que são os responsáveis diretos pela aprovação de qualquer alteração no conjunto de habilidades específicas proposta pelas equipes interessadas sempre que constatem variações quantitativas ou qualitativas nas demandas de suas atividades. Esse mecanismo confere a flexibilidade necessária ao sistema, permitindo seu constante aprimoramento.

Polivalência e trabalho em equipe

A estruturação em equipes delega a estas a responsabilidade pela gestão de seus recursos. Cabe portanto à equipe atender aos requisitos de satisfação de seus clientes e às necessidades de desenvolvimento dos seus colaboradores, integrando os interesses da organização com os do colaborador. Uma vez atendidas as suas necessidades de desenvolvimento, o colaborador está apto a assumir, juntamente com a equipe, a responsabilidade pela geração dos produtos e serviços que irão satisfazer os seus clientes internos e externos.

A autonomia concedida pela estrutura leva o colaborador a influenciar as variáveis que afetam os padrões de qualidade dos produtos de sua área de responsabilidades. Tal prática tem criado um ambiente favorável ao desenvolvimento de iniciativas e estimulado a criatividade e a inovação, gerando comprometimento e maior velocidade nas mudanças que se façam necessárias para a melhoria dos processos de trabalho.

continua

Equipes de trabalho virtuais

As demandas específicas, não vinculadas às atividades rotineiras das equipes, são tratadas por equipes virtuais criadas em função da necessidade de atender a planos estratégicos da empresa ou outras demandas relevantes. Tais equipes são constituídas por colaboradores de diversas áreas de atuação. Dotadas de grande autonomia, elas conferem a flexibilidade e a velocidade necessárias aos processos de mudança. A equipe virtual reúne-se em momentos determinados, sempre visando a alavancar algum processo de mudança ou conduzir um programa, em caráter permanente ou não. Assim, um colaborador, além de pertencer à sua equipe funcional, vinculada a uma unidade, pode também fazer parte de equipes virtuais (mais de uma), desde que tenha o perfil necessário à atividade em questão.

Seleção

A seleção de colaboradores é um dos principais exemplos da política de descentralização da gestão de pessoas adotada pela Petroquímica S.A. Trata-se de um trabalho desenvolvido por um comitê indicado pela equipe interessada, do qual participam colaboradores de equipes de clientes e/ou fornecedores, além dos integrantes da própria equipe e do departamento de gestão de pessoas para assessoramento técnico. O executivo da unidade é o responsável pela ratificação ou retificação das indicações recebidas desse comitê.

O primeiro passo consiste em estabelecer o perfil desejado para a função, observando aspectos comportamentais e técnicos. Antes de começar a busca de recursos externos, faz-se uma avaliação para verificar a existência de pessoal interno interessado e com potencial para responder com o desempenho esperado. Os colaboradores têm prioridade na seleção, desde que atendidos os requisitos estabelecidos. Os candidatos são então avaliados pelo comitê, cujo parecer é submetido à apreciação do executivo da unidade. Após a ratificação do executivo, o candidato realiza os exames médicos devidos e encaminha a documentação necessária à sua contratação.

Banco de talentos

A preocupação de contar com um banco de talentos leva a Petroquímica S.A. a buscar pessoas de alto potencial, identificadas em cursos de diferentes áreas de seu interesse. Desenvolve-se, assim, o programa de talentos, através do qual estudantes de nível médio e superior, que se destacam em atividades curriculares, são selecionados e avaliados em seus aspectos comportamentais, segundo um perfil pretendido para o futuro colaborador. Essa seleção e avaliação contam com o apoio técnico de uma consultoria externa contratada para o processo.

continua

Remuneração e reconhecimento

A visão adotada no processo de desenvolvimento de pessoas influencia diretamente o sistema de remuneração, avaliação e reconhecimento na empresa. Para os executivos, o sistema de remuneração é baseado no processo Hay, que compara o perfil do executivo Petroquímica S.A. com o de mercado e orienta o estabelecimento da remuneração mensal para cada executivo. A remuneração dos demais colaboradores está diretamente relacionada ao programa de gestão e desenvolvimento profissional. Tal programa é um dos principais balizadores da política de remuneração e visa a:

- desenvolver colaboradores polivalentes e com visão sistêmica dos processos pelos quais são responsáveis;
- remunerar o colaborador de acordo com o valor efetivamente agregado;
- dispor de um sistema que gere motivação e possibilite a evolução na carreira profissional, apesar da significativa redução dos níveis hierárquicos;
- manter relação com os valores salariais praticados pelo mercado de trabalho;
- oferecer alternativas de carreira que permitam elevada flexibilidade no atendimento das demandas da organização e dos interesses dos colaboradores;
- conciliar a elevação dos salários individuais com a redução do custo fixo total.

A remuneração é feita com base nas habilidades certificadas e exercidas. Assim, a cada habilidade corresponde uma quantidade de pontos estabelecida quando de sua criação. A quantidade de pontos acumulada por um colaborador é convertida em salário fixo ao ser multiplicada por um valor padrão atribuído ao ponto. Para manter atualizado o valor da remuneração, a Petroquímica S.A. realiza pesquisa de mercado, orientando sua consulta conforme a relação de empresas escolhidas por ocasião da implantação do sistema, com a participação dos próprios colaboradores

O plano de ação decorrente do planejamento estratégico integra-se à gestão de recursos humanos mediante a participação de colaboradores e executivos no processo de bônus por resultado. É um sistema de remuneração variável, que busca motivar os colaboradores e focalizar os esforços da empresa nos indicadores de negócio.

Para cada conjunto de indicadores de negócio é estabelecida uma quantidade de pontos que serve para avaliar os resultados obtidos na empresa e para atribuir um índice à participação dos colaboradores e executivos nesses resultados. O cálculo da pontuação final é feito separadamente para unidades e equipes,

continua

observando-se o respectivo grau de cumprimento dos objetivos. Os resultados são monitorados pela alta direção segundo as características de cada conjunto de indicadores de negócio.

A distribuição do bônus por resultados é feita anualmente, considerando-se os resultados alcançados pela empresa e pelas unidades e equipes, nesta ordem. Isso significa que, cumprindo os objetivos da unidade e da equipe, todos se empenham em cumprir as metas da empresa.

Treinamento, educação continuada e desenvolvimento do pessoal

O treinamento é visto pela empresa como um instrumento para a melhoria dos indicadores de gestão das unidades, uma vez que, para as equipes apresentarem alto desempenho, os colaboradores têm de apresentar habilidades polivalentes. Eis por que a gestão dos recursos humanos, incluindo treinamento, é responsabilidade da própria unidade. Tais atividades de treinamento diferem daquelas relativas à educação, que são programas conduzidos a partir de objetivos corporativos específicos, com o detalhamento de planos de ação para alcançar os resultados esperados.

A educação é considerada um dos elementos-chave do modelo de gestão de pessoas da empresa. Tal atividade foi vital na reconfiguração organizacional em torno de processos sistêmicos, permitindo a assimilação da nova cultura organizacional. Esse trabalho de educação, integrado aos projetos do planejamento estratégico, permitiu às pessoas assimilarem os objetivos propostos na nova configuração organizacional.

O programa anual de educação, conduzido pelo departamento de gestão de pessoas, visa a três resultados:

- mudança interior das pessoas;
- reforço de valores e conceitos corporativos;
- assimilação e internalização permanente da nova cultura Petroquímica S.A.

As atividades de treinamento são agrupadas em:

- treinamento em habilidades;
- programas de formação básica;
- programas de evolução tecnológica;
- programa de trabalho específico.

O treinamento em habilidades possibilita aos colaboradores adquirirem as novas habilidades descritas e previstas para sua carreira, de modo a fazerem jus à progressão salarial. A programação de treinamento, diretamente vinculada às descrições das habilidades, é realizada em consonância com as necessidades de certificação. Assim, só ocorre a certificação de uma habilidade quando o cola-

continua

borador é aprovado no treinamento, através de critérios previamente definidos, provas teóricas, práticas ou outros meios que garantam seu desempenho futuro na habilidade que está adquirindo.

As equipes de trabalho da empresa gerenciam seus recursos humanos e suas necessidades de treinamento. A equipe do departamento de gestão de pessoas tem a missão de assessorar as demais equipes, prestando consultoria desde o momento da identificação de necessidades até a definição, execução e avaliação de resultados dos programas de treinamento.

Os programas de formação básica, por sua vez, destinam-se à formação de mão de obra inexistente no mercado, tanto de nível médio quanto superior, dadas as peculiaridades do setor econômico no qual se insere a empresa. Assim, a empresa firmou convênios com escolas, universidades e fundações para formar seus recursos humanos com a qualificação técnica necessária a um trabalho tão especializado.

Já os programas de evolução tecnológica são estruturados em função da constante evolução tecnológica, que induz a uma permanente atualização técnica dos colaboradores da empresa. A equipe de gestão de pessoas mantém um banco de dados sobre congressos, seminários, mesas-redondas e demais eventos correlatos, ao qual têm acesso as demais equipes da empresa. O treinamento pode também estar vinculado a programas de trabalho específicos, quando assim o exige a compra de novos equipamentos ou a implantação de novas tecnologias ou programas.

Clima organizacional

Em termos de ambiente de trabalho, é política da empresa cultivar relações com a comunidade interna e externa, buscando constantemente garantir padrões internacionais de segurança industrial, saúde ocupacional e meio ambiente. Para viabilizar tais objetivos e assessorar a empresa no planejamento, execução e monitoramento dos programas, mantém-se um quadro de profissionais de segurança, higiene, saúde e meio ambiente que trabalham em horário administrativo e também em regime de plantão.

A empresa adota padrões nacionais e internacionais para avaliar a exposição aos riscos ocupacionais: na coleta dos dados ambientais e seus correspondentes indicadores de controle, vale-se de equipamentos de alta tecnologia e métodos de monitoramento permanentemente atualizados. Os métodos de monitoramento abrangem registro, tratamento estatístico, análise e interpretação dos dados ambientais e biológicos por especialistas em higiene industrial e medicina do trabalho.

As medidas técnicas e administrativas preventivas adotadas em programas específicos, como preservação auditiva e controle de exposição a agentes químicos, incluem o mapeamento e a identificação das áreas de risco; a modificação de projetos em máquina e equipamentos; a adequação dos equipamentos aos padrões

continua

de segurança e saúde ocupacional; o uso de equipamentos de proteção individual contra riscos; a análise de riscos na modificação de projetos; a avaliação individual dos empregados de acordo com os riscos nos seus locais de trabalho.

Os programas de investigação e análise de acidentes pessoais e ocorrências anormais geram banco de dados sobre acidentes e falhas de equipamentos e sistemas, subsidiando assim estudos de tendências e confiabilidade.

Os dados referentes a faltas ao trabalho são analisados e subsidiam o nível gerencial da Petroquímica S.A. na tomada de decisões para reduzir as perdas diretas e indiretas e seu reflexo no desempenho de seus empregados.

Quanto aos serviços de apoio aos empregados, a empresa oferece a seus colaboradores e dependentes um completo sistema de assistência médico-hospitalar e odontológica; auxílio-creche e auxílio acompanhante; e ações de bem-estar social (redes de serviços de apoio, convênios, áreas de lazer e afins).

No que se refere ao monitoramento da satisfação dos colaboradores, a empresa passou a priorizar uma transparência maior na sua relação com os mesmos. Além das formas tradicionais de avaliar a satisfação, foram introduzidos:

- a pesquisa em linha aberta;
- o monitoramento permanente da satisfação do colaborador.

A pesquisa em linha aberta visa a obter a avaliação dos colaboradores e da administração sobre 13 aspectos importantes do trabalho na empresa, quais sejam:

- liderança gerencial;
- delegação de autoridade;
- participação e trabalho em equipes;
- relação entre facilitadores e colaboradores;
- comunicação e direcionamento estratégico;
- desempenho e reconhecimento;
- treinamento e educação;
- planejamento de carreira;
- remuneração e benefícios;
- saúde, segurança e meio ambiente;
- satisfação no trabalho;
- qualidade, produtividade e foco no cliente;
- mudança na empresa.

Por outro lado, o monitoramento permanente da satisfação do colaborador é realizado pelas equipes de trabalho com o apoio do comitê de monitoramento da satisfação, formado por colaboradores de todas as unidades e consultorias de gestão de pessoas.

continua

O monitoramento tem por objetivo identificar os pontos relevantes do clima social da empresa, abrangendo os aspectos positivos ou negativos do ambiente de trabalho. Efetua-se trimestralmente ou a qualquer tempo, no caso de assuntos julgados relevantes segundo consenso da equipe de trabalho. O comitê e os executivos buscam minimizar ou eliminar os focos de insatisfação apresentando mudanças concretas, esclarecimentos ou informações. Os aspectos relativos ao clima organizacional vão sendo aprimorados ao longo do tempo com a incorporação de sugestões dos empregados e em função das novas necessidades decorrentes de mudanças nos processos e no contexto da organização como um todo.

Premissa didática (aprender pela descoberta e pela comparação entre teoria e prática): a) introduzir os conceitos de visão, missão e valores de uma organização; b) colocar os leitores em contato inicial com o conceito de gestão de pessoas; c) diagnosticar um modelo de gestão de pessoas.

Questões:
1. Identificar os principais elementos de um modelo de gestão de pessoas.
2. Em que uma configuração organizacional difere de um organograma e como um órgão de gestão de pessoas pode se inserir no contexto organizacional?
3. Quais as vantagens e desvantagens do método de remuneração e reconhecimento adotado pela empresa?

Capítulo 2

Princípios considerados no modelo de gestão de pessoas

Enfoque sistêmico

Um dos grandes problemas com que se defrontam as organizações é que a visão que a maioria tem delas mesmas é extremamente segmentada, setorizada, ou atomística. Isso leva a conflitos e divergências operacionais que minimizam o resultado dos esforços. A organização deve, pois, buscar uma visão sistêmica, global, abrangente e *holística*, que possibilite visualizar as relações de causa e efeito, o início, o meio e o fim, ou seja, as inter-relações entre recursos captados e valores obtidos pela organização.

Figura 4
Enfoque sistêmico na organização

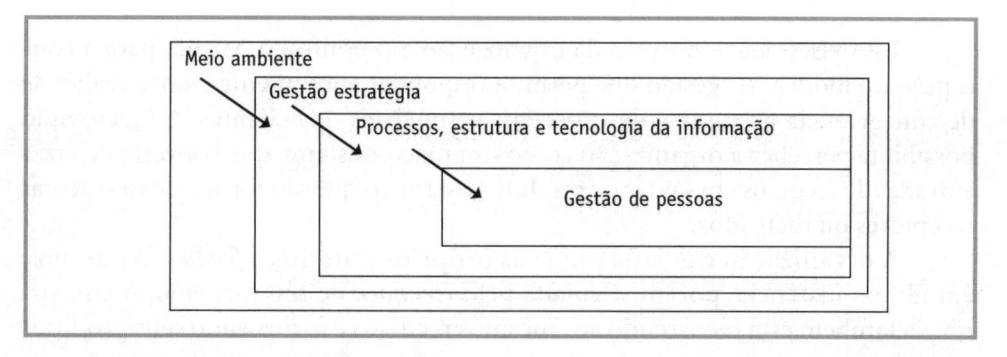

```
Meio ambiente
    Gestão estratégia
        Processos, estrutura e tecnologia da informação
            Gestão de pessoas
```

A adoção do enfoque sistêmico permite à organização analisar o meio ambiente e definir o cenário provável, de longo prazo, a partir do qual se estabelecem os objetivos institucionais e as respectivas estratégias para atingi-los. Posteriormente, identificam-se os processos sistêmicos necessários para dar suporte a tal delineamento estratégico. Uma vez identificados tais processos-chave, é possível estabelecer ou rever a configuração organizacional, as habilidades das pessoas envolvidas e os recursos necessários ao cumprimento dos objetivos estratégicos. Em seguida, definem-se as tecnologias da informação e os sistemas/*softwares* que darão suporte à infraestrutura organizacional estabelecida (processos-chave, configuração organizacional e programas de alocação dos recursos), bem como a gestão de pessoas propriamente dita.

Na abordagem sistêmica, o foco da atenção se transfere da análise da interação das partes para o todo, contrariamente ao pensamento pré-sistêmico, no qual o método analítico procura chegar à compreensão do todo a partir do estudo independente das partes. No método analítico, o comportamento de um todo não é interpretado em função de sua inserção num contexto mais amplo que é o sistema maior do qual faz parte.

Assim, a organização deve ser vista como um conjunto de partes em constante interação, constituindo-se num todo orientado para determinados fins, em permanente relação de interdependência com o ambiente externo. A adoção do enfoque sistêmico, que vê a instituição como um macrossistema aberto interagindo com o meio ambiente, pode ser entendida como um processo que procura converter recursos em produtos, em consonância com seu modelo de gestão, sua missão, suas crenças e valores corporativos.

A visão sistêmica dos processos representa, inclusive, uma perspectiva diferente que permite visualizar:

a) o cliente, o produto e o fluxo de atividades produtivas;
b) como o trabalho é realmente realizado mediante processos que atravessam as fronteiras funcionais;
c) as relações internas entre cliente-fornecedor, por meio dos quais se obtêm os produtos e serviços.

Essa visão macroscópica da organização é o ponto de partida para a concepção do modelo de gestão que permita responder eficazmente à nova realidade de concorrência acirrada e de expectativas mutáveis dos clientes. A macrovisão possibilita perceber a organização como um macrossistema que converte diversas entradas de recursos em saídas de produtos e serviços que são fornecidos a sistemas receptores ou mercados.

A organização é guiada por seus próprios critérios e *feedbacks* internos; em última instância, porém, é guiada pelo *feedback* de seu mercado. A concorrência também está recorrendo aos mesmos recursos e fornecendo seus produtos e serviços ao mesmo mercado. Tudo ocorre no ambiente social, econômico e político.

Visualizando internamente as organizações, podem-se identificar funções que, interligadas na forma de processos sistêmicos, têm por objetivo converter as diversas entradas em produtos ou serviços. A organização como um todo tem um mecanismo de controle, que é o seu processo de gestão, que reage ao *feedback* interno e externo para torná-la equilibrada em relação ao ambiente externo.

Estudo de caso: Hardware S.A.

A empresa

A empresa se caracteriza como uma organização voltada para a fabricação e comercialização de copiadoras, duplicadoras, impressoras a laser, equipamentos de engenharia, equipamentos de acabamento, fax, produtos de consumo e *softwares* para impressoras.

Com base nas informações disponíveis sobre fabricação e importação no Brasil, é possível estimar que, em média, a empresa detém de 75 a 80% dos mercados onde atua. Além de atender ao mercado interno, a empresa comercializa seus produtos também no exterior.

Cultura interna

A liderança do mercado foi consolidada graças a uma profunda modificação da cultura interna da Hardware S.A. Assim, toda atividade da empresa passou a ser orientada pelos conceitos de qualidade total e de foco no cliente, com a implementação da estratégia de "liderança através de qualidade".

A organização

A perfeita compreensão do significado dos clientes e empregados é a marca central dos princípios de atuação da empresa. Seus objetivos são convergentes com os daqueles que consomem seus produtos ou são responsáveis pela sua existência.

A valorização do "pessoal da casa" é a mola mestra desse pensamento, respondendo por medidas objetivas tais como: programas permanentes de educação e treinamento voltados para o aperfeiçoamento individual e para a qualidade; sistemas de reconhecimento e recompensa das contribuições e inovações apresentadas pelos empregados; adoção de critérios alinhados com os de empresas progressistas no tocante a salários e benefícios; criação de condições para a ascensão profissional; e adoção de uma política de abertura de canais internos de comunicação em todos os níveis.

Em síntese, a filosofia corporativa da Hardware S.A. está assentada nos seguintes valores básicos:

a) somos bem-sucedidos tendo clientes satisfeitos;
b) desejamos fornecer qualidade e excelência em tudo o que fazemos;
c) queremos adequado retorno sobre ativos;
d) usamos tecnologia para liderar o mercado;
e) valorizamos nossos empregados;
f) comportamo-nos responsavelmente enquanto cidadãos corporativos.

continua

Em virtude dessa postura, a empresa está comprometida com a proteção do meio ambiente e a segurança e a saúde de seus empregados, clientes e comunidades nas quais opera, fatores que são levados em conta em toda a sua atuação, sobretudo no que se refere ao desenvolvimento de novos produtos e processos.

Tudo que envolva esses aspectos é considerado prioritário em relação a questões econômicas. As operações da empresa estão voltadas para a conservação de recursos, a reciclagem ou reutilização de resíduos e a eliminação de quaisquer possibilidades de danos à segurança e à saúde das pessoas em geral.

Filosofia em gestão de pessoas

A filosofia adotada nessa área orienta o relacionamento da Hardware S.A. com os seus empregados, sendo estes considerados uma vantagem competitiva para a organização. Tal filosofia pode ser assim explicitada:

a) a Hardware S.A. deve criar condições para que o empregado se sinta motivado no trabalho;
b) a empresa valoriza as pessoas que nela trabalham, oferecendo-lhes uma recompensa justa pelo desempenho apresentado;
c) os salários e benefícios oferecidos aos empregados devem estar acima da média observada no setor econômico ao qual pertence a Hardware S.A.;
d) todo empregado necessita conhecer suas perspectivas de carreira e deve ser orientado, treinado e motivado para utilizar todo o seu potencial;
e) a seleção de pessoal deve considerar como fatores preponderantes a habilidade, a experiência e a aptidão para sair-se bem no cargo;
f) as vagas devem ser preenchidas, sempre que possível, por gente da casa;
g) todos os assuntos da Hardware S.A. devem ser tratados com ética e respeito a empregados, fornecedores, clientes, concorrentes e demais instituições públicas e privadas.

Planejamento da gestão de pessoas

O plano estratégico de gestão de pessoas é elaborado a partir das diretrizes emanadas do plano estratégico da Hardware S.A. e visa a alcançar a situação desejada a médio e longo prazos. O planejamento da empresa tem por fim desenvolver e implementar estratégias gerenciais de recursos humanos para apoiar resultados de negócio e garantir a produtividade, a motivação e a satisfação dos empregados através de um estilo de administração participativa.

A estratégia de gestão de pessoas procura estabelecer programas que permitam aos gestores prepararem seus subordinados para assumir maiores responsabilidades. A estratégia de *empowerment* das funções visa a propiciar maior autonomia aos empregados que atuam junto aos clientes. Adota-se também como estratégia

continua

o *downsizing*, visando a reduzir os níveis hierárquicos e a trazer o nível de decisão para o *chão de fábrica*. Assim, na produção existe apenas o nível de supervisores entre os empregados e o diretor de produção. Tal estratégia permite, inclusive, que os operadores, juntamente com seu supervisor, interrompam as atividades de sua célula de produção e, logo, das demais unidades produtivas quando da ocorrência de eventos considerados anormais.

A estratégia salarial adotada assegura a contratação e retenção de profissionais qualificados para as diversas funções da Hardware S.A. Para tanto, pesquisam-se as empresas que melhor remuneram no mercado onde ocorre a competição por mão de obra. O reconhecimento e a recompensa tomam por base o desempenho e as contribuições da força de trabalho da empresa.

Educação e treinamento do pessoal

A estratégia da Hardware S.A. nessa área é de responsabilidade compartilhada com os próprios empregados, que respondem pela elaboração dos planos de desenvolvimento. Cabe aos gerentes da empresa propiciar experiências de aprendizagem de trabalho, oferecendo aos seus subordinados meios de adquirir os conhecimentos necessários ao efetivo desempenho de suas funções. Todos os empregados da empresa recebem treinamento básico em qualidade, o que lhes permite agir com autonomia dentro da estratégia da Hardware S.A. de atuar voltada para o atendimento das expectativas dos clientes.

A implementação dessa estratégia deriva do plano estratégico da Hardware S.A., no qual se identifica o tipo de empregado necessário para suportar o avanço tecnológico exigido. Tais informações, acrescidas de outras provenientes da análise de desempenho e da avaliação dos empregados, permitem identificar que mão de obra é necessária em face do atual estágio de qualificação em que se encontram os empregados.

A Hardware S.A. adota como treinamento de integração um programa de indução pelo qual os empregados recém-admitidos recebem nos primeiros três meses informações sobre as características básicas do negócio, dos produtos e da organização, bem como treinamento orientado para a filosofia, a ética, os valores, os princípios e as prioridades de negócio da empresa. No caso das principais atividades das unidades operacionais, voltadas para as atividades-fim (*core business*), adotam-se programas de treinamento específicos para cada função. Utilizam-se, para tanto, instituições externas especializadas, uma vez que a quantidade de pessoas não justifica desenvolver um programa internamente.

Procedimentos de gestão de pessoas

Os procedimentos de recursos humanos estão disponíveis em manual *on-line*. O banco de dados de talentos e de profissionais contém dados cadastrais

continua

de todos os empregados e seu histórico de desenvolvimento na empresa, bem como informações sobre os cursos que eles realizam dentro e fora da Hardware S.A. Esse tipo de informação permite identificar candidatos internos que tenham formação ou especialização em determinadas áreas, para fins de preenchimento de vagas nas diferentes unidades da empresa. A Hardware S.A. investe em educação e treinamento levando em conta as informações sobre o perfil profissional dos empregados e as necessidades de especialização para atender à demanda de novas tecnologias.

O desempenho na gestão de pessoas é medido por indicadores referentes a *turnover* de pessoal e suas causas, reclamações trabalhistas e sua natureza, acidentes de trabalho, administração de salários e benefícios, e satisfação de empregados.

Premissa didática (os casos estimulam o estudo da disciplina relativa à gestão de pessoas): a) introduzir a ideia de procedimentos de gestão de pessoas numa organização; b) colocar os leitores em contato inicial com o conceito de planejamento de gestão de pessoas; c) enfatizar a relação existente entre a organização formal e a gestão de pessoas.

Questões:

1. Qual a influência da cultura organizacional nos resultados corporativos da empresa?
2. De que forma a filosofia adotada pela organização influencia o planejamento da gestão de pessoas?
3. Quais as premissas adotadas nas atividades de educação e treinamento do pessoal da empresa?

Credo institucional

A análise das organizações bem-sucedidas leva-nos a constatar um fato marcante: sua filosofia básica (princípios, crenças e valores compartilhados) influencia muito mais as suas realizações do que seus recursos econômicos e tecnológicos. De fato, o êxito de uma organização irá cada vez mais depender de uma sólida base de princípios, crenças e valores institucionais que permita orientar e coordenar esforços e talentos individuais e coletivos visando a metas e objetivos maiores.

Com a aplicação do enfoque sistêmico, a organização tende a se constituir num conglomerado de unidades ou centros de resultados que atuariam como *organizações independentes* dentro do todo maior da instituição. Assim, fica patente a influência da filosofia institucional calcada nas missões, crenças e valores. Quanto mais arraigada estiver essa filosofia no ambiente organizacional, menor será a exigência de formalização das regras de gestão ou de explicitação de normas, políticas e/ou procedimentos. Inversamente, quanto maior for o grau de oficialização de normas e procedimentos, maior será a probabilidade de a organização estar adotando uma estrutura conservadora e inflexível.

O enfoque sistêmico pode ser aplicado à análise global das atividades da organização, a qual está em permanente interação com o meio ambiente. Logo, o ambiente externo é um fator contingencial que estabelece parâmetros, limites, propostas e desafios que têm de ser interpretados de acordo com a escala de valores vigente na organização. A abordagem sistêmica visualiza a organização de *fora para dentro*, de *cima para baixo* e do *geral para o particular*.

Gestão estratégica e gestão de pessoas

A gestão estratégica numa organização pode ser entendida como o conjunto de decisões tomadas previamente acerca do que deve ser feito a longo prazo. Gestão, em síntese, é pôr em prática uma estratégia tanto no nível microssocial quanto no nível macrossocial, ou seja, operacionalmente, as estratégias devem direcionar a gestão da organização.

Figura 5
Estratégia empresarial e gestão de pessoas

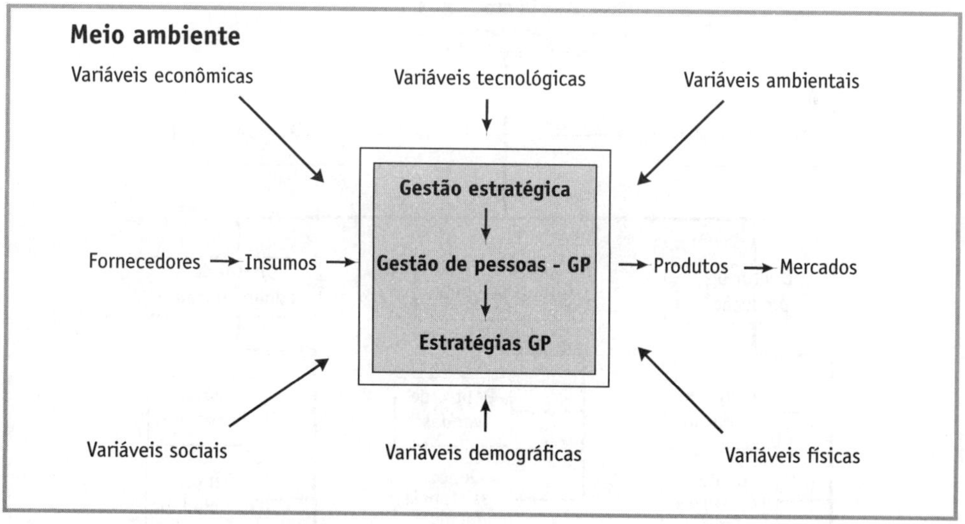

Meio ambiente

- Variáveis econômicas
- Variáveis tecnológicas
- Variáveis ambientais
- Fornecedores → Insumos → **Gestão estratégica** ↓ **Gestão de pessoas - GP** ↓ **Estratégias GP** → Produtos → Mercados
- Variáveis sociais
- Variáveis demográficas
- Variáveis físicas

A figura 5 oferece uma visão geral do processo de gestão estratégica e suas variáveis controláveis e não controláveis.

A relação entre decisões, estratégias corporativas e estratégias de gestão de pessoas será retomada no capítulo 3 (Um modelo de gestão de pessoas).

Estudo de caso: Máquinas S.A.

A organização

A Máquinas S.A., uma das maiores organizações do ramo industrial do país, dedica-se à fabricação e comercialização de tratores, máquinas de terraplenagem, peças de reposição e implementos agrícolas. Além disso, presta serviços de assistência técnica e de pós-venda.

Sua *missão* é produzir e fornecer produtos e serviços diferenciados, atendendo às necessidades e expectativas de clientes de mercados atuais e em potencial.

Podemos assim resumir sua *visão*: ser uma organização empresarial de excelência, assim reconhecida tanto por seus clientes, por fornecer os melhores produtos e serviços do setor econômico a que pertence, quanto por seus empregados, por oferecer um ambiente de trabalho propício à realização profissional e ao bem-estar coletivo.

Seus valores foram estabelecidos com base nas crenças e experiências de seus principais gestores e dizem respeito a: pessoas; qualidade e excelência; responsabilidade; rentabilidade; espírito de equipe; integridade; segurança e saúde.

Figura 6
Configuração organizacional

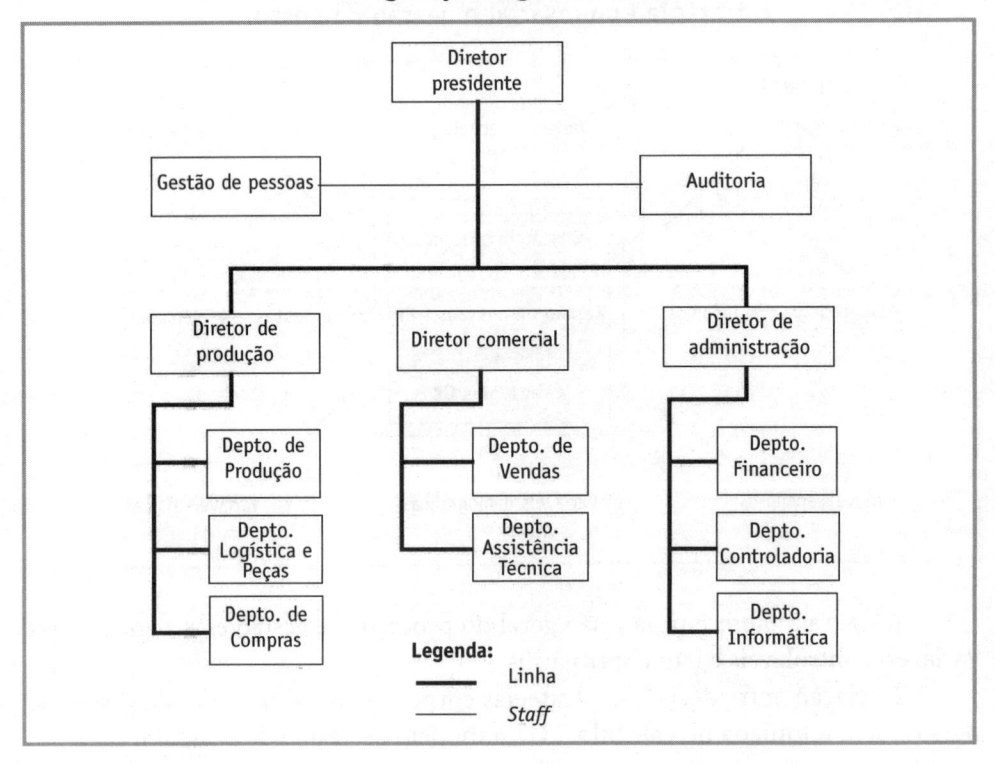

```
                         Diretor
                         presidente
                            |
   Gestão de pessoas --------+-------- Auditoria
                            |
      +---------------------+---------------------+
      |                     |                     |
   Diretor de          Diretor comercial      Diretor de
   produção                                   administração
      |                     |                     |
   Depto. de            Depto. de             Depto.
   Produção             Vendas                Financeiro
      |                     |                     |
   Depto.               Depto.                Depto.
   Logística e          Assistência           Controladoria
   Peças                Técnica
      |                                           |
   Depto. de                                  Depto.
   Compras                                    Informática
```

Legenda:
─── Linha
─── Staff

continua

Configuração organizacional

Além do conselho de administração, a configuração organizacional da Máquinas S.A. é estruturada em *linha* e *staff*. Como órgãos de linha, tem-se uma diretoria composta de um diretor presidente, três diretores e oito departamentos; como órgãos de *staff*, a auditoria interna e a assessoria de gestão de pessoas.

Abaixo do nível de gerente de departamento existe o nível de supervisores que comandam os setores subordinados a cada departamento. A estrutura da Máquinas S.A. tem, portanto, quatro níveis hierárquicos. É uma estrutura organizacional do tipo hierárquico-tradicional, com funções verticalizadas.

Além dessa organização departamentalizada, e para a execução de tarefas específicas decorrentes de seu planejamento estratégico, a Máquinas S.A. adota estruturas formais de trabalho em equipe, inter ou intradepartamentais, temporárias e permanentes, abrangendo pessoas do mesmo nível ou de níveis diferentes e, eventualmente, clientes, fornecedores e revendedores comerciais.

Estrutura de cargos e salários

A Máquinas S.A. classifica os cargos que compõem a estrutura organizacional por categorias de pagamento. Há uma categoria *horista* para cargos operacionais (*blue collar*) no chão de fábrica e uma categoria de *mensalista* para cargos administrativos (*white collar*).

Os cargos, enquanto agrupamento das atribuições e responsabilidades atribuídas a cada posto de trabalho, são descritos e avaliados de modo que cada descrição corresponda a um nível de faixa salarial de mercado. Cada cargo é ocupado por um ou mais empregados. Além da descrição do cargo, há uma relação das normas e procedimentos referentes ao trabalho de cada empregado e às suas necessidades de treinamento. Tal estrutura de cargos possibilita não só a avaliação dos postos de trabalho, para fins de definição do plano salarial, mas também a avaliação do desempenho, o planejamento de carreira e a criação de níveis de delegação de competências. O plano de salários da Máquinas S.A. tem por finalidade alinhar as práticas de remuneração da organização com as do mercado de trabalho local (entende-se por mercado de trabalho o agrupamento das empresas pertencentes ao mesmo setor econômico).

Como política salarial que consubstancia o plano de salários, a Máquinas S.A. leva em conta a função social da remuneração das pessoas, promovendo o pagamento por desempenho, a justiça salarial interna e o desempenho do negócio, privilegiando a atração e retenção de pessoas com desempenho superior. Com isso obtém-se o equilíbrio interno de salários, que nada mais é do que uma justa proporcionalidade de salários contemplando uma diferenciação de remuneração em função direta da complexidade e responsabilidade dos cargos da estrutura. O salário individual de cada empregado da Máquinas S.A. considera o pagamento de uma parcela de remuneração fixa e um conjunto de práticas de remuneração variável.

continua

Os níveis salariais são definidos com base no mercado competitivo, utilizando-se, para os profissionais operacionais e administrativos, comparações com o mercado e com os salários pagos pelos competidores. Com isso obtém-se o *equilíbrio externo* de salários. A política salarial da Máquinas S.A. é estar acima da média dos mercados pesquisados para os empregados de desempenho superior.

Treinamento e educação continuada

As necessidades de educação, treinamento e desenvolvimento de cada empregado são permanentemente atualizadas pelo seu superior imediato, em conjunto com a assessoria de gestão de pessoas, que é o órgão de *staff* responsável pelo suporte e orientação funcional no assunto.

Clima organizacional

O clima organizacional da Máquinas S.A. é formalmente avaliado através de pesquisa direta junto aos empregados do nível operacional (chão de fábrica) e do nível administrativo (escritórios). Utiliza-se um questionário composto de perguntas corporativas e perguntas específicas sobre ambiente de trabalho e satisfação das pessoas, havendo seis graus de avaliação para as respostas, que vão desde "concordo totalmente" até "discordo totalmente". Cada empregado responde de forma anônima, e os resultados são interpretados de forma agregada em quatro grandes grupos: estratégia; foco no cliente; estrutura organizacional; bem-estar e satisfação das pessoas. Uma síntese dos resultados é apresentada a toda a empresa, e os dados referentes a cada departamento/setor são submetidos à alta administração para fins de atuação estratégica e operacional nos pontos evidenciados pela pesquisa de clima organizacional. O pessoal terceirizado que atua no âmbito interno da Máquinas S.A. também responde a uma pesquisa de clima organizacional semelhante àquela aplicada aos empregados próprios, havendo apenas uma diferenciação no direcionamento das questões. Os resultados são igualmente liberados.

Estratégia de terceirização

As estratégias de alocação da força de trabalho terceirizada leva em conta alternativas de gestão de pessoas que possam agregar mais valor, visando a obter:

a) competência profissional em áreas de rápida evolução tecnológica ou especialização fora do ramo de negócio da Máquinas S.A. A contratação desses profissionais leva em conta uma diferenciação em relação ao pessoal interno, ou seja, o pessoal externo não goza dos mesmos benefícios que os empregados da empresa, mas seus salários são relativamente maiores que os de seus equivalentes internos (pessoal especializado na área de tecnologias da informação, projetistas CAE/CAD/CAM, especialistas em *websites* etc.);

continua

b) mão de obra não especializada e de alta rotatividade fora do ramo de negócio da Máquinas S.A. A seleção e contratação desses quadros (pessoal de limpeza, manutenção predial, restaurante, vigilância e afins) obedece a uma política que proporciona mais benefícios e salário equivalente ao praticado pelas empresas do mercado;

c) menores custos operacionais através da flexibilização dos custos fixos por meio de contratação para suprir demandas sazonais ou de determinados projetos ou programas temporários (vendedores, auxiliares de escritório, operadores de máquinas e mão de obra correlata).

Premissa didática (os casos trabalham os processos em vez de proporcionar a simples resposta): a) introduzir a ideia de órgãos de *linha* e de *staff* na estrutura organizacional; b) colocar os leitores em contato inicial com o conceito de cargos e sua influência na estruturação de um plano de cargos e salários; c) estabelecer a relação existente entre estratégia e gestão de pessoas.

Questões:

1. Quais são as características do programa de clima organizacional adotado pela Máquinas S.A.?
2. Comente a importância das crenças e valores na gestão de pessoas e na gestão da organização como um todo.
3. Qual a sua opinião sobre o posicionamento do órgão de gestão de pessoas na configuração organizacional da empresa?

Dimensão humana da qualidade

A qualidade nas organizações deve ser entendida como uma filosofia que embasa o modelo de gestão, aqui entendido como o conjunto de decisões postas em prática, sob princípios de qualidade preestabelecidos, com a finalidade de atingir e preservar um equilíbrio dinâmico entre objetivos, meios e atividades no âmbito das organizações.

A filosofia da qualidade, portanto, não deve ser encarada como uma mudança com data marcada para começar e terminar, e sim como um processo contínuo

Figura 7
Princípios da qualidade e as organizações

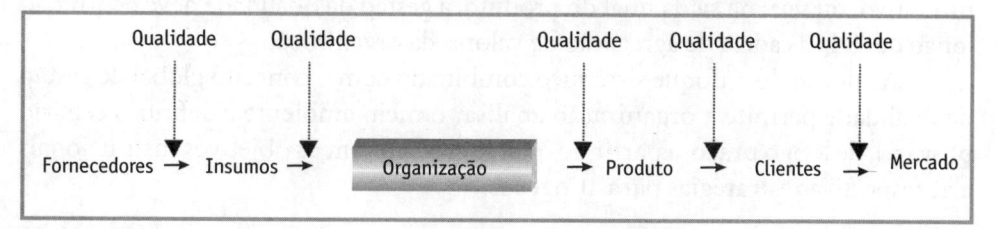

Fornecedores → Insumos → Organização → Produto → Clientes → Mercado

(Qualidade, Qualidade, Qualidade, Qualidade, Qualidade)

com intensa participação de todos os níveis da organização, de *cima para baixo* e partindo da cúpula diretiva da instituição. Para ser posta em prática, deve contar com ferramentas e técnicas que deem suporte ao processo de gestão, a partir da definição de missões, estratégias corporativas, configuração organizacional, recursos humanos, processos e sistemas.

Os princípios de qualidade devem permear toda a organização e alcançar o plano interorganizacional, abrangendo fornecedores, clientes externos e entidades externas, ampliando virtualmente suas fronteiras. A gestão da qualidade deve ser implementada no âmbito da organização, e não restringir-se à dimensão parcial de controle da qualidade apenas na saída dos produtos e serviços ofertados.

Figura 8
Gestão da qualidade na organização

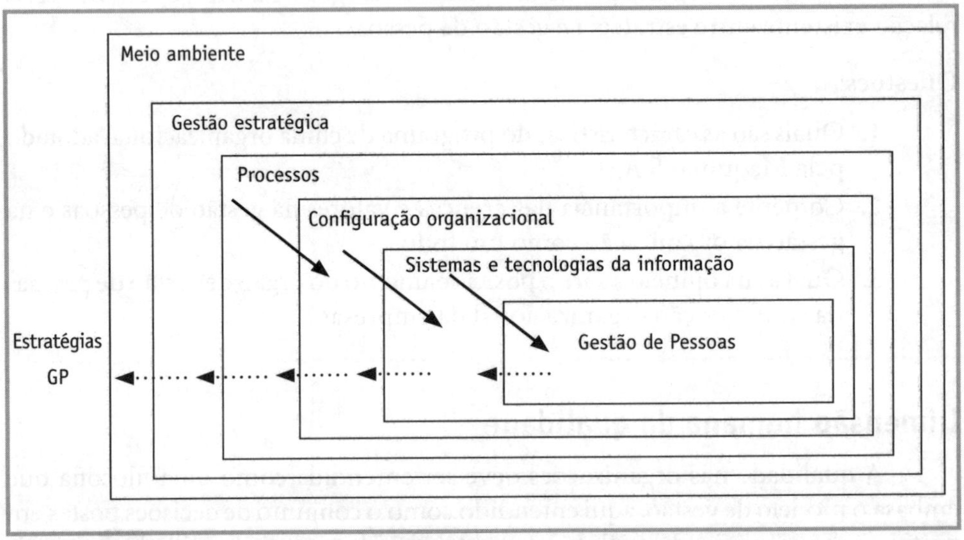

- Meio ambiente
  - Gestão estratégica
    - Processos
      - Configuração organizacional
        - Sistemas e tecnologias da informação
          - Gestão de Pessoas

Estratégias GP

A filosofia da gestão da qualidade deve ser adotada de forma combinada com o enfoque sistêmico. Essa visão global, abrangente e holística permite a visualização das relações de causa e efeito e a correspondente intervenção dos gestores da organização no início, no meio e no fim, ou seja, nas inter-relações entre recursos captados e valores obtidos pela organização. Em outras palavras, contrariamente à abordagem tradicional da qualidade, em que se atua apenas no final do processo produtivo, ou seja, na saída final do produto, a gestão da qualidade deve ocorrer ao longo de toda a cadeia de agregação de valores da organização.

A adoção do enfoque sistêmico combinado com o conceito global de gestão da qualidade permite à organização analisar o meio ambiente e definir o cenário provável, de longo prazo, a partir do qual se estabelecem os objetivos institucionais e as respectivas estratégias para atingi-los.

Pode-se dizer que a qualidade é uma aspiração normal do ser humano. Todos nós queremos consumir ou adquirir produtos de qualidade. Todos nós também ficamos satisfeitos quando realizamos um trabalho que consideramos de qualidade. Seria de se esperar, portanto, que a busca da qualidade fosse naturalmente incorporada pelas organizações. Ocorre, todavia, que nem sempre os esforços nesse sentido dão resultado. Por vezes, mesmo com investimentos em programas bem articulados, não há uma incorporação, pelos membros da organização, da busca efetiva da excelência.

Ao tentar explicar por que muitos planos de gestão da qualidade fracassam, Peters (1998) afirma que a qualidade é, na verdade, uma consequência natural de uma busca apaixonada por aquilo que se faz. Justamente por não estarem motivados em relação ao trabalho e à organização, muitos trabalhadores mostram-se resistentes ou pouco cooperativos com tais programas. Nota-se, portanto, que os aspectos humanos têm grande relevância para a obtenção da excelência. Sem uma boa política de gestão de pessoas não se pode almejar um nível superior de qualidade.

A qualidade é acima de tudo uma questão ética, que deve envolver o autor-respeito, a valorização dos membros de uma organização e o respeito aos clientes e à sociedade como um todo. A interface da política de pessoal com os programas de qualidade fica clara quando se tomam como fundamentos de tais programas os seguintes princípios:

Satisfação dos clientes. Dificilmente um trabalhador que não é bem tratado pela sua organização vai dedicar-se com real afinco à tarefa, por vezes árdua, de conquistar o cliente.

Redesenho dos processos. Envolve a racionalização dos sistemas produtivos e administrativos, combatendo-se mazelas como a excessiva burocracia e a fragmentação das tarefas que compõem um mesmo processo. A sensibilização do corpo de funcionários é fundamental para que exista um clima favorável a tais mudanças, minimizando-se assim a natural tendência de acomodação e resistência à mudança.

Clareza da missão da organização e perspectiva de futuro. Todos os membros da organização, dos donos ao mais humilde dos empregados, devem conhecer claramente a missão organizacional, ou seja, a razão de existir da empresa. Isso evitará diversos problemas, como por exemplo a priorização de trabalhos e investimentos que pouco contribuem para o cumprimento da missão. A política de pessoal deve preocupar-se com a difusão desse conhecimento.

Eliminação do desperdício. A falta de qualidade acarreta desperdício de materiais, tempo e recursos financeiros e humanos. Quando se aprimoram os processos e se elevam os níveis de capacitação e motivação dos empregados, os índices de desperdício caem naturalmente. Muitas vezes, todavia, os empregados não se sentem motivados a buscar a economia de insumos produtivos por não se julgarem responsáveis pelo sucesso da organização onde trabalham. A correção desse problema depende, evidentemente, de uma ação efetiva na área de pessoal.

Inconformação com os erros. Por vezes, os empregados assumem uma postura conformista diante dos problemas existentes na organização onde trabalham. Isso porque não se consideram diretamente responsáveis pelos erros, chegando mesmo a sentir-se alijados da organização, como se dela não fizessem parte.

Trabalho em equipe e compromisso coletivo. Só se obtêm níveis elevados de qualidade quando os empregados recebem tratamento digno, podendo responsabilizar-se pessoalmente pelo sucesso da organização. A motivação dos funcionários e seu empenho em buscar melhores níveis de qualidade são fundamentais.

Criatividade e inovação. A capacidade de criar e inovar é fortemente influenciada pela motivação. Um supervisor, por mais rigoroso e controlador que seja, não pode impor a seus liderados que sejam criativos. Só a satisfação com o próprio trabalho e com a organização fará com que os empregados busquem a inovação.

Aprimoramento contínuo. Esse é outro princípio da qualidade intimamente relacionado com a política de pessoal. Cabe, afinal, à área de treinamento e desenvolvimento de pessoal criar as condições necessárias para a educação continuada dos trabalhadores.

Tecnologias da informação e a gestão de pessoas

Segundo Tapscott (1997), mudanças de paradigmas provocam significativo impacto nas organizações dos dias atuais. As mudanças de ordem econômica e política em todo o mundo são mais que evidentes. Ninguém está realmente seguro quanto aos novos rumos, mas a era do pós-guerra já terminou. O mundo está se tornando mais aberto e volátil.

Também as organizações empresariais e os mercados estão passando por mudanças. Acabou a estabilidade que existia no período do pós-guerra, caracterizado pela competição limitada. As antigas regras estão desaparecendo, assim como as barreiras à competição. A transformação organizacional possibilitada pela informação é necessária para se obter sucesso num novo ambiente. A nova organização é dinâmica e pode responder rapidamente às mudanças ocorridas no mercado. Ela possui uma estrutura diferente, mais achatada e baseada em equipes, o que elimina a hierarquia burocrática. O compromisso é mais importante do que o controle. Os processos empresariais são simplificados em favor da produtividade e da qualidade. A nova organização é aberta e atua em rede.

A informação está entrando numa nova era. O novo paradigma tecnológico se estabelece paralelamente às outras mudanças. Assim como a nova organização, o sistema de informação nesse novo contexto é aberto e opera em rede. É modular e dinâmico, baseando-se em componentes intercambiáveis, e induz a organização ao *empowerment*, transferindo informação e poder decisório aos usuários. O sistema de informação opera da mesma maneira que as pessoas,

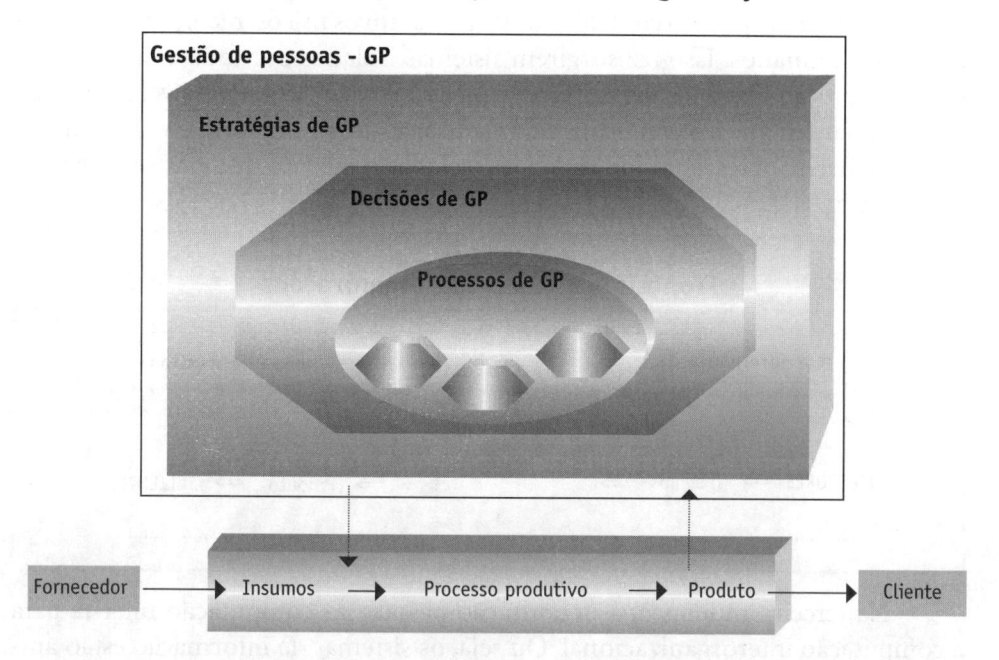

Figura 9
Gestão estratégica de pessoas nas organizações

Gestão de pessoas - GP
Estratégias de GP
Decisões de GP
Processos de GP

Fornecedor → Insumos → Processo produtivo → Produto → Cliente

integrando dados, texto, voz, informação e imagem em seus diversos formatos e proporcionando uma espinha dorsal para as estruturas organizacionais apoiadas em equipes. Ele torna indistinta as barreiras entre as organizações, possibilitando a reformulação dos relacionamentos externos. Além disso, já atingiu o ponto de maturidade ao se tornar economicamente viável. Na verdade, quanto mais a organização demorar a iniciar essa transição, maiores serão os investimentos e gastos a longo e curto prazos.

Tratamos de analisar aqui as dimensões críticas da mudança, visando a auxiliar as organizações a descobrirem as possibilidades da gestão estratégica de pessoas, passando assim para um novo patamar.

Nas últimas décadas ocorreram quatro mudanças fundamentais, algumas ainda em curso, no que se refere à forma de aplicação da computação nas organizações. Primeiramente deu-se a passagem da computação pessoal para a computação em grupo. Os computadores pessoais penetraram em praticamente todas as áreas e níveis das organizações. No entanto, seu impacto dificilmente pode ser descrito como estratégico, uma vez que o PC isolado não funcionava da mesma maneira que as pessoas, em termos de intercomunicação, especialmente dentro de um grupo de trabalho. A computação em grupos de trabalho veio dar suporte direto a todas as categorias de pessoas no contexto organizacional. Quando bem concebidos e implementados, os sistemas para grupos de trabalho podem-se tornar o ponto focal para a reconfiguração dos processos e das posições funcionais da organização.

A segunda mudança caracteriza-se pela passagem de sistemas ilhados para sistemas de informação integrados. Tradicionalmente, a tecnologia da informação era utilizada para apoiar o controle dos recursos: ativos físicos, recursos financeiros e recursos humanos. Isso fez surgirem sistemas isolados por toda a organização. Com a evolução dos padrões da tecnologia da informação foi possível ascender a um patamar em que a arquitetura da organização como um todo é viável, em vez de continuar-se acrescentando unidades isoladas à medida que elas se tornavam necessárias.

Figura 10
Fronteiras virtuais nas organizações

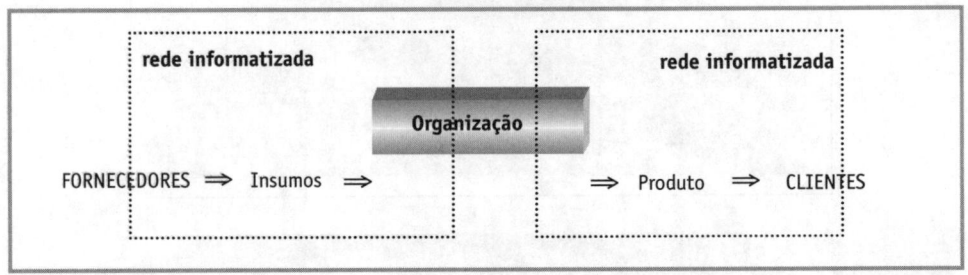

rede informatizada		rede informatizada
FORNECEDORES ⇒ Insumos ⇒	Organização	⇒ Produto ⇒ CLIENTES

Na terceira mudança, a organização passará da computação interna para a computação interorganizacional. Ou seja, os sistemas de informação estão ampliando o alcance externo ao ligar a organização a seus fornecedores e clientes. A nova tecnologia da informação de alcance ampliado permite reformular o relacionamento das instituições com as organizações externas. A cadeia de agregação de valor – fornecedores, organização, clientes – transformar-se-á numa rede de valor eletrônica interligando grupos de afinidade e até mesmo concorrentes. A informática restrita e de alcance interno (intraorganizacional) está-se transformando em computação interorganizacional.

Nesse novo ambiente, as tecnologias da informação poderão ser vistas como classes de sistemas de informação que vão desde o nível pessoal até o nível interorganizacional. As aplicações pessoais dão suporte direto aos seus usuários finais e são por eles controladas. As aplicações para trabalho em grupo são compartilhadas por membros de equipes ou funções que podem estar centralizadas ou amplamente dispersas por toda a organização. As aplicações corporativas ou empresariais dão suporte a uma ampla gama de usuários em toda a organização, podendo abranger muitas áreas e/ou departamentos. As aplicações interorganizacionais envolvem interação com usuários e sistemas externos à organização.

A quarta mudança, que afetará de forma intensa todas as organizações empresariais, diz respeito a uma nova era, a da *economia digital*, em que o capital humano se tornará mais importante do que o capital tradicional. Nessa economia baseada mais no cérebro do que nos recursos físicos e materiais, as inovações e vantagens competitivas são efêmeras. As redes eletrônicas expandem virtualmente as fronteiras das organizações, suprimindo-se os agentes de intermediação entre a instituição, os fornecedores e os clientes. As organizações passam a ter como principal ativo o *capital humano*, intelectual ou do conhecimento, em vez do tradicional ativo patrimonial das demonstrações financeiras – *balanços*. Esse novo contexto exige das organizações maior ênfase na gestão do conhecimento, e não apenas na administração de dados ou informações. Exige igualmente maior esclarecimento sobre a nova geração, a geração *Internet* ou da era *digital*, com uma nova cultura, novos valores e um novo perfil psicológico.

Figura 11
Gestão das tecnologias da informação e gestão pessoas

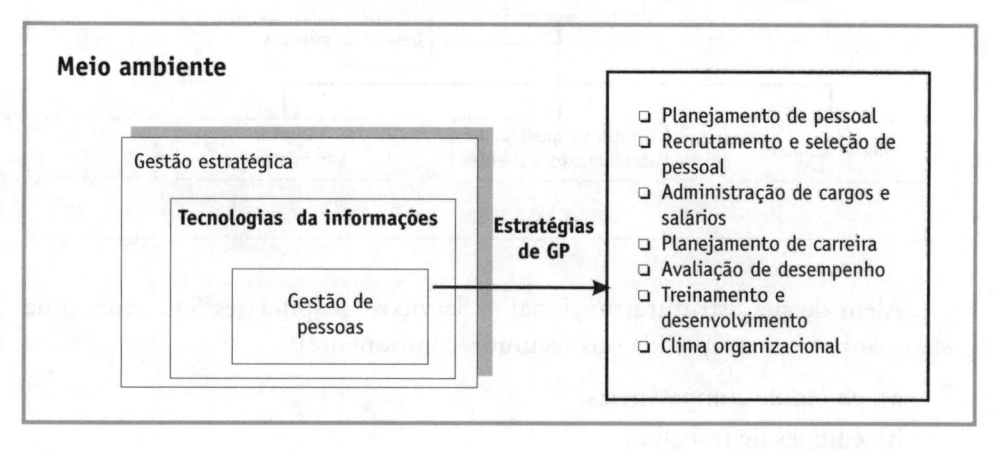

Meio ambiente

Gestão estratégica

Tecnologias da informações

Gestão de pessoas

Estratégias de GP

- Planejamento de pessoal
- Recrutamento e seleção de pessoal
- Administração de cargos e salários
- Planejamento de carreira
- Avaliação de desempenho
- Treinamento e desenvolvimento
- Clima organizacional

Estudo de caso: Serviços Hospitalares S/C

A empresa

A Serviços Hospitalares S/C é uma instituição privada, sem fins lucrativos, que funciona como hospital geral voltado para o atendimento integral ao paciente. O mercado da Serviços Hospitalares S/C é constituído pelos pacientes e seus familiares, os convênios médicos e os médicos que encaminham seus respectivos pacientes.

Modelo de gestão da organização

O modelo de gestão da Serviços Hospitalares S/C tem uma configuração organizacional que contempla quatro níveis de funções:

a) diretoria;
b) gerência;

continua

c) coordenadores de equipe; e
d) membros de equipe.

Suas funções são departamentalizadas verticalmente em *atividades-fim* (área clínica, qualidade e apoio técnico) e *atividades-meio* (administração e gestão de pessoas).

Figura 12
Gestão ambiental como *staff*

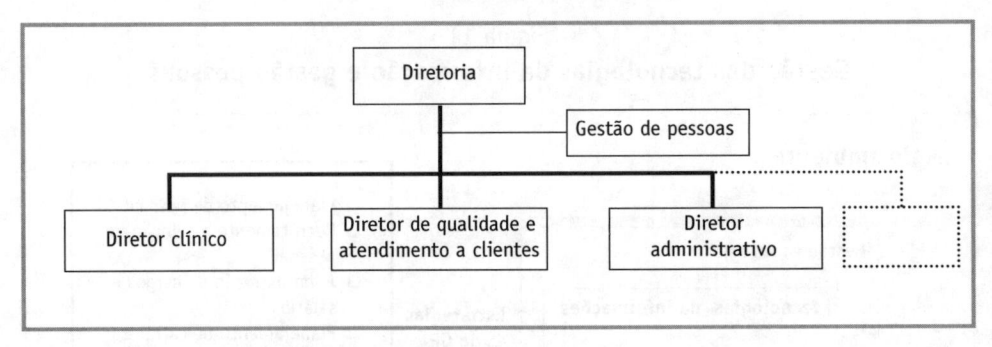

```
                        Diretoria
                           |
                           |────── Gestão de pessoas
          ┌────────────────┼────────────────┐
   Diretor clínico    Diretor de qualidade e    Diretor
                     atendimento a clientes   administrativo
```

Além de sua estrutura funcional, a Serviços Hospitalares S/C adota uma gestão por processos, apoiada nos seguintes componentes:

a) gestão de competências;
b) equipes de trabalho;
c) comitês.

Gestão de competências

Sua estrutura tem por base a descrição das exigências de desempenho para cada empregado, a qual está subdividida em:

a) um conjunto de competências estabelecidas para a função; e
b) o nível de contribuição na execução das atividades.

Mediante a avaliação desses componentes, o empregado e respectivo colaborador definem as metas de desempenho e de desenvolvimento de carreira. Para a Serviços Hospitalares S/C, as competências podem ser comportamentais, genéricas e específicas.

As competências comportamentais dizem respeito a atitudes e comportamentos esperados de todos os empregados. Baseiam-se nos valores da organização e são definidas a partir de um profundo trabalho de pesquisa bibliográfica e *benchmarking*, envolvendo todos os níveis da Serviços Hospitalares S/C.

continua

As competências genéricas, baseadas nas diretrizes e planos estratégicos da organização, são as competências requeridas de todos os empregados, de acordo com a sua função, e dizem respeito à sua capacidade de contribuir para os rumos traçados para os próximos anos.

Por competências específicas entende-se o conjunto de conhecimentos e habilidades específicos a um processo ou área em que esteja atuando o colaborador. São definidas por área, de acordo com as necessidades identificadas em seus processos.

Equipes de trabalho

As equipes de trabalho, formadas com o objetivo de melhorar o desempenho dos processos e dos empregados da organização, procuram combinar conhecimentos, experiências e habilidades, direcionando-os para cada processo.

Comitês

A fim de complementar a atuação das equipes de trabalho, a Serviços Hospitalares S/C conta com comitês para promover a integração e o tratamento dos processos que exigem perfis multidisciplinares.

Modelo de gestão de pessoas

O modelo de gestão, configurado de forma integrada ao modelo de gestão corporativo, apoia-se numa força de trabalho composta pelos colaboradores que integram o corpo clínico, a enfermagem e as áreas de apoio.

A gestão de pessoas da Serviços Hospitalares S/C visa a:

a) manter a integração horizontal e vertical na organização, permitindo o intercâmbio de informações entre os diferentes níveis hierárquicos;
b) capacitar os empregados a buscarem a excelência na prestação de serviços aos clientes;
c) assegurar a todos os empregados/colaboradores as melhores condições para realizar o seu trabalho de forma eficaz;
d) oferecer condições de infraestrutura física que propiciem um ambiente atraente para todos os empregados e clientes da organização.

O modelo de gestão de pessoas inclui também avaliação sistemática de desempenho, planejamento de carreira e planejamento de desenvolvimento individual.

Premissa didática (no caso, podem ser estabelecidos objetivos didáticos): a) introduzir a ideia de equipes de trabalho; b) colocar os leitores em contato inicial com os conceitos de competências comportamentais, genéricas e específicas; c) salientar o vínculo entre a gestão de pessoas e a gestão corporativa.

continua

Questões
1. Identificar os principais elementos de um modelo de gestão de pessoas.
2. Em que uma configuração organizacional difere de um organograma e como um órgão de gestão de pessoas pode-se inserir no contexto organizacional?
3. Em se tratando da gestão de pessoas, qual a utilidade de separar as funções da empresa em atividades-fim e atividades-meio?

Capítulo 3

Um modelo de gestão de pessoas

Abordagem metodológica

De forma prévia ao desenvolvimento do modelo de gestão de pessoas proposto, procurou-se compreender a organização como um todo e na sua inter-relação com os demais agentes do setor econômico no qual está inserida. Analisaram-se as finalidades e a missão, os insumos produtivos e os respectivos fornecedores, os produtos e os mercados, os concorrentes, os órgãos normativos oficiais e as demais entidades do meio ambiente.

Figura 13
Um modelo de gestão de pessoas

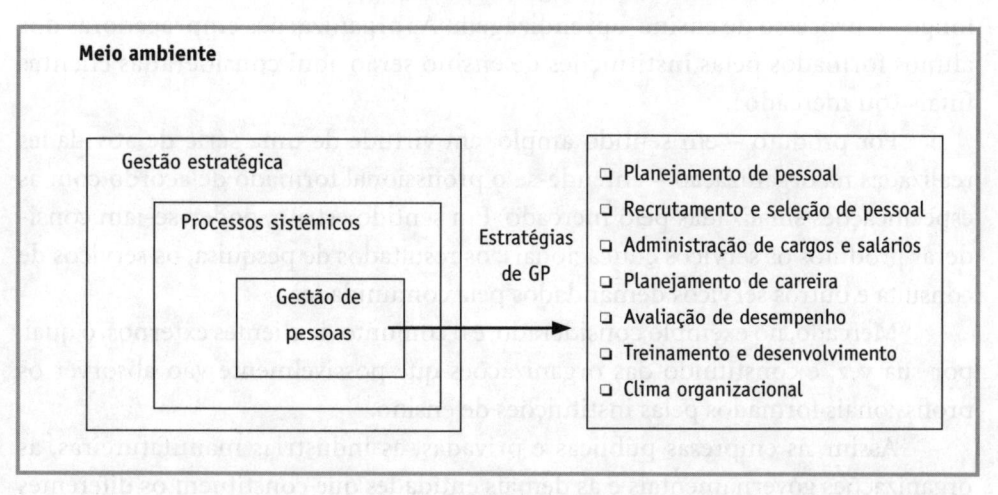

```
Meio ambiente

    Gestão estratégica
                                              ❑ Planejamento de pessoal
       Processos sistêmicos                   ❑ Recrutamento e seleção de pessoal
                              Estratégias     ❑ Administração de cargos e salários
                                de GP         ❑ Planejamento de carreira
           Gestão de                          ❑ Avaliação de desempenho
            pessoas                           ❑ Treinamento e desenvolvimento
                                              ❑ Clima organizacional
```

Esta seria a noção conceitual preliminar na formulação do modelo de gestão de pessoas proposto: compreender o meio ambiente, suas variáveis controláveis e não controláveis, e sua relação com a organização aí inserida. Tal compreensão permitiria não só estabelecer os traços comuns a uma organização, mas também delinear as estratégias genéricas inerentes a uma organização inserida em seu setor econômico.

Adotando um enfoque sistêmico, poder-se-ia representar uma organização como um macrossistema em permanente interação com o meio ambiente, como se vê na figura a seguir

Figura 14
Insumos, produtos e clientes

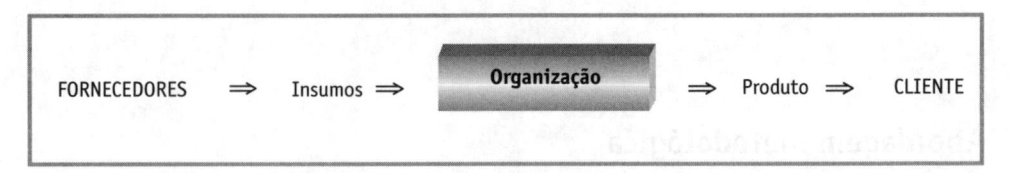

FORNECEDORES ⇒ Insumos ⇒ **Organização** ⇒ Produto ⇒ CLIENTE

Fornecedores são as entidades/agentes que fornecem recursos à organização na forma de bens, serviços, capital, materiais, equipamentos e demais recursos, os quais, por sua vez, constituem os insumos necessários às atividades internas das organizações.

Tomando como exemplo uma instituição de ensino superior, os clientes internos seriam os empregados da organização e, principalmente, os estudantes. Estes últimos podem ser também considerados clientes intermediários, na medida em que convivem com a organização e dela recebem conhecimentos ao longo do processo de ensino-aprendizagem. As organizações empregadoras dos alunos formados pelas instituições de ensino serão aqui consideradas clientes finais (ou mercado).

Por produto – em sentido amplo, em virtude de uma série de atividades realizadas na organização – entende-se o profissional formado de acordo com as especificações sinalizadas pelo mercado. Em sentido estrito, poder-se-iam considerar produtos os serviços educacionais, os resultados de pesquisa, os serviços de consulta e outros serviços demandados pela comunidade.

Mercado, no exemplo considerado, é o conjunto de clientes externos, o qual, por sua vez, é constituído das organizações que possivelmente vão absorver os profissionais formados pelas instituições de ensino.

Assim, as empresas públicas e privadas, as indústrias manufatureiras, as organizações governamentais e as demais entidades que constituem os diferentes setores da economia são os clientes finais do produto (profissional formado) colocado à disposição da comunidade.

Como se vê na figura 15, o cliente está fora da organização, e o propósito do modelo de gestão de pessoas sugerido é integrá-lo à mesma.

Figura 15
Interação da organização com o mercado

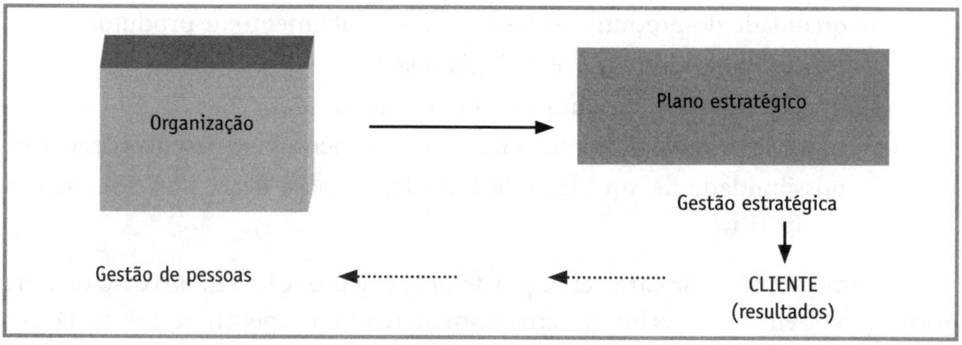

```
Organização  ──────→  Plano estratégico
                              │
                              ↓
                         Gestão estratégica
                              │
Gestão de pessoas ←········ ←········  CLIENTE
                                       (resultados)
```

Na medida em que o gestor da organização consegue integrar o cliente e conjugar os seus interesses com os objetivos preestabelecidos no plano estratégico, obtêm-se os resultados que asseguram o cumprimento da missão e sobretudo a sobrevivência da organização. São esses resultados, considerando a missão da organização e sua busca de perpetuidade, que de fato interessam à comunidade em geral e ao gestor da organização em particular.

O resultado financeiro favorável, o *lucro*, passaria a ser mera decorrência desses resultados. Cria-se assim um novo elo que mantém o cliente, por sua própria iniciativa, integrado à organização (figura 15). Tal elo permite o monitoramento dos clientes a fim de manter o plano estratégico e os programas de atividades internos ajustados às expectativas e necessidades do mercado.

Na caracterização de uma organização, portanto, podem-se focalizar os seguintes elementos de análise:

a) missão;
b) produtos e processos internos;
c) mercado;
d) fornecedores;
e) concorrentes;
f) órgãos normativos oficiais; e
g) ramo de atividades (setor econômico).

Na *missão*, procura-se explicitar a finalidade peculiar que diferencia a organização de outras do seu tipo. A missão, conceitualmente definida como o fim mais amplo que uma instituição estabelece para si mesma, é a base para a análise dos produtos/processos produtivos.

No caso de *produtos/processos produtivos*, relacionam-se os produtos principais, complementares, substitutos e concorrentes. O ponto de partida é a análise de aspectos tais como:

a) grau de homogeneidade ou heterogeneidade dos produtos gerados pelas organizações do setor;
b) qualidade do produto, pesquisas e desenvolvimento de produtos;
c) processos produtivos e tecnologia instalada;
d) imagem inerente ao composto de produtos;
e) inovação tecnológica decorrente de investimentos em desenvolvimento;
f) possibilidade de aquisição de tecnologias para obter posicionamento competitivo.

Como exemplo de caracterização de uma organização temos o caso de uma instituição de ensino superior que atua num mercado competitivo e cujos serviços educacionais são prestados diretamente aos clientes e/ou através de intermediários. As atividades de pós-prestação de serviços se dão na forma de monitoramento junto à comunidade e/ou pesquisas de mercado. Para ampliar as fronteiras virtuais da organização, cumpre analisar os seguintes aspectos:

a) grau de concentração/participação no mercado (*market share*) – existência de instituições líderes ou de organização que controle parcelas significativas do mercado;
b) rotina de contratação de insumos junto a fornecedores e uso dos serviços prestados aos clientes;
c) viabilidade de competição via preços com as instituições do setor;
d) grau de estabilização de participação relativa no mercado, em face do potencial investimento em publicidade e propaganda;
e) possibilidade de controle sobre a demanda através de lançamento de novos serviços educacionais/cursos;
f) existência de barreiras à entrada de novas instituições no setor;
g) possibilidade de *integração vertical para a frente*, via convênios com empregadores da mão de obra formada (clientes finais);
h) possibilidade de conceder prazos, créditos e financiamentos aos clientes internos, diretamente ou através de instituições financeiras específicas;
i) existência de acordos sobre preços entre instituições congêneres do setor, coordenados e induzidos por eventual organização líder do setor;
j) possibilidade de segmentação do mercado com faixas diferenciadas de clientes.

Para identificar os *fornecedores* de uma instituição de ensino típica, faz-se o mapeamento dos agentes fornecedores de insumos existentes no mercado que possam ser úteis à *organização*. Quanto aos *concorrentes*, procura-se identificar sua

origem, características, pontos fortes e pontos fracos. É possível avaliar a segmentação de mercado e a inovação de serviços analisando-se:
a) as barreiras à entrada de novos concorrentes, em face da existência de regulamentação legal, escala e custos absolutos;
b) o nível de participação dos concorrentes no *market share* do setor;
c) a existência de acordos sobre preços entre os concorrentes do setor educacional;
d) o grau de monitoramento do mercado por parte das organizações, dada a possibilidade de ingresso de novos concorrentes.

Devem ser mapeados, ainda no caso das instituições de ensino superior, os *órgãos normatizadores oficiais* que exercem influência direta sobre o comportamento da organização. Isso visa a situar a organização no quadro institucional vigente no macroambiente no qual o setor e, consequentemente, a própria organização se inserem. Cumpre analisar os seguintes aspectos:

a) grau de regulamentação governamental existente no setor; e
b) forma de controle institucional vigente e tendências futuras.

Por último, o ramo de atividades visa a identificar o tipo de setor econômico a que a organização pertence.

Análise ambiental

Uma organização, como um organismo vivo, é um agrupamento humano que interage com o meio externo através de sua estruturação interna de poder, fazendo uma construção social da realidade que lhe permite sobreviver como unidade, segundo os mesmos princípios pelos quais se operam as mutações nas cadeias ecológicas do mundo vivo. De sua adequação às condições ambientais dependerá a sua sobrevivência.

Uma organização é essencialmente um ajuntamento de pessoas, com suas atividades e interações. Utilizando ainda o exemplo de uma instituição de ensino superior, o gestor contrata professores e funcionários de apoio com os quais vai trabalhar para gerar os conhecimentos demandados pelos alunos. Estes, uma vez formados, tornam-se os profissionais (produtos finais da instituição de ensino) pretendidos pelos clientes (organizações empregadoras da mão de obra formada e que constituem o mercado).

De forma sistêmica, isso representa a cadeia de agregação de valores ou o fluxo produtivo da instituição de ensino superior (IES) tomada como exemplo (figura 16). Portanto, a gestão concentra-se no fluxo produtivo, que representa o eixo maior da instituição:

Aluno—>IES (*processo ensino-aprendizagem/professor*) —> Profissional — > Cliente

Figura 16
A organização e sua cadeia de agregação de valores

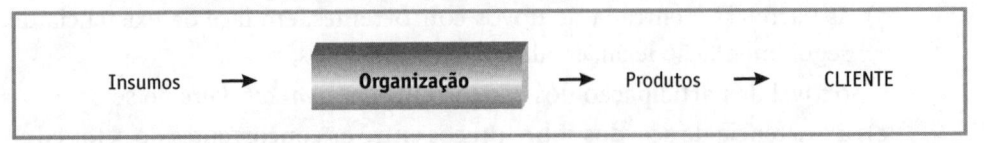

Insumos → Organização → Produtos → CLIENTE

Quando um grupo social ou, por analogia, uma instituição de ensino atinge esse nível de interpretação de sua relação com o meio ambiente externo, a qual é introjetada numa estruturação interna correspondente, ela passa a ter uma identidade institucional. Tal identidade é, pois, influenciada principalmente pelo ambiente externo, incluindo o conhecido mercado, que atua de forma contingencial às atividades de uma organização. Segundo Hall (1984), uma organização é uma coletividade com uma fronteira relativamente identificável, uma ordem normativa, escalas de autoridade, sistemas de comunicação e sistemas de coordenação de afiliação. Tal coletividade existe de forma relativamente contínua num ambiente e se engaja em atividades que em geral estão relacionadas com um conjunto de objetivos. As organizações reivindicam um domínio ou mercado, o que pode ser reconhecido ou contestado por terceiros, tais como os órgãos governamentais. Quando todas as partes interessadas concordam que determinada organização tem o direito e a obrigação de operar de uma dada maneira numa área específica, existe um consenso de domínio. Eis o que define as fronteiras ou o território organizacional. É evidente que a própria natureza da organização privada envolve a divergência de opiniões ou interesses quanto a domínio. É evidente, ainda, que muitas organizações procuram chegar a esse consenso fazendo com que uma legislação ou regulamentação protetora seja aprovada em seu benefício. As cotas e tarifas de importação são exemplos disso. Nas organizações do setor público, existem atritos por domínios à medida que novas entidades vão sendo criadas pela desestatização e passam a ameaçar os participantes mais antigos.

Em outras palavras, pode-se dizer que nenhuma organização existe no vácuo ou é uma ilha. O ambiente externo é composto de forças e agentes controláveis e não controláveis, que têm impacto nos mercados e nas estratégias das organizações, podendo-se distinguir um microambiente e um macroambiente da organização.

O *microambiente* consiste nos agentes do ambiente imediato da organização que afetam sua capacidade de atender a seus mercados. Ou seja, é o conjunto de agentes, entidades e relações que estão próximos da organização mas fora de seu âmbito e cuja atuação influencia o meio ambiente, assim como é fortemente influenciada por ele, quais sejam:

a) as pessoas;
b) os fornecedores de recursos (financeiros, materiais e tecnológicos);

c) os intermediários de mercado, os clientes;
d) os concorrentes; e
e) o público em geral.

Conceitualmente pode-se dizer que a organização, buscando cumprir sua missão, procura juntar-se a um conjunto de fornecedores e intermediários para alcançar seus mercados-alvo. Por mercado entende-se o conjunto dos agentes que demandam um grupo de produtos que são substitutos próximos entre si.

A cadeia fornecedores/organização/intermediários de mercado/clientes finais compõe a essência do ciclo de processos de agregação de valores na formação do(s) produto(s) da organização. A sobrevivência da organização será afetada, ainda, por dois grupos adicionais: os *concorrentes* e os *públicos*.

O microambiente constitui em essência o setor econômico ou ramo de atividades que serve de base para a estruturação dos conceitos e conclusões ora apresentadas.

Considerou-se, para efeito de análise, o setor econômico como um grupo de agentes engajados na produção de insumos e na transformação, comercialização e consumo de produtos que são, em graus diferentes, complementares ou substitutos entre si (simplificadamente, pode ser visto como um grupo de organizações que produzem para um mesmo mercado).

Em outras palavras, como a organização não compete e não cresce no vácuo, e sim refletindo a lógica e a dinâmica do setor econômico a que pertença, parte da estratégia genérica das organizações reflete, necessariamente, essas características.

Figura 17
A organização e as variáveis ambientais

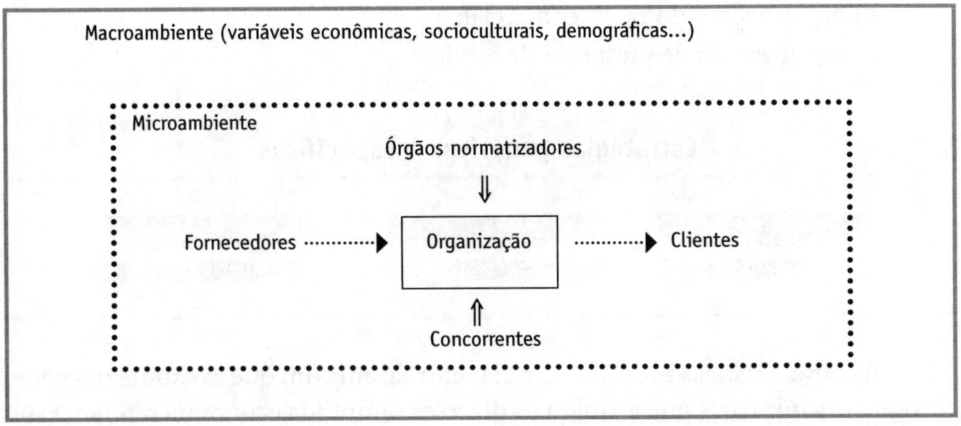

No macroambiente tem-se maior amplitude das forças externas e das variáveis não controláveis que afetam todos os agentes no meio ambiente da organização, sejam elas econômicas, demográficas, físicas/ecológicas, tecnológicas, político/legais ou socioculturais.

Tais entidades externas operam num macroambiente cujas forças e megatendências criam oportunidades e ameaçam a organização. Trata-se de variáveis não controláveis que a instituição deve monitorar e com as quais vai interagir.

A variável ambiental econômica frequentemente assume a forma de taxa cambial, taxa de juro, política de concessão de crédito e outros fatores afins manipulados pelo governo, os quais não podem ser controlados pela organização mas a afetam diretamente (exemplo disso é a eventual ocorrência de recessão ou estagnação da atividade econômica do país, o que afeta não só a fixação do valor dos bens e serviços, como também explica a maior incidência de inadimplência). Outra variável ambiental é a mudança constante da legislação, na forma de leis e medidas provisórias. As variáveis demográficas referem-se ao crescimento vegetativo da população, enquanto as variáveis socioculturais reflectem-se nos novos usos e costumes influenciados pela mídia. Já as variáveis tecnológicas provocam enorme impacto e mostram que as organizações devem gerenciar não mais dados e informações, e sim o conhecimento, de modo que o capital humano torna-se mais importante do que o capital tradicional.

A observação empírica da realidade das organizações nos leva a constatar a existência de diferentes tipos de empresas, instituições e outras formas jurídicas de entidades. Tal constatação é da maior importância, uma vez que, para cada tipo de organização, existem tecnologias mais eficazes e apropriadas à melhoria do desempenho gerencial. Propomos inicialmente uma classificação simples, para depois considerar uma tipologia mais completa de organizações com ou sem fins lucrativos. Eis como poderíamos classificar as organizações:

a) organizações do ramo industrial;
b) organizações do ramo comercial;
c) organizações de prestação de serviços.

Figura 18
Estratégias genéricas e específicas

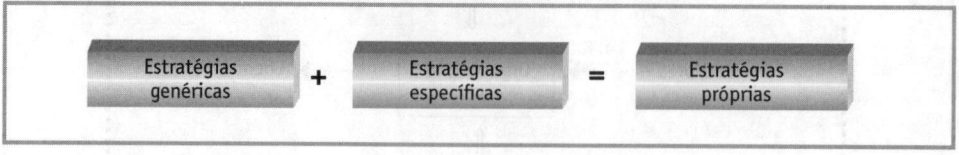

Estratégias genéricas + Estratégias específicas = Estratégias próprias

As características próprias de cada setor fazem com que as estratégias genéricas das organizações que formam os diversos setores da economia reflitam essas peculiaridades. Podemos assim estabelecer os elementos que definem a postura adotada pelas organizações perante o mercado, inclusive as suas estratégias genéricas, quaisquer que sejam os seus objetivos corporativos próprios. Dir-se-ia que a melhor maneira de organizar uma instituição depende da natureza do ambiente com o qual ela deve se relacionar.

O modelo de gestão de pessoas proposto considera a existência de estratégias genéricas e estratégias específicas cujo agregado configura as estratégias próprias de cada organização. Uma vez definidas as estratégias próprias da empresa, chega-se à estratégia de gestão de pessoas que lhe é peculiar. Ou seja, o modelo de gestão de pessoas apresentado é sistêmico e metodológico, separando as variáveis estruturais que são comuns a todas as empresas daquelas que são específicas e peculiares a cada uma delas.

Caracterização e delineamento estratégico de uma organização

Trata-se de desenvolver aqui um processo dedutivo que estruture um referencial metodológico que permita a caracterização e o delineamento estratégico de uma organização. Cumpre inicialmente compreender a organização como um todo e sua inter-relação com o setor econômico ou ramo de negócios ao qual pertença, para depois analisar sua finalidade e missão, identificando produtos e mercados, fornecedores, concorrentes e órgãos normativos oficiais.

Na análise da missão deve-se focalizar a razão social pela qual a organização existe.

Quanto a produtos/processos produtivos, relacionam-se os produtos principais, complementares, substitutos e concorrentes. É importante usar a "matriz de enquadramento e caracterização de organizações", devendo-se analisar aspectos como marcas inerentes ao composto de produtos da empresa e grau de diferenciação de produtos através de marcas, modelos e versões.

Quanto ao mercado, deve-se procurar estabelecer a infraestrutura de comercialização e a forma de venda dos produtos – incluindo atividades de pós-venda na forma de assistência técnica e/ou garantia de produtos vendidos –, bem como a possibilidade de integração vertical para a frente.

Com relação a fornecedores, devem-se mapear as principais matérias-primas, o potencial humano, a tecnologia e a escala mínima econômica e/ou de requisitos/especificações técnicas, e analisar elementos tais como o grau de controle de intermediários e fornecedores de matérias-primas no mercado fornecedor, a facilidade ou dificuldade de acesso às fontes de matérias-primas e a eventual existência de restrição à rede de distribuição e comercialização, onde os atacadistas atuam com maior ou menor poder de negociação e maior ou menor possibilidade de integração vertical visando a apoderar-se das fontes de matérias-primas.

Quanto a concorrentes, como já foi dito antes, devem-se identificar suas origens e sua segmentação, e também os esforços de vendas em termos de propaganda, prazo de atendimento, distribuição, garantia e assistência técnica, segmentação de mercado e inovação de produtos.

Quanto aos órgãos normativos oficiais, é importante observar a sua influência no comportamento da organização.

Com relação ao ramo de negócios, deve-se ter, mediante um planejamento estratégico revisto periodicamente, perfeito conhecimento do mercado de atuação.

Pretende-se, nessa linha metodológica, constatar a existência de uma tipologia de organizações a partir da análise das características que elas apresentam em função do setor econômico ao qual pertençam. Embora devamos reconhecer que cada setor econômico tem suas características particulares, torna-se imprescindível agrupar as organizações que genericamente apresentem características similares, a fim de verificar o funcionamento de blocos de organizações e o comportamento das forças competitivas dentro de cada bloco.

Os fatores que permitem agrupar em blocos organizações mais ou menos equivalentes entre si são o grau de concentração (que é basicamente determinado pelas barreiras à entrada de novas organizações no setor) e o grau de diferenciação de produtos. Complementarmente, podem-se considerar como fatores essenciais à aplicação da metodologia sugerida os produtos e processos produtivos adotados pelas organizações. Tais fatores, quando correlacionados, permitem situar os diferentes tipos de empresas acima ou abaixo da diagonal da matriz de enquadramento e caracterização de organizações, o que implica, respectivamente, maior diversidade de produto e sua alteração mais rápida ou produtos mais automatizados, rígidos e eficientes em relação a custos. Adicionalmente, a posição à esquerda ou à direita da diagonal da matriz implica processos flexíveis com menos capital intensivo ou processos mais automatizados, rígidos e eficientes em relação a custos.

Constata-se que no mercado existem empresas que podem ser agrupadas em categorias diferenciadas, segundo se caracterizem por ganho no giro do ativo ou na margem de rentabilidade, somente para citar dois elementos de análise.

Segundo a publicação *Melhores e maiores* da revista *Exame* em sua edição de 1999/2000, a margem de lucro dos maiores supermercados é pequena, variando de 0,3 a 6%, com um ganho no giro total que está em torno de quatro vezes ao ano. Já outras empresas ganham no giro total de seus ativos, como por exemplo distribuidoras de petróleo, empresas de transporte coletivo, organizações do comércio varejista, distribuidoras de veículos etc.

Ainda segundo a revista *Exame*, as empresas pertencentes ao setor dos minerais não metálicos (cimento) caracterizam-se pelo ganho na margem de lucratividade, como mostram seus balanços, que registram altos índices de lucratividade, em torno de 20 a 30%, concomitantemente a indicadores de giro por volta de 0,5 e 1. As empresas desse setor, que metodologicamente constituem o bloco de indústria concentrada, exigem elevados volumes de investimento, necessitando, portanto, ganhar na margem de lucratividade. Outras que ganham na margem são as empresas têxteis, de serviços públicos e aquelas pertencentes a indústrias (ramo de negócios) oligopolizadas ou mesmo monopolizadas (caso das telecomunicações na fase estatizada).

Para efeito de ilustração das diferenças decorrentes das características próprias do ramo de negócios, eis alguns dos melhores e piores desempenhos apurados pela *Exame*:

a) uma organização estatal monopolista foi a maior empresa do país por volume de vendas;
b) uma organização de controle estatal na área de prestação de serviços públicos monopolizados foi a maior empregadora de mão de obra do país;
c) uma empresa da indústria diferenciada, produtora na área de bebidas e fumo, teve a maior rentabilidade;
d) uma empresa estatal municipal na área de serviço de transporte foi a mais endividada;
e) uma empresa do setor da construção civil foi a de maior capital de giro próprio;
f) uma empresa estatal de energia elétrica foi a que apresentou o maior prejuízo em termos absolutos.

Todos esses tipos de organização foram aqui descritos em sua forma pura, por assim dizer. Na realidade, há várias nuanças que dificultam seu enquadramento em qualquer uma dessas categorias. Tal dificuldade é confirmada por Hall (1984), para quem inexiste uma tipologia genericamente aceita das organizações, apesar do consenso geral quanto à necessidade de uma boa tipologia. Ou seja, a essência do esforço tipológico deve residir na determinação das variáveis críticas para a diferenciação dos fenômenos investigados. Assim, visto que as organizações são entidades altamente complexas, os esquemas classificatórios devem refletir essa complexidade. Uma classificação global adequada, enfim, teria que levar em conta o conjunto das condições externas, o espectro total das ações e interações da organização, e o resultado dos comportamentos organizacionais.

Assim como uma mesma empresa pode ter diversos graus de organização, outras, caracterizadas homogeneamente, podem ser perfeitamente compatíveis com a tipologia estabelecida. Portanto, cada empresa precisa determinar suas exigências de estratégia corporativa usando a referida classificação como orientação. Pela abordagem metodológica aqui proposta, as empresas analisadas e enquadradas nos diferentes tipos de setores a partir de amostra extraída da revista *Exame* foram classificadas nos seguintes blocos de empresas (*setor econômico*):

a) setor de empresas competitivas;
b) setor econômico concentrado;
c) setor de empresas diferenciadas;
d) setor econômico misto;
e) setor econômico semiconcentrado;

f) setor de serviços financeiros;
g) setor de serviços especializados;
h) setor de serviços públicos;
i) setor farmacêutico; e
j) setor de instituições de ensino superior.

Uma tipologia de organizações

O mundo empresarial constituído pelas organizações da economia do país pode ser considerado um conjunto de diferentes classes (famílias ou grupamento) de empresas afins em termos de características organizacionais. Tais características são identificadas em função da forma diferenciada com que as organizações se adaptam ao meio ambiente para poder sobreviver. Elementos como a escassez de insumos produtivos, a competição reinante, o tipo de produtos (bens/serviços) gerados etc. configuram diferentes tipos de organizações.

Uma rápida análise do *ranking* da revista *Exame* ou a leitura diária do Caderno Empresas & Carreiras da *Gazeta Mercantil* evidenciam a existência de diferentes tipos de empresas brasileiras em diferentes tipos de ambientes (setores econômicos).

Figura 19
Ambientes e setores econômicos

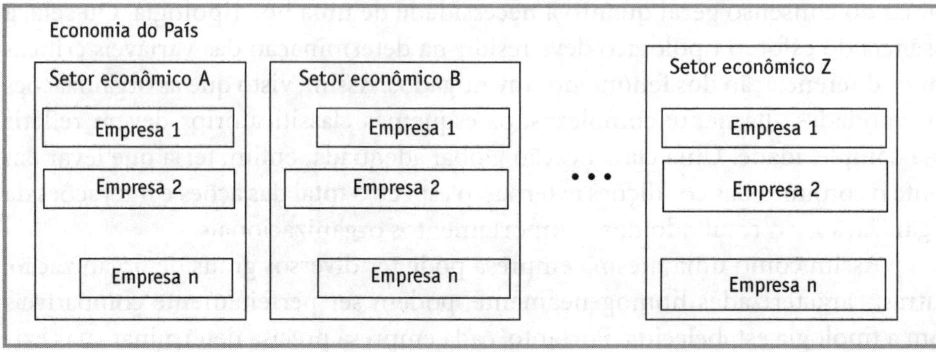

Economia do País			
Setor econômico A	Setor econômico B	...	Setor econômico Z
Empresa 1	Empresa 1		Empresa 1
Empresa 2	Empresa 2		Empresa 2
Empresa n	Empresa n		Empresa n

Nessa diversidade de organizações podem-se encontrar também diferentes modelos de gestão intrínsecos a cada classe/grupamento (família ou espécie) de empresas. Existem desde organizações tayloristas, fordistas, toyotistas, *adhocráticas* e assim por diante até organizações virtuais. Ou seja, não há uma forma organizacional única que caracterize desde o extremo mecanicista até o extremo orgânico. Ao contrário, o modelo de gestão a ser adotado pela empresa é singular, e nada impede que uma empresa seja taylorista ou orgânica e flexível (diferentes formatos organizacionais são convenientes para sobreviver em diferentes condições de mercado, tecnologia e demais fatores ambientais).

Na verdade, não há um único tipo possível de forma organizacional, e sim modelos de gestão diferenciados (fruto de escolhas dos gestores em função das interações entre organização e ambiente) conforme o tipo de organização, o qual por sua vez depende diretamente do meio ambiente (setor econômico) em que ela está inserida.

Na medida em que os gestores têm que atender às expectativas e necessidades dos indivíduos e equipes de trabalho que compõem as organizações, e considerando que estas últimas sofrem influência do setor econômico em que estão inseridas, especial atenção deve ser dada ao impacto (que varia conforme o tipo de organização) das variáveis ambientais na formulação das estratégias corporativas e, consequentemente, das estratégias de gestão de pessoas.

A seguir, caracterizamos os diferentes blocos/grupamentos de empresas (setor econômico), em termos de elementos estratégicos genéricos e, posteriormente, em termos de estratégias básicas de gestão de pessoas. Tal classificação não esgota todos os tipos de empresas existentes na economia brasileira, mas estabelece os contornos metodológicos para uma análise singular em qualquer organização onde se queira estabelecer estratégias de gestão de pessoas. Da mesma forma, a depender do porte (grandes organizações ou multinacionais/transnacionais) e do grau de diferenciação funcional existente na organização (*holding* ou estruturas departamentalizadas por produtos), pode-se tratar de várias "empresas" dentro de uma mesma organização (que estariam inclusive requerendo enfoques diferenciados de gestão de pessoas).

Setor de empresas competitivas

O setor de empresas competitivas ou ramo de negócios competitivos abrange organizações ligadas ao comércio varejista (autopeças, distribuidora de veículos) que se caracterizam por alto giro total de seus ativos. Tal setor apresenta os seguintes elementos estratégicos:

a) não existem barreiras à entrada de novas empresas;
b) nenhuma empresa detém, isoladamente, parcela significativa do mercado;
c) há grande número de pequenas empresas com curva de custos mais elevada e menor taxa de lucratividade em comparação com outras do setor;
d) os intermediários e os fornecedores de matérias-primas normalmente têm presença mais marcante que os fabricantes e estão também vinculados a outros setores econômicos;
e) o nível de desenvolvimento tecnológico é incipiente;
f) os bens e serviços ofertados fazem parte da rotina de compra e uso dos consumidores;

g) a competição básica é via preços, pois há certeza de captação de novos consumidores à custa de outras empresas.

Esse setor da economia possibilita que empresas com maior produtividade ganhem participação de mercado em detrimento daquelas menos eficazes. Trata-se de um ramo de negócios que, dada a influência das variáveis ambientais, normalmente é favorecido pela ampliação do poder aquisitivo, pela ampliação das linhas de crédito, pela redução de alíquotas de importação e por um cenário de juros nominais menores e estabilidade de empregos.

Setor econômico concentrado

As empresas pertencentes ao setor de indústria concentrada têm por característica básica a interdependência, uma vez que o comportamento e o desempenho de uma tem reflexo direto sobre as demais. Nesse ramo de negócios, quanto menor for o número de empresas e quanto mais semelhante for o seu porte, maior será a interdependência entre elas.

Figura 20
Empresa do setor concentrado

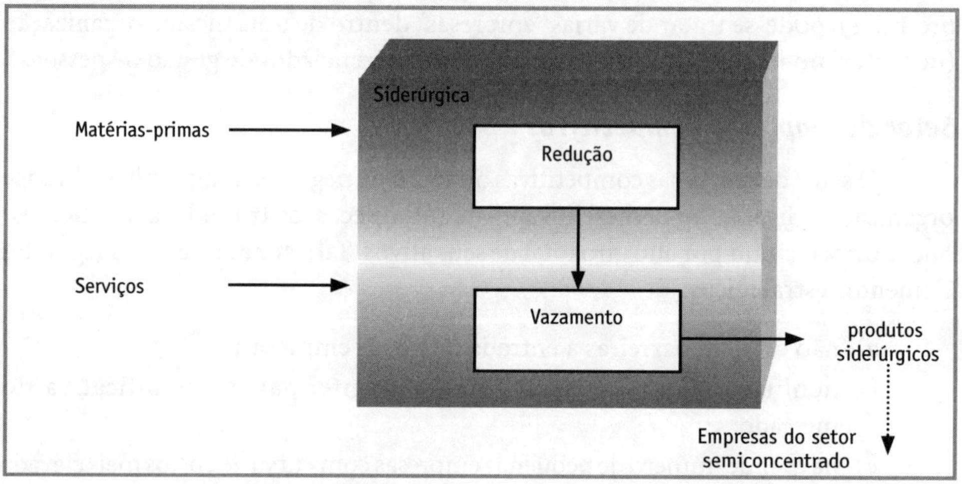

Outras características que distinguem as organizações do setor são a formação de preços, as barreiras à entrada de novas empresas (vantagens da economia de escala, vantagem absoluta de custos, barreiras institucionais e governamentais), as características do produto e dos clientes, e o nível de desenvolvimento tecnológico.

As poucas empresas existentes nesse setor são extraordinariamente estáveis: minerais não metálicos (cimento), química e petroquímica, transporte ferroviário, construção pesada, papel e celulose, máquinas e equipamentos, comunicações e fertilizantes. Tais empresas, que antes se achavam fechadas em seu mundo, hoje preocupam-se em utilizar estratégias de gestão "limpa", como Cesp, Cosipa/Cubatão (SP) e Central Tratamentos Efluentes Líquidos do Polo Petroquímico de Camaçari (Cetrel); outras vêm mudando sua estratégia para se adequar às demandas do meio ambiente externo.

Por exemplo, uma siderúrgica, empresa pertencente ao setor econômico concentrado, gera produtos (lingotes de ferro) que podem ser processados por uma empresa do setor semiconcentrado (metalúrgica). Esta última normalmente processa tais insumos através da laminação, gerando laminados, trefilados e afins, que são produtos acabados comercializados por empresas atacadistas/varejistas (setor de empresas competitivas) até chegar ao consumidor final.

Esse setor econômico apresenta as seguintes peculiaridades:

a) produtos normalmente homogêneos, cuja diferenciação se dá no nível da qualidade e das especificações técnicas;
b) elevado grau de concentração, havendo poucas empresas responsáveis por grande parcela de mercado;
c) altíssima exigência de capital e recursos financeiros para entrada no setor;
d) as empresas já instaladas exercem certo controle sobre a tecnologia empregada no setor e têm acesso direto às fontes de matérias-primas; e
e) a competição via preços não é comum, porquanto certas empresas líderes do setor induzem à fixação dos preços.

Dadas as variáveis ambientais, o setor é eventualmente influenciado pelo crescimento da demanda por investimentos, com o correspondente acréscimo das vendas das empresas, o que tende a reduzir a normal capacidade ociosa existente nesse ramo de negócios. É um setor que normalmente tem dificuldades para aumentar a capacidade produtiva e que é bastante favorecido e influenciado pela reativação dos investimentos privados.

Setor de empresas diferenciadas

Caracterizado por estrutura de mercado inerente a empresas produtoras de bens de consumo não duráveis e altamente diferenciados, como fármacos, bebidas e fumo, e higiene e limpeza. As empresas pertencentes ao setor têm as seguintes peculiaridades:

a) não há grande diversidade nas tecnologias de processos utilizadas;
b) normalmente operam com várias unidades fabris, dada a natural racionalização da distribuição, da comercialização ou do acesso às matérias-primas;
c) é expressivo o número de pequenas empresas que atuam na demanda criada pelas grandes organizações; e

d) o grau de participação relativa no mercado (*market share*) é estável devido à equivalência dos gastos em publicidade e propaganda entre os concorrentes e às naturais barreiras criadas pela fidelidade a determinadas marcas.

Dadas as influências ambientais, é um setor da economia normalmente beneficiado pelo aquecimento do mercado interno e expressivamente tributado pelas políticas governamentais.

Setor econômico misto

Abrange as empresas produtoras de bens de consumo duráveis, típicos dos ramos automobilístico e eletroeletrônico.

Suas características principais são:

Figura 21
Empresa do setor misto (automobilístico)

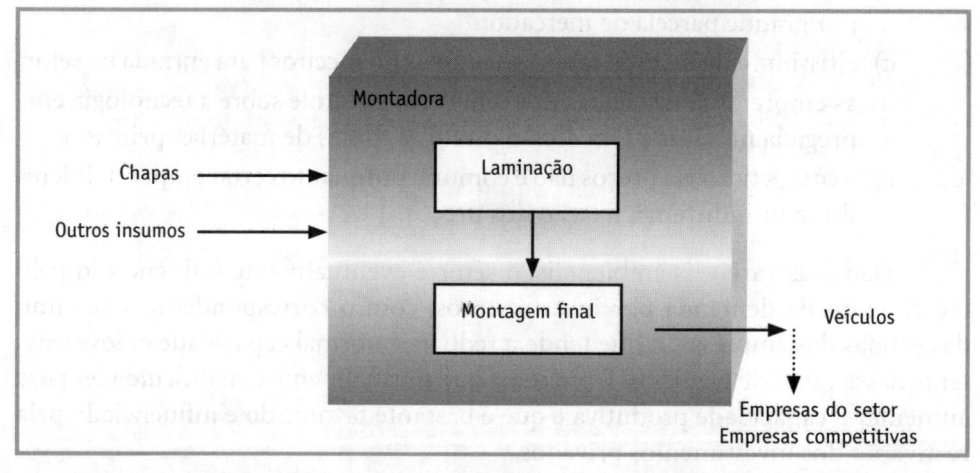

a) alta concentração com diferenciação de produtos;
b) capacidade ociosa planejada para absorver maior participação quando da expansão do mercado;
c) barreiras ao ingresso de novos concorrentes, seja pela escala e custos absolutos, seja pela diferenciação de produtos, que exige expressivos investimentos na estrutura de vendas e serviços;
d) controle sobre a demanda, de forma limitada mas efetiva, através do lançamento de novos produtos, uma vez que estes se caracterizam pela rápida obsolescência, por se destinarem a clientes de rendas elevadas e também a fazer face aos lançamentos dos concorrentes;
e) forte dependência das grandes empresas do setor, como os produtores de bens intermediários; e

f) estabilidade relativa quanto à participação no mercado, mantendo-se num mesmo nível os gastos publicitários das empresas.

Trata-se de setor da economia que, dadas as variáveis ambientais, está diretamente vinculado à ampliação imediata do poder aquisitivo das classes de média e baixa rendas e a futuros programas que envolvam o melhoria do nível de emprego. No contexto do macroambiente, é bastante vulnerável às políticas cambiais fixadas pelo governo e, portanto, à redução das tarifas alfandegárias.

Setor econômico semiconcentrado

Corresponde a uma estrutura de mercado inerente às empresas tradicionais de bens de consumo não duráveis, tais como alimentos, têxteis, confecções, metalurgia, plásticos e borracha, madeira e móveis.

Figura 22
Empresa do setor semiconcentrado

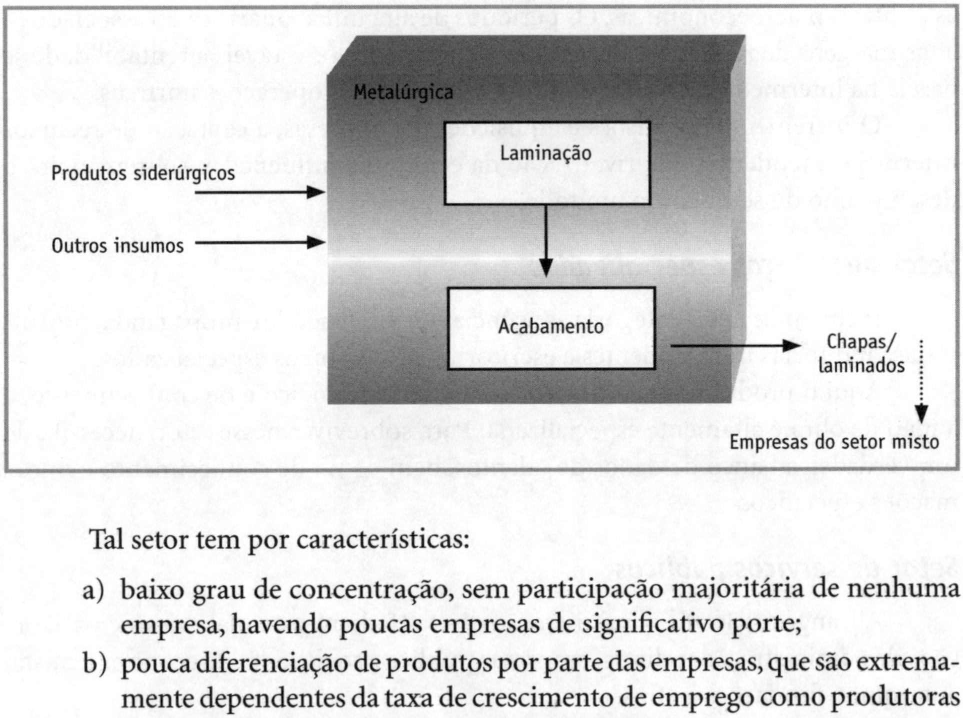

Tal setor tem por características:

a) baixo grau de concentração, sem participação majoritária de nenhuma empresa, havendo poucas empresas de significativo porte;
b) pouca diferenciação de produtos por parte das empresas, que são extremamente dependentes da taxa de crescimento de emprego como produtoras de bens consumidos por assalariados;
c) barreira à entrada constituída pelo restrito acesso à rede de distribuição e comercialização, na qual intermediários e atacadistas têm grande poder de negociação.

É um setor da economia que, dada a atuação das variáveis ambientais, sofre influência negativa da abertura de mercado induzida pela tendência de globalização da economia. Além disso, é altamente influenciável pelas políticas e medidas sociais estabelecidas pelo governo.

Setor de serviços financeiros

Este setor econômico abrange organizações como bancos, seguradoras, financeiras, crédito imobiliário, *leasing*, corretoras e distribuidoras de valores. Apresenta as seguintes características:

a) existência de barreiras institucionais e governamentais à entrada de novas empresas;
b) elevada regulamentação estatal;
c) a competição básica é via lançamento de novos serviços financeiros, visando a conquistar novos clientes;
d) significativo volume de investimento e de capital para entrada no setor.

É um setor em que a rentabilidade das empresas está diretamente vinculada às políticas macroeconômicas. Os períodos de alta inflacionária estão associados a altas margens de rentabilidade, enquanto nos períodos estáveis a rentabilidade se baseia na intermediação financeira e na expansão das operações normais.

O incremento das fusões e aquisições de empresas, a captação de recursos externos e a tendência de privatização da economia influenciam sobremaneira o desempenho do setor como um todo.

Setor de serviços especializados

Incluem-se nessa categoria as agências de publicidade e propaganda, consultorias, auditorias independentes e escritórios profissionais especializados.

Aqui o produto final tem alto conteúdo tecnológico e de conhecimento, e a mão de obra é altamente especializada. Para sobreviver nesse setor, necessita de um verdadeiro banco de dados de talentos, bem como de conhecimento e informações específicos.

Setor de serviços públicos

Abrange órgãos da administração direta (federal, estadual e municipal), órgãos da administração indireta, empresas públicas, sociedades de economia mista, autarquias, fundações e afins.

Nesse setor, nota-se que as estatais invariavelmente se desviam de seus propósitos iniciais, tendo sido criadas para ocupar lacunas estratégicas que o setor privado isoladamente não poderia suprir e também para compensar as deficiências da administração direta, donde seu fenomenal crescimento e diversificação. Representam uma pluralidade de estruturas, não necessariamente constituindo um conjunto ordenado de agentes, cuja característica comum é o fato de se originarem de uma mesma fonte, o Estado. Em geral as estatais atuam em áreas específicas onde detêm o monopólio ou o controle do mercado e onde as empresas privadas teriam dificuldades de manter preços, tarifas e dimensões economicamente vantajosas.

Setor farmacêutico

O setor econômico que agrupa as empresas farmacêuticas destaca-se pelas seguintes peculiaridades:

a) produtos normalmente heterogêneos, cuja diferenciação se dá ao nível da qualidade e das especificações técnicas;
b) grande número de organizações com pequenas participações no mercado;
c) altíssima exigência de capital e recursos financeiros para entrada no setor;
d) empresas já instaladas exercem certo controle sobre o setor e têm acesso direto às fontes de matérias-primas;
e) fontes de matérias-primas situadas no país e no exterior, o que exige alto controle das encomendas junto a poucos fornecedores e diminui o poder de barganha quanto a preços;
f) prática de preços extremamente competitiva, o que exige permanente otimização de custos;
g) observância rigorosa de prazos na entrega de produtos é um dos meios de obter vantagem sobre a concorrência;
h) alta tecnologia e qualidade reconhecida contribuem para o aumento da credibilidade dos produtos e exigem significativos investimentos em pesquisa e desenvolvimento de produtos e em processos produtivos.

Nesse setor econômico encontram-se organizações que, dada a estrutura do mercado no qual se inserem, podem posicionar-se estrategicamente em função dos seguintes elementos estratégicos (intrínsecos e não contingenciais):

a) possibilidade de parcerias com fornecedores, em direção a fontes de matérias-primas, ou de integração para frente, via parceria com canais de comercialização, propiciando significativa otimização dos custos;
b) possibilidade de ampliar a capacidade operativa aumentando a base instalada e antecipando um possível crescimento de mercado (capacidade ociosa pré--planejada que pode dificultar a entrada de potenciais concorrentes);
c) concentração da produção num limitado número de plantas fabris estrategicamente localizadas;
d) melhoria da qualidade do produto, pesquisa e desenvolvimento de produtos, e aperfeiçoamento dos processos produtivos e da base tecnológica instalada;
e) condições propícias de vendas e financiamentos diretos ou através de instituições específicas;

f) acordo sobre encomendas com empresas congêneres, o que pode significar volumes financeiros expressivos e evitar a degradação dos preços;
g) ênfase na redução dos custos operacionais, cujos custos fixos representam parcela significativa na estrutura dos custos totais;
h) previsões de vendas sintonizadas com as demandas do mercado e com os projetos de desenvolvimento de novos produtos;
i) programação da produção de forma antecipada e coerente com as previsões de marketing/vendas;
j) programação e contratação de insumos produtivos coerente com a programação da produção.

Setor de instituições de ensino superior

O setor educacional composto de instituições de ensino superior (IESs), quando se analisam apenas os estabelecimentos privados, tem como características:

a) diferenciação das instituições de ensino tanto em termos qualitativos (porte, tipo de cursos oferecidos, qualificação do corpo docente e demais peculiaridades), quanto em termos quantitativos em face do diferente grau de concentração por região do país (no Sudeste, por exemplo, é maior);
b) baixa concentração de IESs nas áreas geográficas de atuação, sem participação majoritária de nenhuma instituição, havendo poucas de significativo porte;
c) interdependência entre as instituições da mesma região, uma vez que o comportamento e o desempenho de uma tem reflexo direto sobre as demais; quanto menor for o número de instituições e quanto mais semelhante for o seu porte, maior será a sua interdependência;
d) não há grande diversidade nas tecnologias educacionais e nos processos utilizados;
e) existência de barreiras legais e governamentais à entrada de novas instituições;
f) elevada regulamentação estatal/governamental;
g) competição básica via lançamento de novos cursos, buscando conquistar novos clientes;
h) significativo volume de investimentos e de capital para entrada no setor;
i) produto gerado (alunos) possui alto conteúdo tecnológico e de conhecimento;
j) produtos normalmente homogêneos, cuja diferenciação se dá no nível da qualidade e das especificações didático-pedagógicas e cuja demanda é extremamente dependente da taxa de crescimento da população estudantil;

i) instituições de ensino já instaladas exercem significativo controle em sua área de atuação, com predomínio dos fornecedores/docentes da região.

Estratégia e gestão de pessoas

Como já vimos, a essência da formulação de uma estratégia corporativa é relacionar uma empresa ao seu meio ambiente, identificando assim os seus elementos estratégicos em geral. Embora esse meio seja muito amplo, abrangendo forças sociais e econômicas, entre outras, o aspecto principal do meio ambiente da empresa é o setor econômico em que ela compete. A estrutura do setor econômico tem forte influência na determinação das regras do jogo e das estratégias potenciais da empresa.

A estratégia competitiva sinaliza o desenvolvimento das estratégias dos vários processos de trabalho e, principalmente, da gestão de pessoas. Tais estratégias competitivas, em cada organização, compõem-se de:

a) elementos estratégicos genéricos;
b) elementos estratégicos contingenciais, que são função direta da conjuntura particular de cada empresa.

Os elementos estratégicos genéricos, tal como os concebemos aqui, são fundamentais para a identificação dos processos-chave de uma organização. Tais elementos podem ser delineados de acordo com o agrupamento das empresas por setor econômico ou ramo de negócios, como visto anteriormente.

A caracterização da empresa por tipo de atividade ou setor econômico pode propiciar elementos para a formulação das estratégias corporativas, bem como para a determinação de estratégias específicas de gestão de pessoas no contexto das organizações.

Antes que o desempenho, em qualquer nível, possa ser gerenciado, as expectativas em relação a ele devem ser claramente estabelecidas e explicitadas. Se não houver uma clara definição do negócio em que a organização se insere, com certeza não se pode gerenciá-la efetivamente em seus níveis estratégico, tático e operacional. Sem a orientação de uma estratégia clara, não se pode ter certeza da adequada alocação de recursos para gerenciamento dos processos críticos de negócios e de recompensa do desempenho esperado.

O núcleo do desenvolvimento da estratégia corporativa engloba quatro elementos:

a) produtos a serem oferecidos   ⟶ "o quê"?
b) clientes e mercados   ⟶ "para quem"?
c) vantagens sobre a concorrência   ⟶ "por quê"?
d) prioridades de produtos e mercados   ⟶ "onde"?

Como elemento de implementação da estratégia corporativa tem-se o conjunto integrado de estrutura, sistemas e gestão de pessoas.

Quando se trata de *empresa*, sempre se pensa numa organização social com objetivos próprios e motivação econômica deliberada. Assim, na maioria das empresas pode-se identificar um conjunto de objetivos ou propósitos, seja explicitamente, como parte do plano de negócios da empresa, seja implicitamente, pela análise de sua história e das motivações individuais das principais pessoas que nela trabalham.

Tradicionalmente, a medida de sucesso numa empresa tem sido o lucro; entretanto, qualquer que seja o modo de mensuração e por mais variável que ele seja, pode-se atribuir um conjunto de objetivos a cada empresa, e esse é o principal marco de referência para o processo decisório. Fundamental para se compreender a tomada de decisões é o fato de que a empresa procura atingir seus objetivos por meio do lucro e, mais especificamente, por meio da conversão de seus recursos em produtos, obtendo um retorno sobre esses recursos com a venda desses produtos aos clientes.

Justamente visando à sobrevivência da empresa é que se define o planejamento organizacional, que deve ter por objetivo:

a) estabelecer a configuração organizacional no sentido de identificar as tarefas a serem desempenhadas, agrupá-las em funções que possam ser adequadamente desempenhadas e confiá-las a pessoas/equipes;
b) gerar informações para subsidiar a tomada de decisões corporativas e de gestão de pessoas, bem como medidas de desempenho que sejam compatíveis com objetivos e metas de qualidade;
c) propiciar a gestão de pessoas necessária ao cumprimento dos objetivos corporativos e das metas de qualidade;
d) implementar as tecnologias de gestão administrativa;
e) definir os processos na dimensão horizontal da estrutura.

Esse planejamento organizacional sofre influência de três fatores:

a) porte da empresa;
b) estágio de vida ou de maturidade organizacional em que se encontra a empresa;
c) tipo de atividade ou características do negócio da empresa (análise por setor econômico nos moldes delineados neste capítulo).

A influência do porte e do estágio em que se encontra a empresa será examinada detalhadamente nas seções subsequentes que tratam de configuração organizacional, análise de sistemas e gestão de pessoas.

Na formulação de uma estratégia corporativa, deve-se relacionar a organização ao seu meio ambiente para poder identificar os elementos estratégicos genéricos. Como já foi dito, o aspecto principal do meio ambiente da empresa vincula-se à área industrial, que se sobrepõe aos demais porque, em última análise, gera expectativas quanto à existência de bens e produtos no mercado. Logo, a estrutura industrial tem forte influência na determinação não só das regras competitivas do jogo, mas também das estratégias potenciais das empresas. Forças externas à indústria são significativas principalmente em sentido relativo, uma vez que em geral afetam todas as empresas, as quais reúnem diferentes habilidades para lidar com elas.

A gestão de pessoas, juntamente com o aspecto sistêmico/processos e configuração organizacional, deve dar suporte às estratégias no nível de:

a) *objetivos*: identificar os trabalhos críticos para o êxito do processo e estabelecer metas para os produtos finais desses trabalhos;

b) *projeto*: projetar e organizar os cargos para poder atingir os objetivos de modo eficiente e eficaz;

c) *gerenciamento*: criar um ambiente de trabalho em que o pessoal capaz e adequadamente treinado tenha funções claras, *feedback* regular, resultados positivos e poucos obstáculos à realização de seus objetivos.

Figura 23
Um modelo de decisões e informações de gestão de pessoas

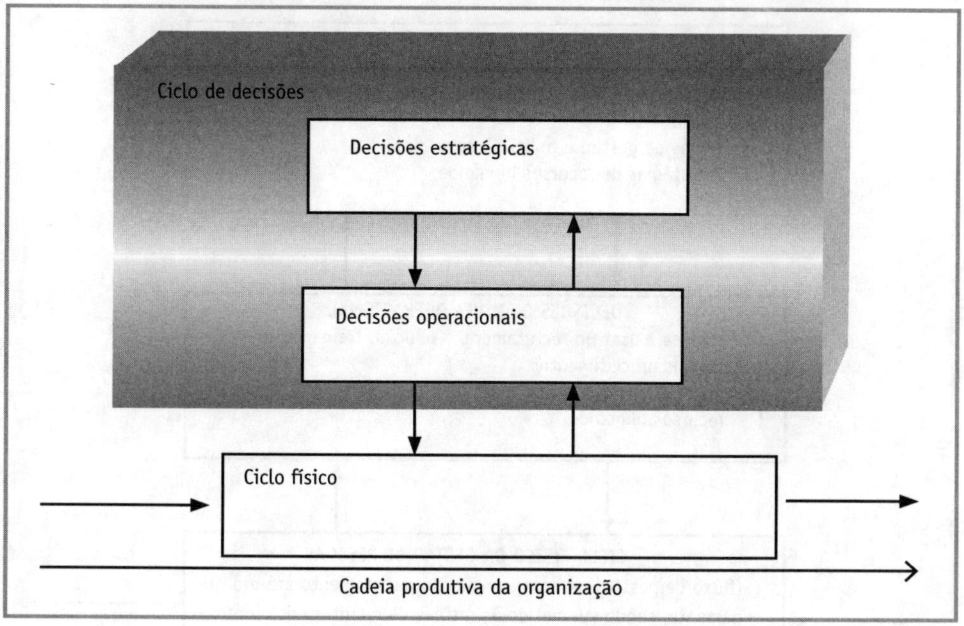

Propomo-nos aqui fixar estratégias genéricas de gestão de pessoas em função do setor econômico a que pertence cada tipo de organização. Não são contempladas as estratégias comuns às empresas de todos os setores econômicos.

Por exemplo, uma mudança na legislação (variável ambiental legal), com redução da jornada de trabalho para 36 horas semanais, demanda uma estratégia comum a todas as empresas para lidar com a questão das horas extras.

Na determinação das estratégias de gestão de pessoas, sugerimos a adoção do modelo de análise da cadeia produtiva, desde a origem dos insumos produtivos até o consumidor final (clientes) dos bens ou serviços.

Uma vez delineados a cadeia produtiva e o respectivo ciclo físico das operações produtivas da organização (e ciclo de decisões correspondente), podem-se identificar os principais processos sistêmicos, incluindo-se aí o processo de gestão de pessoas.

A cadeia produtiva deve ser função direta do setor econômico a que pertence a organização, uma vez que seus agentes externos, insumos produtivos, fornecedores, produtos e clientes induzem a diferentes tipos de organização.

Para o processo de gestão de pessoas, estabelece-se uma hierarquização das decisões e informações, em correlação com o ciclo físico dos processos, conforme ilustrado na figura, a seguir.

Obtém-se assim a identificação de estratégias de gestão de pessoas específicas a cada tipo de organização, sendo esta última caracterizada a partir da identificação do setor econômico a que pertence.

Figura 24
Decisões e informações de gestão de pessoas

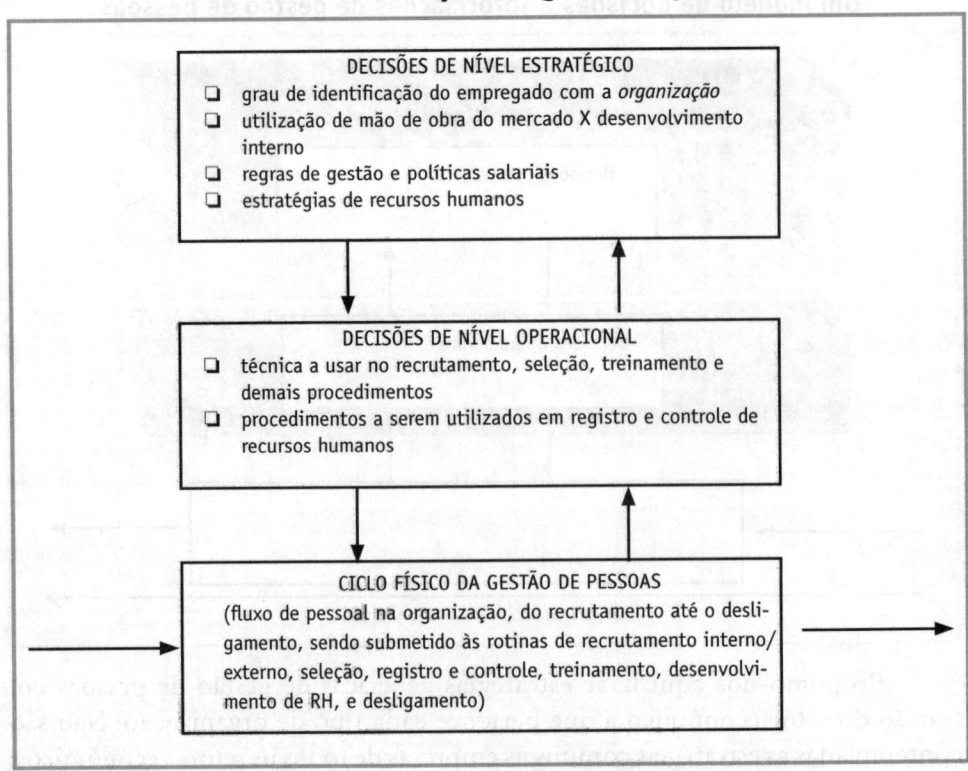

DECISÕES DE NÍVEL ESTRATÉGICO
- grau de identificação do empregado com a *organização*
- utilização de mão de obra do mercado X desenvolvimento interno
- regras de gestão e políticas salariais
- estratégias de recursos humanos

DECISÕES DE NÍVEL OPERACIONAL
- técnica a usar no recrutamento, seleção, treinamento e demais procedimentos
- procedimentos a serem utilizados em registro e controle de recursos humanos

CICLO FÍSICO DA GESTÃO DE PESSOAS
(fluxo de pessoal na organização, do recrutamento até o desligamento, sendo submetido às rotinas de recrutamento interno/externo, seleção, registro e controle, treinamento, desenvolvimento de RH, e desligamento)

Estudo de caso: Empresa ABC

Consideremos que o sr. Alexandre resolva abrir um pequeno negócio com sua amiga, sra. Barreiros de Carvalho. O negócio imaginado é a compra e venda de veículos usados. Contratam um contador, para prestação de serviço eventual, que providencia toda documentação legal junto a órgãos competentes, tais como Junta Comercial, Receita Federal, Secretaria da Fazenda e Prefeitura (a regulamentação governamental vigente exemplifica a influência das variáveis ambientais/legais nas organizações). Dão ao negócio o nome de Empresa ABC Ltda. e alugam um ponto comercial no bairro da Grande São Paulo, onde moram.

Figura 25
Empresa ABC e os setores econômicos

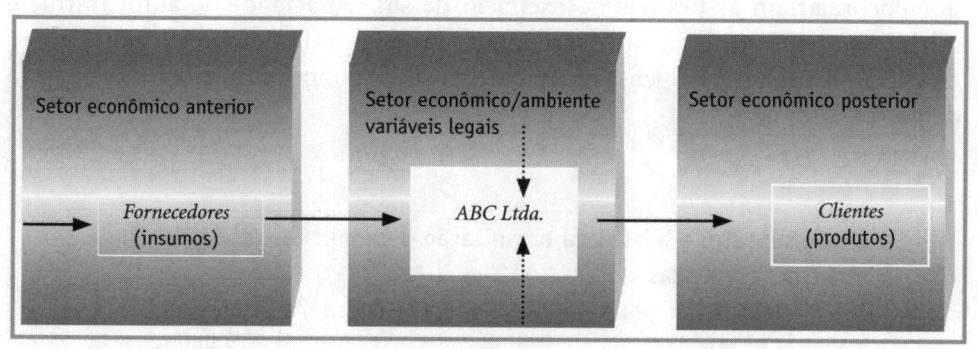

Setor econômico anterior	Setor econômico/ambiente variáveis legais	Setor econômico posterior
Fornecedores (insumos)	*ABC Ltda.*	*Clientes* (produtos)

A ABC caracteriza-se como entidade jurídica, normalmente chamada de empresa, com expectativa de funcionamento por prazo indeterminado. Sua finalidade ou objeto social, que o mundo empresarial denomina missão, consta como primeira cláusula do contrato social de criação da empresa: "compra e venda de veículos usados". A partir daí a empresa é constituída como pessoa jurídica (estabelecida de acordo com as leis vigentes) e concebida conceitualmente como organismo vivo que passa a existir num ambiente mais amplo (setor econômico), do qual depende para obter seus insumos produtivos e satisfazer necessidades ambientais e de colocação de seus produtos. A cadeia de agregação de valores fundamentada nas atividades-fim da organização (missão) começa nos fornecedores de insumos produtivos e termina na entrega de produtos aos consumidores finais (clientes), podendo atravessar vários setores econômicos. Por exemplo, a Empresa ABC, que pertence ao setor econômico competitivo, adquire insumos produtivos (veículos) de fornecedores (montadoras) pertencentes ao setor econômico diferenciado. A ABC pode também vender seus produtos a clientes industriais (empresas pertencentes a diversos setores econômicos), ao governo

continua

(setor econômico de serviços públicos) e consumidores finais (pessoas físicas). Visualizando o mundo real das organizações, podem-se identificar diferentes tipos de empresas em diferentes setores econômicos.

> Missão: compra e venda de veículos usados na região da Grande São Paulo

Em seus primeiros meses de funcionamento, os sócios-proprietários, Alexandre e Barreiros, resolvem trabalhar sem contratar nenhum empregado. Do ponto de vista técnico de gestão de pessoas, a empresa constitui-se de dois empregados, que na prática se confundem com a figura de sócios-proprietários, com remuneração na base do pró-labore (retirada monetária pela participação societária). O conceito de *empowerment* para criação de cargos enriquecedores e motivadores, que encorajariam as pessoas no exercício de sua capacidade de autocontrole e iniciativa, não se faz necessário porquanto se trata de microempresa onde a figura do sócio-proprietário dispensa a implementação de conceitos inovadores de gestão de pessoas.

> 1º pressuposto: a missão da organização determina as atividades-fim a serem desenvolvidas.
> Tais atividades-fim, portanto, decorreriam da missão/estatutos sociais da empresa. As atividade-meio, incluindo gestão de pessoas ou administração de recursos humanos, que complementam as atividades-fim, são todas as demais funções complementares necessárias ao normal funcionamento da empresa.
>
> O porte/tamanho da organização influencia as estratégias de gestão de pessoas a ser implementada.

Com o delineamento das atividades-fim da ABC é possível identificar as principais decisões a serem tomadas na empresa. Tais decisões constituem, basicamente, a cadeia produtiva (ou cadeia de agregação de valores). Como tais decisões são escolhas deliberadas a serem feitas pelos sócios-proprietários, há necessidade de estratégias que auxiliem o acerto dessas escolhas. As decisões inerentes à gestão de pessoas devem complementar o processo decisório da organização como um todo.

As estratégias da ABC como um todo permitem que as decisões (por exemplo, compra e venda de veículos usados) sejam executadas por um grupo

continua

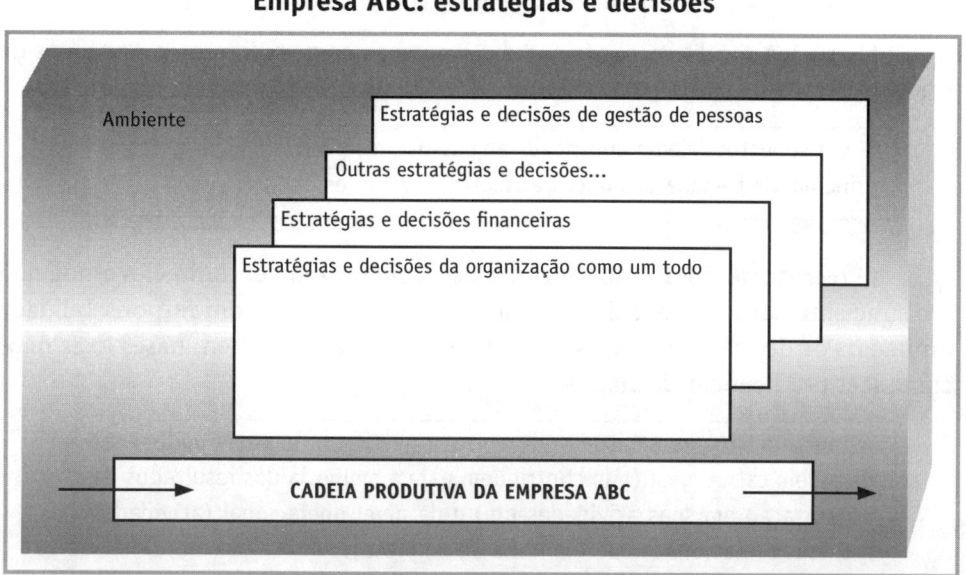

Figura 26
Empresa ABC: estratégias e decisões

Ambiente

- Estratégias e decisões de gestão de pessoas
- Outras estratégias e decisões...
- Estratégias e decisões financeiras
- Estratégias e decisões da organização como um todo

CADEIA PRODUTIVA DA EMPRESA ABC

de pessoas. A identificação de tais decisões subsidia, ainda, a determinação da configuração organizacional, com seus respectivos cargos/postos de trabalho (o que depende também do porte/tamanho e do estágio de vida da organização).

> 2º pressuposto: identificar as decisões e estratégias da organização em função do tipo de organização (setor econômico) e, posteriormente, identificar as decisões inerentes à gestão de pessoas. Cumpre estabelecer diferentes estratégias de gestão de pessoas, uma vez que existem diferentes tipos de organizações inseridas nos diferentes setores econômicos. A partir daí, podem-se definir as estratégias de gestão de pessoas como escolhas deliberadas em função do contexto em que se insere a empresa.

O negócio vai muito bem, com as vendas de veículos aumentando a cada dia. Nessa fase de otimismo, o sr. Alexandre e a sra. Barreiros de Carvalho resolvem contratar mais pessoas para ajudá-los (a rigor, a expansão de um negócio depende do tempo disponível das pessoas que nele trabalham). Nesse momento surgem decisões do tipo:

- que tipo de pessoa contratar? (perfil ou pré-requisitos do cargo a ser preenchido);
- qual fonte de recrutamento a adotar?;

continua

- que funções atribuir? (descrição do cargo);
- que salário inicial deve ser pago? (definir valor salarial).

Os sócios resolvem contratar duas pessoas com experiência na venda de veículos e transferir-lhes parte de suas atribuições.

> 3º pressuposto: delegar autoridade ao pessoal, reservando para os gestores principais a tomada das decisões mais importantes.

O recrutamento dos dois elementos é concretizado e, como eles ainda não são suficientemente conhecidos, passam a exercer a função com responsabilidade limitada. Por decisão dos sócios, a remuneração salarial será em bases fixas mais comissões por negócios fechados.

> 4º pressuposto: as decisões referentes à gestão de pessoas podem ser de ordem estratégica (que contribuem para a melhoria dos resultados da organização em suas atividades-fim) e de nível operacional (atividades rotineiras relacionadas ao dia a dia da empresa).

Após quatro anos de prosperidade, e graças ao crescimento da economia nacional e à consequente ampliação dos prazos de financiamentos de veículos (variável ambiental/econômica), os dois sócios resolvem ampliar o negócio contratando mais vendedores e passando a prestar serviços de oficina.

> Missão redefinida: compra e venda de veículos usados, e prestação de serviços de oficina na região da Grande São Paulo.

Para tanto, contratam dois mecânicos e um funileiro. Nessa fase, os sócios-proprietários resolvem conceder maior autonomia aos vendedores devido à confiança que inspiram à empresa. A estratégia então adotada é criar condições para que os colaboradores da ABC se sintam úteis e importantes oferecendo-lhes cargos com autonomia, responsabilidade e reconhecimento. O objetivo dessa estratégia é aumentar a produtividade e a satisfação no trabalho, melhorando a qualidade dos serviços executados de forma compatível com a redução dos indicadores de desempenho na gestão de pessoas (absenteísmo e *turnover* de mão de obra).

> 5º pressuposto: manter equilíbrio entre a responsabilidade que se cobra dos subordinados e a autoridade que lhes é concedida. A organização informal baseada em relações de amizade e interações não planejadas pode coexistir pacificamente com a organização formal (estrutura hierarquizada/organograma).

continua

Como o negócio continua a prosperar, graças ao tino comercial do sr. Alexandre e ao sentido de organização da sra. Barreiros de Carvalho, os dois resolvem entrar no negócio de comercialização de veículos novos. Negociam com uma grande montadora de veículos, apresentam seus balanços, que evidenciam boa margem de lucratividade e excelente garantia patrimonial representada pelo montante de seu ativo imobilizado, e obtêm concessão para comercializar os veículos da marca Alfa.

> Missão redefinida: comercialização de veículos novos, compra e venda de veículos usados, e prestação de serviços de oficina na região da Grande São Paulo.

Assim, contratam mais três funcionários para trabalhar no almoxarifado de peças, mais dois vendedores de veículos e mais seis pessoas para trabalhar na oficina autorizada. Apesar do crescimento, os sócios-proprietários resolvem ser cautelosos optando por não criar departamentos ou setores que aparentemente seriam úteis ao cumprimento do objetivo maior da empresa (missão), mas que posteriormente poderiam revelar-se desnecessários.

> 6º pressuposto: evitar criar um número excessivo de níveis hierárquicos. Os cargos e as relações interpessoais podem ser estruturados mediante organização formal (estrutura organizacional/organograma) para criar condições de crescimento pessoal que ao mesmo tempo ajudem a atingir as metas empresariais.

Os sócios-proprietários resolvem implementar um processo de avaliação dos empregados para averiguar o seu desempenho nos diversos setores da empresa. Por conhecerem melhor os empregados, resolvem promover os melhores mediante aumentos salariais e substituir os que se mostram ineficientes.

> 7º pressuposto: colocar as pessoas certas nos lugares certos. As atividades empresariais são influenciadas pela natureza das pessoas que compõem a organização, bem como pela organização formal. Este é o escopo da gestão de pessoas: integrar as necessidades individuais e organizacionais.

Como o volume de negócios continua crescendo, o responsável por oficina e peças já não tem tempo para supervisionar os subordinados, que passam a aguardar definições de cima e a trabalhar sem orientação e sem nenhuma cobrança de prazos e qualidade.

Os sócios-proprietários resolvem proceder a uma redistribuição de funções entre os membros do quadro de pessoal. Como os aspectos técnicos e humanos

continua

da ABC são indissociáveis, cumpre à direção da empresa compatibilizar o lado técnico (modelo de gestão, estrutura organizacional e tecnologia empregada nos processos empresariais) com o lado social (necessidades das pessoas/equipes que compõem a organização).

> 8º pressuposto: a configuração organizacional e a definição do modelo de gestão de pessoas devem ser um processo a merecer revisões periódicas. A estratégia de gestão de pessoas é função direta das características da organização e do ambiente (setor econômico) no qual se está atuando. O crescimento e a sobrevivência da empresa passam a depender cada vez mais de um modelo de gestão de pessoas que integre num todo coeso o porte, o estágio de vida, a tecnologia empregada no produto e nos processos produtivos, e as relações interorganizacionais vigentes no setor econômico (ambiente) no qual a organização está inserida.

A direção da Empresa ABC, agora uma organização de porte, precisa enfatizar ainda mais as interações com os agentes de seu setor econômico (fornecedores, clientes, bancos, concorrentes, governo etc.), além de administrar as interações com seus colaboradores internos.

Por um enfoque sistêmico, tem-se a ABC como organização inserida num ambiente mais amplo, que é o setor econômico ao qual pertence, dividida internamente em departamentos/divisões com suas respectivas equipes de trabalho, que por sua vez se compõem de indivíduos (a menor unidade divisível da organização e que funciona como uma molécula com atividades próprias como se fosse uma "empresa" independente).

Figura 27
Empresa ABC e a visão sociotécnica

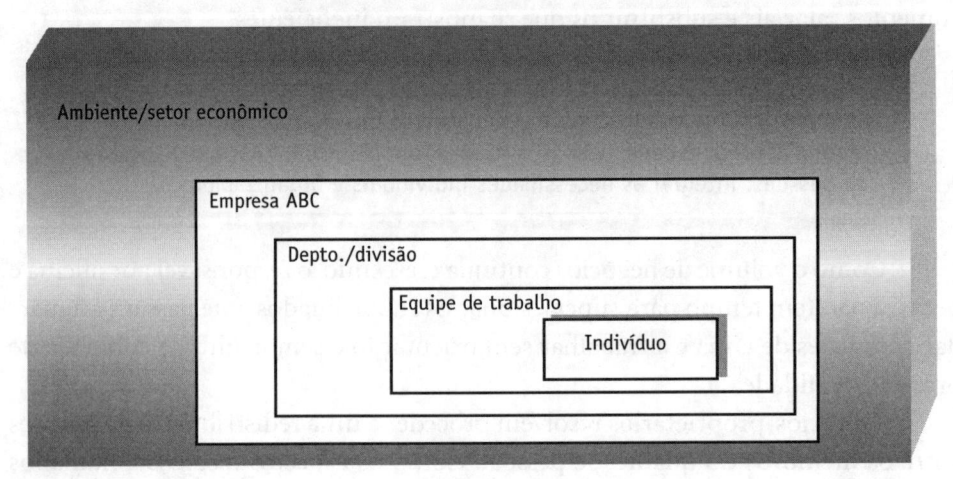

Ambiente/setor econômico
- Empresa ABC
  - Depto./divisão
    - Equipe de trabalho
      - Indivíduo

continua

Nesse estágio de sua vida, a Empresa ABC necessita ampliar a visão sociotécnica para abranger as interações entre os requisitos técnico-humanos e os requisitos estratégicos e ambientais.

Com a aplicação dos conceitos de determinação de decisões na gestão de pessoas, obtém-se uma estratificação do processo decisório da gestão de pessoas da Empresa ABC Ltda., conforme ilustrado a seguir

Figura 28
Empresa ABC e as decisões da gestão de pessoas

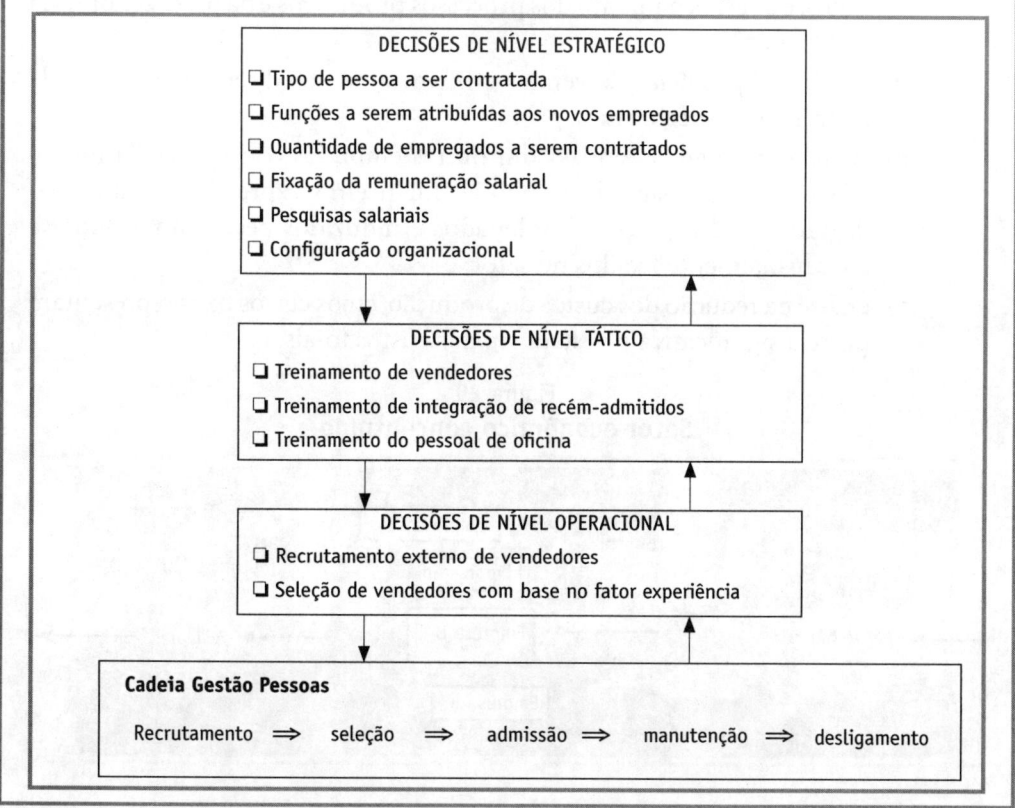

DECISÕES DE NÍVEL ESTRATÉGICO
- Tipo de pessoa a ser contratada
- Funções a serem atribuídas aos novos empregados
- Quantidade de empregados a serem contratados
- Fixação da remuneração salarial
- Pesquisas salariais
- Configuração organizacional

DECISÕES DE NÍVEL TÁTICO
- Treinamento de vendedores
- Treinamento de integração de recém-admitidos
- Treinamento do pessoal de oficina

DECISÕES DE NÍVEL OPERACIONAL
- Recrutamento externo de vendedores
- Seleção de vendedores com base no fator experiência

Cadeia Gestão Pessoas

Recrutamento ⇒ seleção ⇒ admissão ⇒ manutenção ⇒ desligamento

Setor econômico concentrado

Como vimos anteriormente, existem diferentes tipos de organizações pertencentes a diferentes setores econômicos (ou ramo de negócios). O setor econômico concentrado constitui uma "classe de empresas" tais como: química e petroquímica; papel e celulose; construção pesada; máquinas e equipamentos (bens de capital); cimento; comunicações; fertilizantes e afins.

No setor econômico relativo à indústria altamente concentrada incluem-se empresas que, dada a estrutura de mercado na qual se inserem, podem posicionar-se estrategicamente em função dos seguintes elementos intrínsecos (e não contingenciais):

a) integração vertical para trás, buscando apropriar-se de fontes de matérias-primas, ou integração para frente, via canais de comercialização próprios, com significativa otimização de seus custos em ambos os processos;
b) ampliação da capacidade produtiva mediante incremento da base instalada, antecipando um potencial crescimento de mercado (capacidade ociosa pré-planejada que obstaculiza a entrada de potenciais concorrentes);
c) melhoria da qualidade do produto, pesquisas e desenvolvimento de produtos, e aperfeiçoamento dos processos produtivos e da base tecnológica instalada;
d) condições propícias de vendas e financiamentos diretos ou através de instituições específicas;
e) acordo sobre encomendas com outras empresas congêneres da indústria, o que pode significar volumes financeiros expressivos, evitando a degradação dos preços coordenados e induzidos pela empresa-líder e consensualmente fixados no setor; e
f) ênfase na redução dos custos de produção, cujos custos fixos representam parcela significativa na estrutura dos custos totais.

Figura 29
Setor econômico concentrado

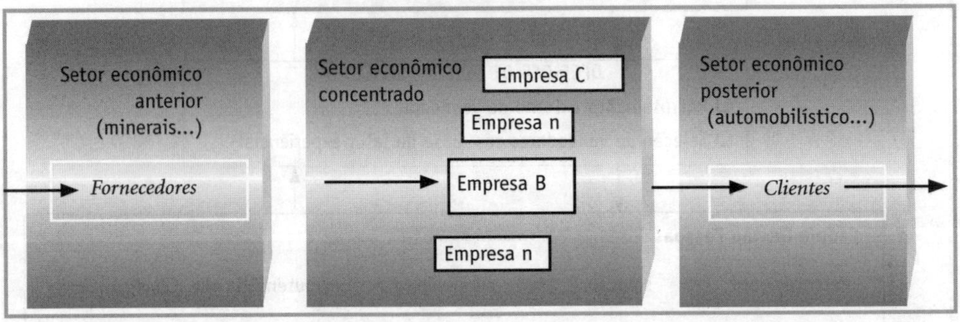

Trata-se de um setor econômico em que faz sentido pensar em economia de escala, com maior volume de produção para obter menores custos unitários de produção. As condições técnicas e de mercado são relativamente conhecidas. Quando uma empresa desse setor se verticaliza, isso significa maior diversidade no tipo de mão de obra. Ou seja, a empresa passa a ter pessoas alocadas a diferentes processos produtivos. Por exemplo, uma empresa produtora de cimento, com processo produtivo altamente automatizado, quando se integra para frente e passa a produzir matérias-primas (minerais não metálicos), passa também a empregar intensamente mão de obra não especializada. Isso implica adotar estratégias de gestão de pessoas diferenciadas em função do tipo de mão de obra.

O setor abrange poucas organizações, que, salvo alterações ambientais conjunturais e transitórias, se caracterizam por significativa estabilidade. A organização das atividades empresariais se baseia em postos de trabalho/cargos claramente definidos e estruturados nos padrões hierárquicos tradicionais, com as respectivas responsabilidades que lhes são associadas. Tal característica influencia sobremaneira na estratégia de cargos e salários a ser adotada.

A natureza da autoridade é claramente definida e atribuída de acordo com a posição hierárquica formal, prevalecendo, normalmente, a antiguidade, que é um elemento a ser considerado na definição do método de avaliação a ser adotado pela organização.

As organizações pertencentes ao setor econômico concentrado devem contemplar estratégias de gestão de pessoas que enfatizem o treinamento, a educação continuada e o desenvolvimento da mão de obra qualificada que está alocada a processos produtivos altamente automatizados.

Nesse setor econômico encontram-se as empresas de construção civil (pesada), que se caracterizam pelo emprego intensivo de mão de obra e são altamente influenciadas, contingencialmente, pela situação de equilíbrio vigente no mercado de trabalho. Nesse caso, a abordagem de gestão de pessoas é típica de empresa que emprega mão de obra não qualificada. Normalmente, a ênfase estratégica está voltada para terceirização da mão de obra e recrutamento e seleção de pessoal.

A estratégia de terceirização de pessoal, quando adotada no âmbito geral da empresa, permite à direção concentrar-se nas atividades produtivas ao longo da cadeia de agregação de valores e foco nos negócios. A terceirização pode ocorrer inclusive no tradicional departamento de pessoal das organizações, evitando-se assim a burocracia que envolve a atualização sobre legislação trabalhista e contribuições sociais e previdenciárias.

Setor econômico semiconcentrado

Incluem-se nesse setor as empresas tradicionais de bens de consumo não duráveis, tais como alimentos, têxteis, confecções, metalurgia, plásticos e borracha, madeira e móveis etc.

Trata-se de setor de baixo grau de concentração, ou de indústria semiconcentrada, com empresas cujos produtos são relativamente homogêneos, o que pode induzir um posicionamento estratégico genérico efetivado através de medidas como:

a) modernização dos canais de distribuição, incluindo rede de revendedores próprios ou exclusivos (integração vertical para frente);
b) implementação de sistemas de franquias mediante parcerias com clientes intermediários;
c) ênfase na competição via preços, cuja importância é aqui maior do que em outras estruturas de mercado.

Figura 30
Setor econômico semiconcentrado

Setor econômico anterior (agronegócios)	Setor econômico semiconcentrado	Setor econômico posterior (atacadistas, varejistas...)
Fornecedores →	Empresa n / Empresa C / Empresa B / Empresa n	→ Clientes →

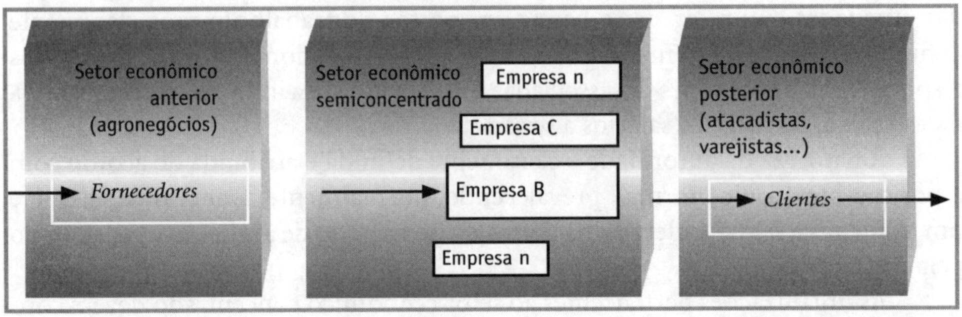

As empresas têxteis pertencentes a esse setor econômico, por exemplo, são extremamente influenciáveis pela variável tecnológica do meio ambiente. Eventos recentes provocados pela abertura indiscriminada do mercado aos produtos importados evidenciaram o atraso tecnológico de tais empresas. Houve uma seleção natural, e as empresas sobreviventes tiveram que investir na renovação tecnológica para recuperar o atraso tecnológico dos processos produtivos em fábricas que não se modernizavam há décadas. Tal situação induz a adoção de uma estratégia de gestão de pessoas que privilegie a formação e requalificação da mão de obra existente nessas empresas, a fim de renovar o parque fabril instalado.

As empresas têxteis se inserem numa cadeia produtiva que integra, numa ponta, as fontes produtoras de algodão e fios sintéticos, e, na outra ponta, empresas de confecção (empresas de vestuário) e lojas varejistas, que são as que de fato vendem ao consumidor final. Além disso, existe o segmento da moda, aquele que de fato puxa toda a cadeia econômica, uma vez que define o que deve ser produzido por todos os elos (empresas que de forma independente respondem pela matéria-prima, os tecidos, a distribuição e a venda ao cliente) da corrente (cadeia produtiva que atravessa os diferentes setores econômicos: setor primário/agricultura; setor secundário/transformação industrial; e setor terciário/distribuição e serviços).

O setor econômico semiconcentrado, em face das recentes tecnologias de comércio eletrônico (*e-commerce*), induz suas empresas a adotar estratégias de negócio que privilegiem a criação de lojas virtuais e as vendas diretas ao cliente final. Tal desintermediação de distribuidores e lojistas leva à recapacitação do pessoal das organizações desse setor (principalmente empresas têxteis), uma vez que as transações via Internet exigem outro tipo de mão de obra.

Trata-se de um setor econômico que, dada a atuação das variáveis ambientais, sofre influência negativa da abertura da economia decorrente da globalização dos mercados. É, além disso, altamente sensível às políticas e medidas sociais estabelecidas pelo governo. Tudo isso tende a tornar o mercado de trabalho francamente ofertante de mão de obra, o que se reflete diretamente na estratégia de recrutamento e seleção de pessoal a ser adotada pelas organizações do setor. Estas em geral são induzidas a utilizar estratégias de recrutamento num sentido mais amplo que o de mero recrutamento local de mão de obra, dada a necessidade de pessoal mais qualificado e especializado.

Na estruturação dos postos de trabalho/cargos nesse setor costuma observar--se uma segmentação rudimentar das atribuições e responsabilidades de trabalho, coerente com um padrão hierárquico modificado para atender às mudanças ambientais. A natureza da autoridade é claramente definida e atribuída de acordo com a posição hierárquica da estrutura organizacional.

As organizações pertencentes ao setor econômico semiconcentrado devem contemplar, ainda, estratégias de gestão de pessoas que deem ênfase ao treinamento de sua força de venda e do pessoal da área de marketing, uma vez que o setor se caracteriza pela alta competição via preços. Cumpre enfatizar também o desenvolvimento do pessoal pertencente às empresas parceiras (e franqueadas) que atuam na distribuição de seus produtos.

Setor econômico de empresas competitivas

Nesse setor econômico, as empresas com maior produtividade ganham participação em detrimento das menos eficazes. Dele fazem parte as distribuidoras de veículos, empresas de autopeças, do comércio varejista ou atacadista e afins.

Figura 31
Setor de empresas competitivas

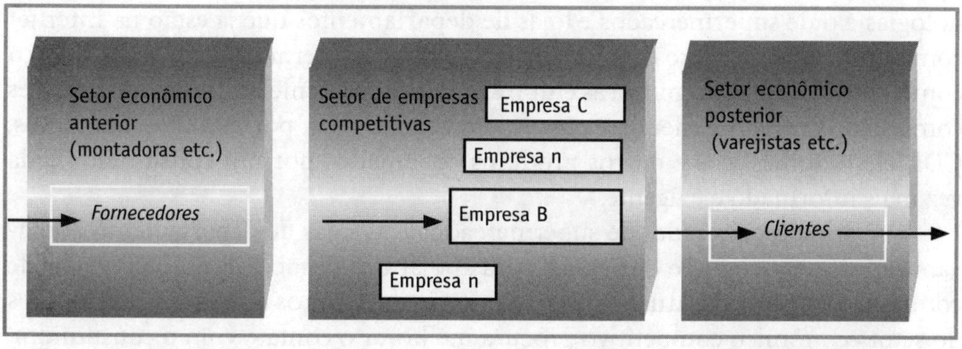

As empresas pertencentes a esse setor, que se caracterizam por alguns segmentos de alta densidade de conhecimento e de capital, como a indústria de autopeças, podem adotar medidas estratégicas tais como:

a) competição básica via preços, com certeza de ampliação de sua participação no mercado (*market share*);
b) associação com capitais de entidades nacionais e do exterior, bem como abertura de capital, visando à efetivação de saltos tecnológicos;
c) aquisição de tecnologias visando a obter posicionamento competitivo.

No setor de empresas competitivas, as organizações normalmente têm a possibilidade de implementar estratégias de gestão de pessoas com ênfase em salários e benefícios, bem como na remuneração variável (e por resultados) em função do desempenho comercial. São empresas que devem atuar com unidades de negócios (lojas) autônomas e, portanto, exigem um corpo gerencial altamente treinado e capacitado a atuar com poder decisório autossuficiente.

As empresas desse setor econômico são altamente influenciadas pelas novas tecnologias da informação (*business-to-business*), que provocam a desintermediação e a eliminação de distribuidores e varejistas. Por outro lado, não se trata de considerar que a Internet irá acabar com os vendedores varejistas e que os *shopping centers* irão prevalecer, ou que o comércio tradicional de rua irá à falência, pois haverá espaço para todos os segmentos da cadeia econômica. Contudo, as empresas do setor competitivo terão que adotar estratégias de negócios diferenciadas, com maior ênfase no cliente, maior segmentação de mercado e uma agregação de valor ao serviço prestado. Tais estratégias de negócio induzem, naturalmente, a um novo perfil de empregados, o que acarreta uma estratégia de gestão de pessoas que privilegie tais mudanças. Tal estratégia de gestão de pessoas deve privilegiar o conhecimento em profundidade do perfil do consumidor da nova economia digital, a fim de atender a suas mutáveis expectativas e exigências. Por exemplo, capacitar os profissionais de tais empresas a trabalharem com um composto de produtos e serviços diversificados para atender às necessidades de consumo de um público-alvo, seja ele qual for.

Outro exemplo de estratégia de gestão de pessoas induzida pelas novas tecnologias é o de supermercados e lojas de departamentos que já estão na Internet com significativo número de lojas virtuais. A rigor, a Internet não irá acabar com o comércio físico, mas permitirá às empresas atender a clientelas de regiões distantes com maior presteza e menores custos, oferecendo-lhes, por exemplo, alimentos, CDs, eletrodomésticos e outros produtos reclamados por um consumidor cada vez mais informado e exigente.

A princípio, as redes de supermercados e as lojas de departamento adotavam estratégias de gestão de pessoal para apoiar um negócio de autosserviço e de competição via preços. Atualmente, o comércio de todos os tamanhos e segmentos do setor econômico competitivo procura melhorar o contato com o consumidor, convivendo com o comércio virtual ou *e-commerce*, que começa a competir diretamente com as lojas tradicionais e já atrai grandes redes varejistas e atacadistas. As novas estratégias de gestão de pessoas devem atender às novas exigências de mão de obra criadas por tais mudanças empresariais.

Setor econômico de empresas diferenciadas

No setor econômico de empresas diferenciadas encontram-se organizações como fabricantes de bebidas, fumo, produtos de higiene e limpeza, laboratórios farmacêuticos e afins.

Figura 32
Setor de empresas diferenciadas

[Diagrama: Setor econômico anterior (químicas etc.) → Fornecedores → Setor de empresas diferenciadas (Empresa n, Empresa C, Empresa B, Empresa n) → Clientes → Setor econômico posterior (varejistas etc.)]

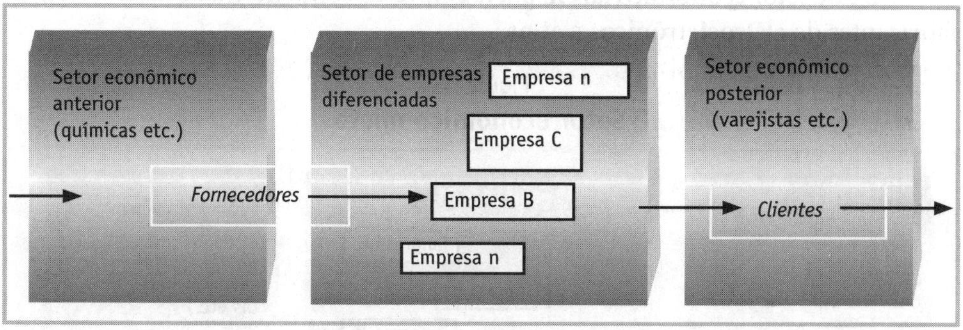

Eis alguns elementos estratégicos que podem ser adotados no setor econômico de empresas diferenciadas:

a) inversões em promoção e propaganda, dada a necessidade de prolongar o ciclo de vida relativamente curto de seus produtos e de preservar a fidelidade da clientela, que é antes resultado da publicidade maciça do que de critérios objetivos;
b) lançamento de novos produtos e projeto de produtos a serem lançados futuramente, graças a investimentos em pesquisa & desenvolvimento, para fazer face à concorrência e às mudanças no mercado;
c) introdução de várias marcas competindo dentro do próprio composto de produtos da empresa;
d) aceleração do lançamento de novos produtos, quando a capacidade de produção instalada ou potencial for maior que a demanda, ou então redução dos gastos com pesquisa & desenvolvimento de produtos, quando a demanda for maior que a capacidade de produção;
e) segmentação do mercado com faixas diferenciadas e ajustamento entre oferta e demanda, mediante administração de estoques e prazos dos pedidos em carteira;
f) permanente monitoramento do mercado, dada a possibilidade de ingresso de novos concorrentes, e adoção de políticas de preços, caso isso venha de fato a ocorrer.

A estratégia de pessoal deve estar voltada para a qualificação da mão de obra empregada num processo produtivo em permanente transformação tecnológica, visando à otimização da programação da produção. Essa mão de obra deve estar igualmente capacitada a incrementar a qualidade e outros aspectos que elevam o valor dos produtos.

Setor econômico misto

Desse setor econômico fazem parte empresas como montadoras de veículos, fabricantes de eletroeletrônicos e afins.

Figura 33
Setor econômico misto

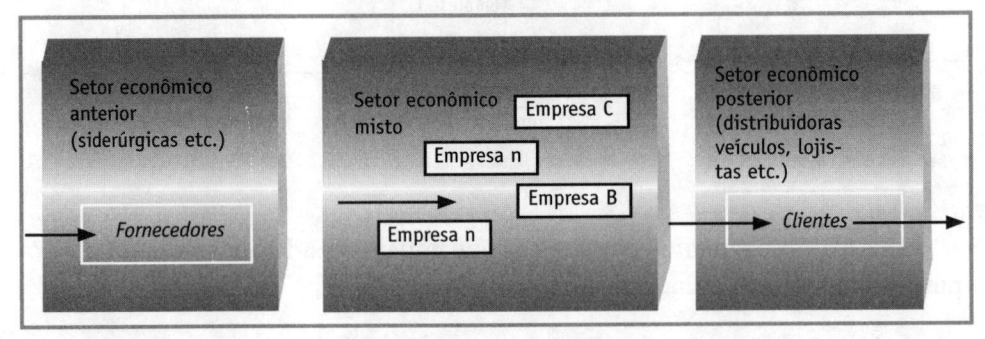

Setor econômico anterior (siderúrgicas etc.)	Setor econômico misto	Setor econômico posterior (distribuidoras veículos, lojistas etc.)
Fornecedores →	Empresa C / Empresa n / Empresa B / Empresa n	→ Clientes →

Já no setor de bens de consumo duráveis ou da indústria de empresas mistas, podem-se delinear certos elementos estratégicos a serem levados em conta pelas organizações, quais sejam:

a) diferenciação de produtos mediante incremento do número de modelos e constantes modificações em seus desenhos e características físicas;
b) segmentação de mercado, com adoção de modelos diferenciados por classes de renda;
c) financiamento aos clientes através de estrutura própria ou de entidades financeiras especiais;
d) ênfase na prestação de serviços aos clientes, o que implica controle direto ou indireto sobre a rede de distribuição e revenda; e
e) inovação tecnológica constante, com expressivos investimentos em pesquisa & desenvolvimento, amortizando-os em amplos mercados.

No setor misto, as organizações normalmente têm a possibilidade de implementar estratégias de gestão de pessoas que enfatizem salários e benefícios, bem como as relações trabalhistas em sua esfera de atuação.

As frequentes mudanças operadas em seu ambiente obrigam as empresas desse setor a promover constantes inovações tecnológicas em seus produtos e processos produtivos, visando a atender a segmentos específicos e a superar a concorrência. A concepção, produção e comercialização de novos produtos num mercado altamente competitivo exigem estratégias de gestão de pessoas visando à requalificação constante da mão de obra.

A prestação de serviços pós-venda, na forma de garantia e assistência técnica, demanda uma estratégia de gestão de pessoas voltada para a capacitação da mão de obra de empresas parceiras (ou de distribuidores, intermediários e varejistas). Outra estratégia adotada por essas empresas é a subcontratação de pessoal externo para exercer atividades passíveis de terceirização.

Em face das recentes tecnologias de comércio eletrônico (*e-commerce*), adotam-se também estratégias que privilegiam a criação de lojas virtuais e as vendas diretas ao cliente final. Tal desintermediação de distribuidores e lojistas leva à recapacitação do pessoal das organizações desse setor, uma vez que as transações via Internet exigem outro tipo de mão de obra.

Exemplo marcante no setor econômico misto é o das montadoras automobilísticas cujas novas fábricas de carros adotam como estratégia produtiva um grau menor de robotização e maior flexibilidade da linha de montagem. Ou seja, a robotização está ficando confinada a setores produtivos padronizados de escala, como a pintura, em contraste com a montagem propriamente dita, onde prevalece o trabalho humano. Tal estratégia, que visa a um menor custo da mão de obra e à maior qualidade no processo de montagem final, assemelha-se àquela adotada nas empresas montadoras aeronáuticas.

O aparente conflito entre a robotização e a flexibilidade da linha de montagem é na verdade decorrente de uma estratégia de gestão de pessoas que contempla a automação industrial em atividades de alta periculosidade e extrema insalubridade para os empregados da empresa. Ou seja, é uma estratégia que evita o risco real para a saúde dos trabalhadores e proporciona maior qualidade, na medida em que também padroniza os produtos e estabiliza o processo produtivo.

A essência dessa estratégia de gestão de pessoas é a simplificação dos processos produtivos aliada ao menor custo da mão de obra. Ou seja, ainda que o menor grau de robotização signifique maior número de empregados, o custo de produção é menor, diferentemente de outros países onde o salário dos trabalhadores chega a ser o sétuplo daquele pago no Brasil para as mesmas funções da linha de montagem. Outras estratégias alternativas de gestão de pessoas nesse tipo de empresa podem ser adotadas na forma de instrumentos de flexibilização da jornada de trabalho, banco de horas ou horas extras, novos turnos de produção e medidas trabalhistas correlatas.

A organização dos postos de trabalho/cargos tende a ser flexível na empresa, com limites de autoridade e responsabilidade não claramente definidos. As empresas pertencentes ao setor econômico misto tendem a usar a Internet para recrutamento e seleção de pessoal. Além dos *sites* de currículos, existem portais de recursos humanos, com conteúdo, treinamento (cursos *online*) e ofertas de empregos e profissionais.

Setor de serviços financeiros

No setor de instituições financeiras, que congrega empresas como bancos e seguradoras, existe a possibilidade de adotar estratégias visando a:

a) deslocamento da prestação de serviços do ambiente interno para o ambiente externo, buscando-se a massificação dos serviços eletrônicos para esvaziar as agências bancárias;
b) diversificação dos serviços financeiros prestados aos clientes efetivos e potenciais, como diferencial competitivo;
c) maior eficiência no armazenamento e recuperação do grande volume de documentos operacionais, no intuito de racionalizar e agilizar a prestação de serviços aos clientes.

No setor de serviços financeiros, as organizações normalmente têm a possibilidade de implementar estratégias de gestão de pessoas que priorizem salários e benefícios, bem como as relações trabalhistas em sua esfera de atuação.

Nesse setor, as instituições procuram diferenciar-se da concorrência lançando novos produtos financeiros e promovendo a imagem da organização. Isso requer estratégias de gestão de pessoas específicas, voltadas principalmente para o pessoal do nível gerencial e da alta administração.

Por outro lado, a adoção de outras estratégias corporativas voltadas para a descentralização do atendimento, bem como de tecnologias de automação bancária e tecnologias da informação visando à integração com os clientes (pessoas físicas e jurídicas), exige estratégias de preparação da mão de obra do nível operacional.

Setor de serviços especializados

O setor de serviços especializados, constituído de empresas como agências de publicidade e propaganda, firmas de consultoria e auditoria independentes, e escritórios de engenharia consultiva e de projetos, induz à ênfase estratégica na formação e especialização de sua mão de obra.

Seu produto, de altíssimo conteúdo tecnológico e de elevado grau de agregação de conhecimentos especializados, recomenda a criação de um verdadeiro banco de dados de talentos. O meio ambiente é altamente imprevisível, havendo aí expressivos avanços tecnológicos e possibilidades ilimitadas de mercado, bem como forte pressão por mudanças tecnológicas em face das novas demandas do mercado.

Em termos organizacionais, a estratégia corporativa exige uma postura proativa e de gerenciamento interno por projetos, de configuração matricial ou *adhocrática* (formato temporário ou próximo da estruturação orgânica com utilização de equipes de projeto). Os cargos/postos de trabalho normalmente não são definidos de forma rígida, mas em função da necessidade de estabelecer as interações de trabalho em equipe inter e multidisciplinar. Em geral, formam-se equipes de projeto para desempenhar uma atividade, podendo elas se desfazerem quando esta se encerra e seus membros se reagruparem em outras equipes em outros projetos. Normalmente prevalecem padrões de autoridade informal, que mudam à medida que os papéis se definem em função dos projetos e trabalhos em equipes. A comunicação é menos vertical e mais horizontalizada, completamente livre e informal, dada a preponderância da organização por processos e matricial, em vez das tradicionais formas verticalizadas e hierárquicas. A estrutura matricial ou *adhocrática* privilegia o produto final, e não apenas as contribuições funcionais, o que estimula o comportamento flexível, inovador e adaptativo, requerendo, portanto, mão de obra altamente especializada. Tal modelo organizacional favorece a participação de empregados de todos os níveis, bem como a eliminação de barreiras entre as especializações, permitindo aos empregados de diferentes especialidades funcionais conjugarem suas aptidões e habilidades para solucionar problemas comuns.

As empresas do setor de serviços especializados têm por vocação a implementação de políticas de gestão de pessoas voltadas para a capacitação gerencial e a educação continuada, visando à formação de um banco de dados de talentos.

Em geral as empresas desse setor são induzidas a adotar estratégias de recrutamento num sentido mais amplo que o de mero recrutamento local de mão de obra, dada a necessidade de pessoal mais qualificado e especializado. Em alguns casos, permite-se recrutamento e seleção de pessoal especializado proveniente de outros países.

A terceirização dos recursos especializados é comum nesse tipo de organização. Empresas de engenharia consultiva, por exemplo, podem contar com arquitetos, engenheiros, projetistas e demais profissionais do ramo subcontratados por tempo determinado ou por projetos. Isso requer estratégias específicas de gestão de pessoas.

As empresas pertencentes ao setor de serviços especializados tendem a criar, como parte de sua estratégia de gestão de pessoas, programas de incentivo de longo prazo para retenção de executivos e de seus profissionais qualificados. Pressionadas pelas agressivas empresas virtuais e por um mercado cada vez mais ávido e carente de profissionais qualificados, as empresas desse setor adotam estratégias como a opção de compra de ações, concessão de bônus, participação nos lucros, prêmios de incentivo e outras modalidades que complementam a tradicional remuneração salarial. Tais estratégias tendem a resultar num menor índice de rotação de pessoal, bem como em maior motivação e produtividade empresarial.

Dada a influência das novas tecnologias da informação, empresas de recursos humanos também pertencentes ao setor de serviços especializados tendem a adotar a Internet como principal estratégia de negócio. Além dos *sites* de currículos, a estratégia de negócios preponderante é adoção de portais de recursos humanos, com conteúdo, treinamento (cursos *online*) e ofertas de empregos e profissionais. Tal estratégia também possibilita a integração virtual de vários escritórios/agências geograficamente dispersos pelo país e pelo mundo, bem como a criação de um banco de dados virtual (*online*) de profissionais, acessível a empresas de qualquer setor que estejam em busca de mão de obra, principalmente especializada. Isso requer, além de uma equipe de profissionais especializados em conteúdo Internet, parcerias com universidades, institutos de pesquisas e organizações nacionais e internacionais, bem como profissionais qualificados, disponíveis ou não no mercado de trabalho. É uma mudança radical em relação às tradicionais e conservadoras empresas de recrutamento e seleção de pessoal, o que requer também um novo tipo de profissional de gestão de pessoas (algo além do tradicional *headhunter*).

Setor de serviços públicos

O extraordinário crescimento do setor de serviços públicos veio afetar a capacidade do Estado para fazer face às suas tradicionais atividades-fim, como saúde, segurança, saneamento básico, educação, transportes etc.

O crescimento das estatais se deu de forma pouco articulada e planejada, o que limitou as possibilidades de adoção de estratégias conjuntas, não só entre as esferas federal, estadual e municipal, mas também entre órgãos da administração direta e indireta, reduzindo assim a eficácia das políticas macroeconômicas. Portanto, qualquer intervenção visando à modernização do Estado, como por exemplo a informatização, deve ser precedida de uma reestruturação organizacional e do perfil de atuação dos órgãos da administração direta e indireta.

No âmbito das empresas públicas desse setor, em geral poder-se-iam adotar políticas de valorização das pessoas e planos de carreira que possibilitassem a progressão horizontal e vertical e a ascensão funcional. A obrigatoriedade de concursos públicos para esse tipo de organização exige uma estratégia específica de gestão de pessoas voltada para a implementação operacional de recrutamento, seleção e contratação de mão de obra de acordo com a legislação vigente.

A influência das variáveis ambientais legais se faz presente em todas as estratégias de gestão de pessoal. Cumpre definir claramente os cargos/funções de comando político e os cargos/funções de comando administrativo, a fim de amenizar os efeitos adversos da constante troca de chefias e ocupantes de cargos de confiança.

Setor de instituições de ensino superior

Dadas as variáveis ambientais próprias do setor educacional, as estratégias genéricas de uma típica instituição de ensino superior (IES) devem visar principalmente a:

- criação e manutenção de um verdadeiro banco de dados de talentos (professores), dada a exigência de mão de obra altamente qualificada;
- diferenciação no nível de qualidade e serviços agregados, em face da homogeneidade dos produtos/cursos;

- ampliação da capacidade instalada, com oferta de novos cursos, antecipando possível crescimento do mercado;
- adoção de tecnologias educacionais inovadoras, a fim de obter um posicionamento competitivo;
- melhoria da qualidade da IES como um todo, com maior rigor acadêmico em relação ao corpo docente e aos cursos oferecidos;
- implementação de cursos de especialização, cursos sequenciais e outras formas de ensino complementares aos cursos de graduação, com estreita interação teoria-prática;
- implementação de novos produtos/cursos para fazer face à concorrência, inclusive com a preparação de cursos a serem oferecidos futuramente, se a conjuntura assim o permitir ou em função de mudanças verificadas no mercado;
- formas alternativas de prestação de serviços ao mercado, tipo *empresa júnior*, com a consequente criação de um espaço onde docentes e alunos possam unir a teoria à prática, na medida em que se desenvolvam projetos de apoio às organizações empresariais;
- convênios com potenciais empregadoras da mão de obra formada pela instituição de ensino, visando à colocação desses profissionais;
- desenvolvimento de programas de integração com a comunidade empresarial da região, promovendo uma interação nos dois sentidos: visitas de alunos às organizações locais e palestras de membros dessas organizações na IES;
- convênios e parcerias com instituições congêneres, nacionais e estrangeiras, visando a intercâmbio de conhecimentos, programas conjuntos e projetos de pesquisa;
- programa permanente de pesquisa socioeconômica (e projetos correlatos) junto às organizações de seu entorno, com a participação dos corpos docente e discente, visando a conhecer bem seu perfil e a servir de centro de informações sobre a comunidade local (criação e preservação de acervo e banco de dados);
- programa permanente de consulta e pesquisa junto às organizações empresariais, visando a conhecer o tipo de profissional solicitado pelo mercado;
- criação de um conselho de empresários, executivos e lideranças locais, visando não só a estabelecer um canal de comunicação com professores e alunos, mas também a subsidiar a gestão estratégica da IES em seus diferentes níveis (plano estratégico, plano pedagógico, currículo do curso e avaliação institucional). De forma análoga, incentivar a criação de uma associação de ex-alunos, congregando profissionais que atuam no mercado;
- parcerias com fornecedores de tecnologia e equipamentos na área educacional;

- participação intensa nas entidades de classe, visando a influenciar na regulamentação legal do setor;
- incentivo ao corpo docente para a divulgação de trabalhos científicos através de mídia própria ou veículos da comunidade acadêmica e não acadêmica;
- utilização das tecnologias da informação para fins de gestão do conhecimento, em substituição à ênfase na administração de dados e de informações;
- convênios com bibliotecas de instituições de ensino e demais entidades, para acesso *online* ao acervo disponível na comunidade;
- ênfase na redução dos custos operacionais, cujos custos fixos representam parcela significativa na estrutura dos custos totais.

As estratégias de gestão de pessoas nas instituições de ensino superior devem visar primordialmente à qualificação do corpo docente e à melhoria da qualidade do processo ensino-aprendizagem.

Os recursos humanos, juntamente com o aspecto sistêmico/processos e configuração organizacional, devem dar suporte às estratégias em termos de:

a) *objetivos*: identificar os trabalhos essenciais ao êxito do processo e estabelecer objetivos para os produtos finais desses trabalhos;

b) *projeto*: projetar e organizar os cargos a fim de que se possam atingir os objetivos de modo eficiente e eficaz;

c) *gerenciamento*: criar um ambiente de trabalho em que o pessoal capaz e adequadamente treinado tenha especificações claras, *feedback* regular, resultados positivos e poucos obstáculos à realização de seus objetivos.

ESTUDO DE CASO: INDÚSTRIA DE PAPEL E CELULOSE S.A.

No Brasil, uma das vantagens comparativas de custos para a indústria de papel e celulose foi, inicialmente, a abundância de matas nativas. Estas, contudo, sofreram um rápido processo de destruição nas últimas quatro décadas. Dada a necessidade de dispor de uma fonte segura e homogênea de matéria-prima florestal, as empresas de celulose e papel optaram pelo reflorestamento em terras próprias e em áreas fomentadas, contando, para tanto, com incentivos fiscais concedidos pelo governo federal. Atualmente, a totalidade da madeira utilizada na produção de celulose e papel no Brasil provém de árvores plantadas.

As vantagens comparativas do Brasil na obtenção de madeira de matas plantadas levaram grandes empresas estrangeiras a estabelecerem *joint-ventures* com empresas brasileiras. As empresas de papel e celulose possuem grandes áreas de terras

continua

próprias com plantios homogêneos de essências florestais exóticas, além de fomentarem esse plantio em terras de pequenos, médios e grandes proprietários rurais.

A empresa

A Indústria de Papel e Celulose S.A., uma das maiores empresas desse ramo no Brasil, possui extensas áreas reflorestadas, com significativo percentual de matas preservadas, em conformidade com as restrições impostas pela legislação florestal federal visando à preservação da biodiversidade nas atividades de produção de madeira. Isso permite à empresa obter certificados para a produção de madeira com práticas ambientalmente corretas.

Práticas produtivas

As práticas produtivas da Indústria de Papel e Celulose S.A. consistem basicamente em atividades de planejamento, execução e controle de plantios, segundo uma estratégia de minimização de custos. Tais práticas incluem a escolha de regiões cujas condições naturais e climáticas sejam propícias ao plantio de suas matas. Em termos de gestão ambiental, a escolha das técnicas e procedimentos produtivos visa a compatibilizar o uso do solo com a biodiversidade da fauna e da flora.

Gestão de pessoas e desenvolvimento do pessoal

A Indústria de Papel e Celulose S.A. adota como política de gestão de pessoas a permanente educação ambiental de seus empregados, desde o pessoal da alta administração até a base da pirâmide organizacional, constituída pelos empregados mais simples das áreas de produção. Tal situação, altamente favorável à obtenção de maior produtividade empresarial, contrasta com aquela encontrada em empresas concorrentes, onde o pessoal de alto nível tem consciência ambiental, mas o mesmo não se pode dizer dos empregados mais simples.

Premissa didática (um caso pode servir como ilustração para um tema crítico que precisa ser reforçado na mente dos leitores): a) enfatizar a influência das variáveis ambientais no modelo de gestão da empresa; b) ilustrar a relação que existe entre a gestão de pessoas e a educação ambiental dos empregados de uma empresa.

Questões:

1. Discorrer sobre a possibilidade de estabelecer um delineamento estratégico das organizações em função das variáveis ambientais.
2. Que fatores devem ser levados em conta na caracterização de uma empresa no contexto do setor econômico ou ramo de negócios a que pertence?

Questões para reflexão sobre a parte I

1. Qual é a natureza do ambiente empresarial? As variáveis do ambiente influenciam igualmente todas as empresas?
2. Qual a interação dos aspectos sistêmicos com o delineamento estratégico nas empresas?
3. Explicar a correlação entre os diferentes tipos de organizações e as linhas estratégicas genéricas em gestão de pessoas.
4. De que forma a tecnologia como variável ambiental afeta os postos de trabalhos e cargos em termos de maior ou menor autonomia no exercício de suas atribuições e responsabilidades?
5. Que você entende por mercado de trabalho? Qual a relação entre a situação vigente no mercado de trabalho e as estratégias de gestão de pessoas?

Parte II

Gestão de pessoas

Cada organização tem uma forma ideal de gestão de pessoas, de acordo com seu porte, seu estágio de vida e sua natureza, e de acordo também com o meio ambiente (setor econômico), a cadeia de agregação de valores e a tecnologia dominante em seu contexto social.

Visão geral

Uma organização existe para atender às necessidades dos clientes, contando obter um retorno financeiro justo pelos produtos vendidos e/ou serviços prestados. Para cumprir sua finalidade maior, ela necessita da associação do trabalho de gestores, técnicos e demais pessoas que constituem a sua força de trabalho.

Figura 34
Visão geral da gestão de pessoas

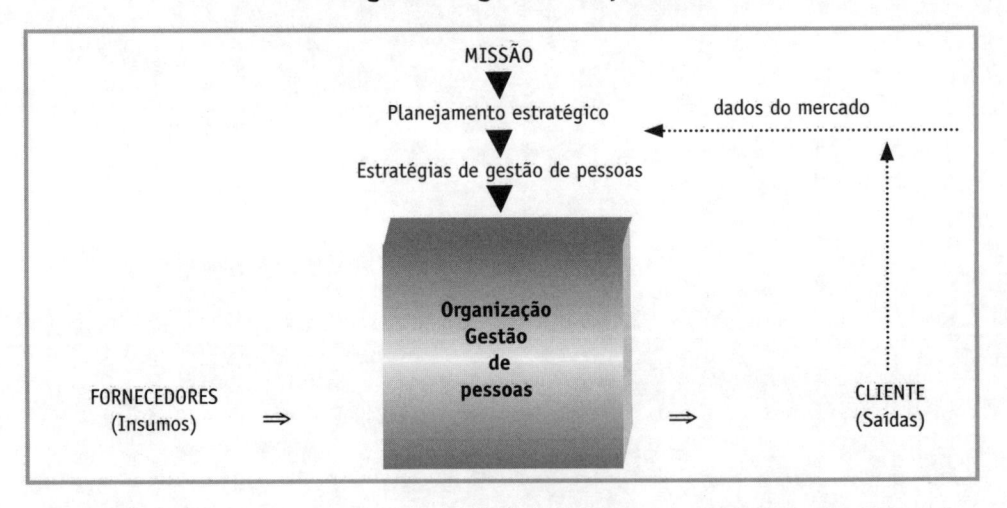

```
                            MISSÃO
                              ▼
              Planejamento estratégico      ← ← ← dados do mercado
                              ▼                              ↑
          Estratégias de gestão de pessoas                   ↑
                              ▼                              ↑
                      ┌─────────────┐                        ↑
                      │ Organização │                        ↑
   FORNECEDORES       │   Gestão    │           CLIENTE
    (Insumos)    ⇒    │     de      │    ⇒      (Saídas)
                      │   pessoas   │
                      └─────────────┘
```

A realização do trabalho desenvolvido pressupõe a existência de uma relação econômico-financeira que acompanha todo o processo produtivo, qualquer que seja o ramo de atividade da organização.

Assim, para poder adquirir os insumos (matéria-prima) necessários à realização de sua "produção", a organização deve possuir recursos adequados e suficientes, inclusive financeiros. A forma mais clássica de obtenção de recursos financeiros é a venda dos produtos como consequência natural do processo produtivo.

Figura 35
Ciclo financeiro do processo produtivo

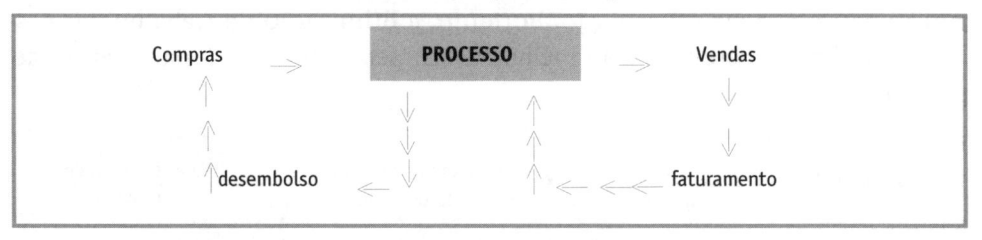

```
Compras  →   PROCESSO   →  Vendas
  ↑            ↓ ↑            ↓
  ↑            ↓ ↑            ↓
  desembolso ← ↓   ↑ ← ← faturamento
```

Quanto maior for a efetividade desse processo produtivo, maiores serão os resultados financeiros para a organização. Assim, recursos financeiros suficientes para o investimento na melhoria contínua, tecnologia para promover o permanente incremento das quantidades produzidas e o apuro da qualidade dos produtos são condições indispensáveis para o sucesso de uma empresa. No entanto, recursos financeiros e tecnologia não serão suficientes se as pessoas que os utilizam não estiverem motivadas e capacitadas para a concretização dos objetivos da organização.

O dinheiro investido no processo tem que retornar ao caixa da organização, de preferência em valor que represente os custos havidos e um *plus* que represente os ganhos da iniciativa da produção. Esse retorno financeiro está diretamente ligado à satisfação dos clientes e será tanto maior quanto maior for a produtividade alcançada pela empresa. Os recursos financeiros e a utilização de tecnologia de ponta tendem a aumentar a produtividade da mão de obra e influem diretamente na sobrevivência da organização.

Figura 36
Produtividade da mão de obra e a organização

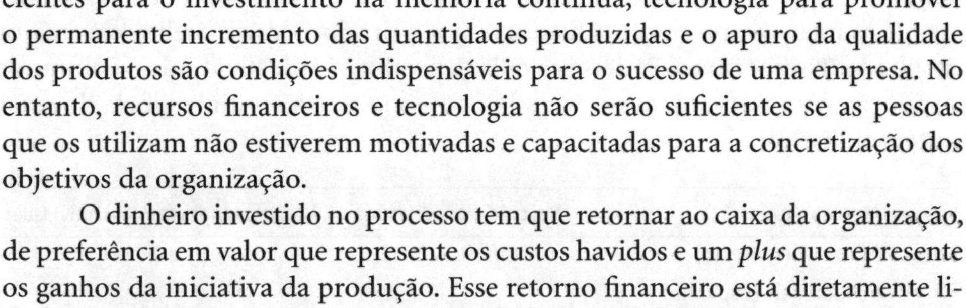

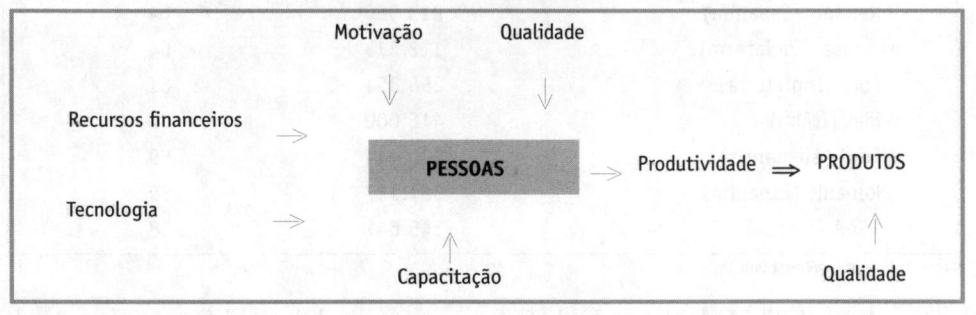

```
                Motivação    Qualidade
                    ↓            ↓
Recursos financeiros →
                         PESSOAS    → Produtividade ⇒ PRODUTOS
Tecnologia           →                                     ↑
                    ↑
                Capacitação                           Qualidade
```

Um dos requisitos para a obtenção de resultados cada vez melhores pelas organizações é a otimização dos recursos de que elas dispõem. Assim, quanto mais se otimizar a utilização dos recursos financeiros para investimentos, maior será a possibilidade de ampliar e até diversificar a linha de produção para atender a novos clientes. Da mesma forma, a adequação de equipamentos de utilização variada e a adoção de modernos métodos de trabalho permitirão otimizar os recursos da tecnologia. Em consequência, a otimização do trabalho das pessoas poderá ser crescente, na medida em que programas específicos mantenham a sua motivação e desenvolvam a sua capacitação. Portanto, a otimização do trabalho das pessoas está diretamente ligada ao melhor desempenho financeiro da organização. Ou seja:

$$\text{Produtividade} = \frac{\text{produtos obtidos}}{\text{pessoas}} \times \frac{\text{valor de mercado}}{\text{produtos obtidos}} \text{ ou} = \frac{\text{valor de mercado}}{\text{pessoas}}$$

Essa fórmula mostra que uma organização somente atingirá os seus objetivos se a produtividade das pessoas envolvidas em seus processos for adequada às metas de produção. Quanto maior a produtividade, melhores serão os resultados corporativos. Pode-se calcular a produtividade dividindo o volume de produção pelo número de empregados, como se vê na seguinte tabela do setor automobilístico:

Marcas /país	Veículos produzidos	Veículos/pessoas (produtividade)
Nissan (Inglaterra)	288.838	105
Volkswagen (Espanha)	311.136	76
GM (Alemanha)	174.807	76
Fiat (Itália)	383.000	73
Toyota (Inglaterra)	172.342	72
Seat (Espanha)	498.463	69
Renault (França)	385.118	68
GM (Espanha)	445.750	67
Renault (Espanha)	213.590	64
Honda (Inglaterra)	112.313	64
Ford (Inglaterra)	250.351	61
Fiat (Itália)	416.000	61
Ford (Alemanha)	290.444	59
Renault (Espanha)	387.127	59
PSAA (França)	345.641	58

Fonte: Economist Intelligent Unit

A produtividade depende de fatores como nível de qualificação da mão de obra, volume de unidades produzidas (economia de escala), modo de produção, localização geográfica, tecnologias da informação e grau de automação das fábricas (robotização). Para obter maior produtividade e, consequentemente, um melhor resultado econômico, a organização deve dar especial atenção à formulação de políticas e diretrizes voltadas para a atração, contratação, manutenção e realização profissional das pessoas do seu quadro.

A gestão de pessoas, pelo modelo de gestão aqui proposto, encontra-se em permanente interligação com a gestão estratégica da organização, conforme ilustra a figura a seguir.

Figura 37
Gestão de pessoas nas organizações

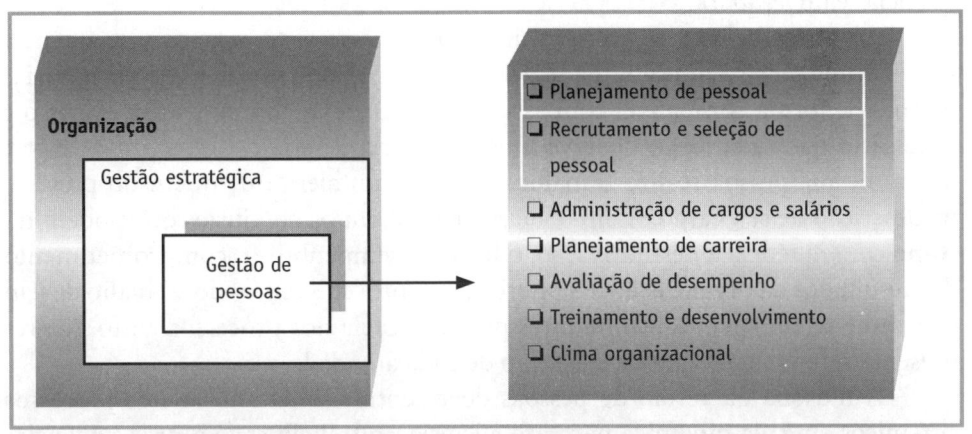

```
Organização
    Gestão estratégica
        Gestão de pessoas  ───▶   ❏ Planejamento de pessoal
                                   ❏ Recrutamento e seleção de pessoal
                                   ❏ Administração de cargos e salários
                                   ❏ Planejamento de carreira
                                   ❏ Avaliação de desempenho
                                   ❏ Treinamento e desenvolvimento
                                   ❏ Clima organizacional
```

A gestão de todos os processos da organização é viabilizada pelas *pessoas*. Assim, na perspectiva sistêmica de *entrada -> processamento -> saída* pode-se visualizar, considerando os diversos componentes que influenciam o desempenho humano, todo o conjunto que dá vida à organização.

As entradas do processo de gestão de pessoas são representadas por informações, normas, atribuições e requisitos dos clientes, que induzem o desempenho das pessoas. O conjunto das entradas inclui também os recursos dos executores, tais como capacitação, iniciativa e responsabilidade, além dos procedimentos que representam a ligação do executor aos demais recursos do processo.

Os executores, gerentes, técnicos e colaboradores em geral são as pessoas ou grupos funcionais que convertem entradas (insumos) em saídas (*exsumos*). Estas são representadas pelos produtos decorrentes do trabalho dos executores e de suas contribuições para os objetivos do processo e da organização. Atitudes, habilidades, conhecimentos e comportamento dos empregados são variáveis de desempenho importantes. No entanto, as pessoas e seus recursos e as variáveis que influenciam o trabalho são considerados *meios* para atingir os *fins*, os quais justificam a existência dos executores (as pessoas) dentro da organização.

As consequências para as pessoas podem ser medidas pelos efeitos positivos e negativos que elas experimentam quando concluem todas as atividades de um processo com a obtenção de um produto. Os efeitos positivos, além da remuneração, podem incluir bônus, reconhecimento e mais trabalhos desafiadores. As consequências negativas podem incluir reclamações, ação disciplinar e menos trabalhos interessantes.

Chamam-se *feedback* as informações que dizem respeito às atividades dos executores (*o quê* e *como*). O *feedback* pode vir de relatórios de erro, compilações estatísticas, devoluções, comentários orais ou escritos, levantamentos e avaliações de desempenho. A qualidade dos produtos ou serviços é obtida em função da qualidade das entradas (matéria-prima), do trabalho dos executores, das consequências e do *feedback*.

Ao se estabelecerem os requisitos do processo sistêmico, com frequência se descobre que a responsabilidade pelos trabalhos pode ser dividida entre várias pessoas de forma compatível com as suas habilidades e competências. Por isso é necessário que cada cargo observe uma sequência de atividades, a fim de evitar que a mesma pessoa realize trabalhos que estejam além ou aquém do previsto na descrição de seu cargo. Assim evitam-se também os desajustes que podem ter como consequência a desmotivação, o baixo desempenho e o comprometimento dos resultados da organização. As políticas e os procedimentos do trabalho devem constituir-se em agentes facilitadores para a eficácia dos processos, visto que representam referenciais para a execução de cada atividade.

A filosofia da gestão de pessoas deve centrar-se na análise dos processos sistêmicos em cuja dinâmica não raro a legislação trabalhista e outras exigências normativas se contrapõem aos interesses da organização e das pessoas. O ideal é a busca constante do equilíbrio entre a administração de recursos humanos e a gestão de pessoas.

Figura 38
Processos sistêmicos, tarefas e pessoas na organização

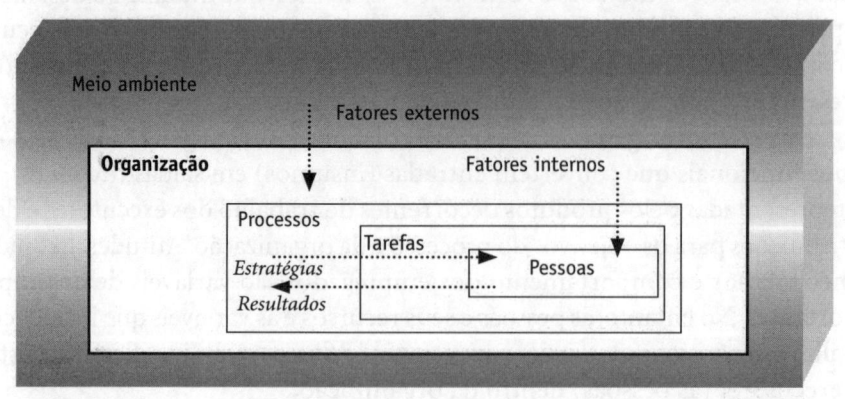

Cada vez mais, as organizações percebem que de nada valerão os seus esforços voltados para o mercado e as suas estratégias para ocupar espaços e obter bons resultados se não considerarem que tudo depende da boa execução dos processos que compõem a sua cadeia produtiva, e que a realização desses processos está diretamente ligada à boa gestão das pessoas da organização, pois são elas que, utilizando-se das facilidades que lhes são oferecidas, realizam o grande trabalho da produção, atuando diretamente ou indiretamente nos níveis estratégico, tático e operacional.

Daí a importância de a organização estabelecer um relacionamento adequado com os seus colaboradores, em bases sólidas que só podem ser conseguidas com valores positivos, com políticas e diretrizes compatíveis com a realidade de mercado, com práticas de relações trabalhistas justas e bem-aceitas e com um ambiente de trabalho seguro e agradável.

Nosso propósito é auxiliar as organizações e os profissionais de recursos humanos a desenvolverem reflexões que lhes permitam discernir o conjunto do que se convencionou denominar *gestão de pessoas*.

Serão aqui abordados os principais tópicos que devem estar presentes na visão estratégica da organização e que dizem respeito à *função de gestão de pessoas*: o planejamento, a captação e contratação, a manutenção, a motivação e bem--estar, o desenvolvimento das habilidades, o desempenho, a perspectiva de carreira, os salários e os benefícios.

Capítulo 4

Gestão de pessoas nos níveis estratégico e operacional

Modelo de planejamento

O planejamento da gestão de pessoas é um processo de decisão antecipado a respeito das pessoas necessárias para que uma organização concretize os seus propósitos econômico-financeiros dentro de determinado período de tempo. Trata-se de antecipar qual a força de trabalho e os talentos humanos necessários à realização das atividades da organização.

Tal planejamento deve refletir a importância que a gestão estratégica da organização atribui às pessoas que colaboram para a realização de todas as suas atividades e, portanto, são responsáveis pelos resultados a serem obtidos. O processo de gestão de pessoas deve, pois, desenvolver-se de forma coerente com os objetivos globais e o plano estratégico da organização.

O planejamento da gestão de pessoas deve conter mecanismos que permitam:

a) criar, manter e desenvolver um contingente de recursos humanos com capacidade e motivação para realizar os objetivos da organização;
b) oferecer condições organizacionais propícias ao desenvolvimento e à plena satisfação dos recursos humanos;
c) alcançar níveis de produtividade compatíveis com os das melhores organizações de seu setor econômico de atuação.

Para efeito do planejamento da gestão de pessoas no âmbito das organizações, deve-se ter em mente que o processo de gestão de pessoas é multidisciplinar, envolvendo conceitos de diversas disciplinas, como administração, psicologia, sociologia, engenharia, medicina do trabalho, informática e sistemas de informação, bem como outras especialidades que possam influenciar a atuação humana.

Por outro lado, o processo de gestão de pessoas é contingencial, dependendo do ambiente externo, da tecnologia educacional empregada e do ambiente interno (situação institucional e diretrizes e processos vigentes na organização).

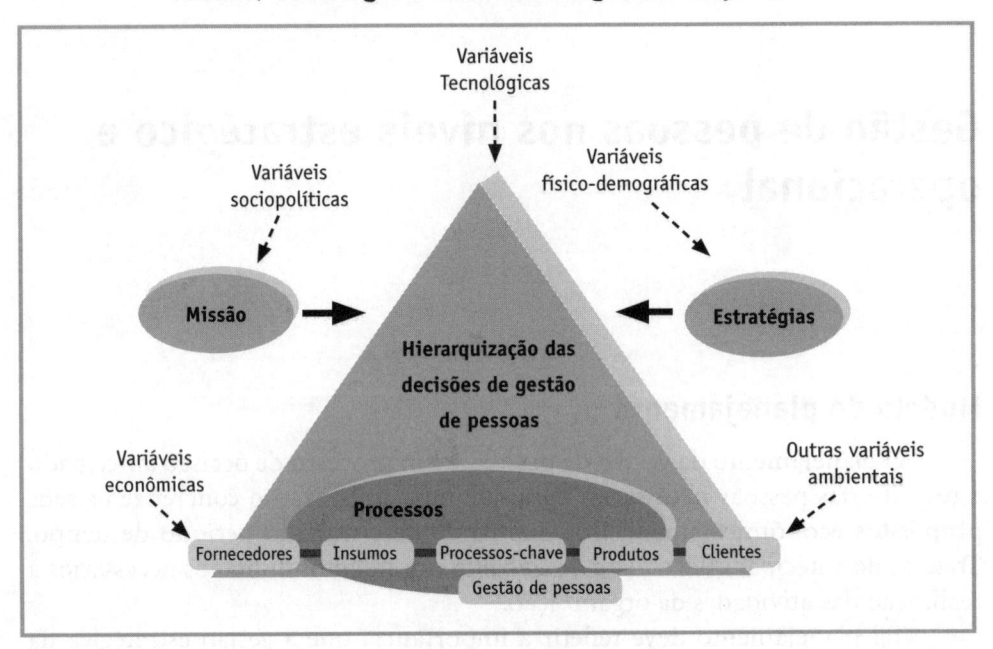

Figura 39
Missão, estratégia e decisões de gestão de pessoas

Diagrama: Um triângulo central rotulado "Hierarquização das decisões de gestão de pessoas" é influenciado por Missão (seta entrando pela esquerda) e Estratégias (seta entrando pela direita). No topo aparecem Variáveis Tecnológicas, à esquerda Variáveis sociopolíticas, à direita Variáveis físico-demográficas, abaixo à esquerda Variáveis econômicas e abaixo à direita Outras variáveis ambientais. Na base, uma faixa de Processos liga: Fornecedores → Insumos → Processos-chave → Produtos → Clientes, envolvida pela Gestão de pessoas.

A abordagem proposta para o planejamento do processo de gestão de pessoas é examiná-lo de acordo com a hierarquização de suas decisões, depois de se ter procedido à análise ambiental e à tipificação da organização, como visto anteriormente.

Inicialmente, deve-se levar em conta o ambiente que caracteriza o tipo de organização em que se desenvolverá o planejamento de gestão de pessoas. Parte-se do pressuposto de que a cada tipo de organização está associado um comportamento diferenciado. Logo, uma estratégia de gestão de pessoas pode ser válida para uma determinada organização e não servir para outra.

Assim, uma organização pertencente ao setor de empresas de prestação de serviços especializados, que emprega mão de obra específica e escassa no mercado, necessariamente terá uma estratégia de recrutamento e seleção através de mídia especializada, enquanto para uma organização manufatureira, que emprega mão de obra não especializada, abundante e excedente no mercado de trabalho, um simples cartaz à sua entrada pode ser o bastante.

O planejamento da gestão de pessoas deve considerar:

a) a análise do contexto organizacional;
b) a análise das estratégias visando a obter os resultados pretendidos; e
c) a visão de futuro da organização.

Portanto, a condição básica para se dar início ao planejamento da gestão de pessoas é que o processo correspondente esteja definitivamente estruturado e sua dimensão funcional definida. A inserção das pessoas nesse contexto e toda a dinâmica para mantê-las motivadas e usufruindo da qualidade de vida no trabalho são a razão de ser e o princípio de qualquer planejamento.

Figura 40
O processo de gestão de pessoas em uma organização típica

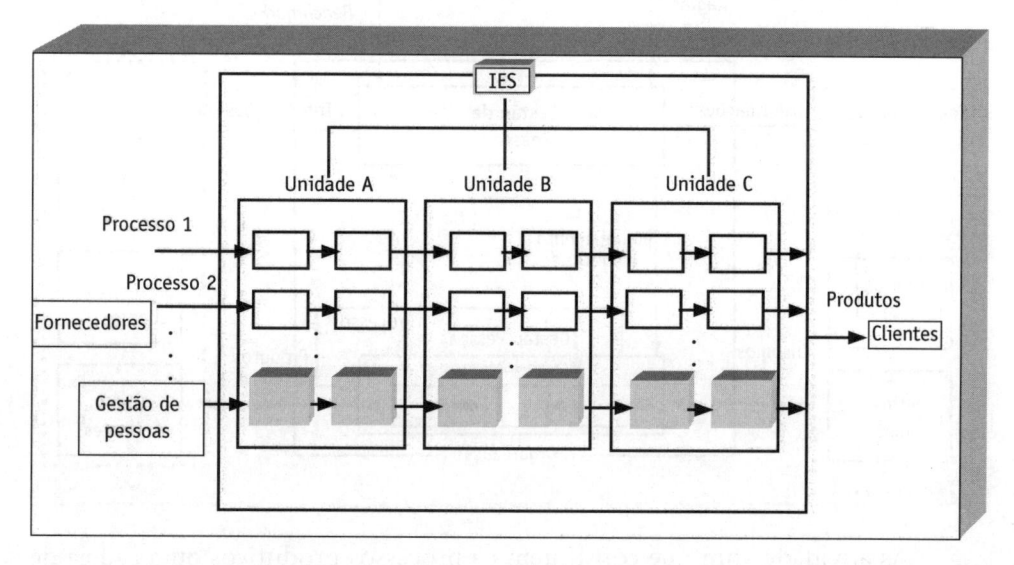

O processo de gestão de pessoas não é um fim em si mesmo, porém um meio para que os órgãos voltados para as atividades-fim (processos produtivos) e as demais atividades-meio (processos de apoio) cumpram eficazmente os objetivos corporativos delineados.

Porém, de todos os processos-meio que possibilitam a realização das atividades-fim da organização, o de gestão de pessoas é o mais importante. Considera-se, nessa afirmativa, que toda a dinâmica da organização depende, em última análise, da ação e do trabalho do homem. Por maior que seja o índice de informatização/automação, a presença do elemento humano será indispensável, nem que seja para acionar uma máquina.

O planejamento da gestão de pessoas, no estágio que antecede à explicitação das políticas e diretrizes da organização, propõe transformar todas as fases do processo numa sequência lógica de ações voltadas para a realização da dimensão estratégica da gestão de pessoas.

O modelo sistêmico apresentado na figura a seguir oferece uma visão de conjunto do processo de gestão de pessoas com suas interações internas e externas. A organização, como estratégia de gestão de pessoas, deve utilizar amplamente, em sua interação interna, os *indicadores de qualidade* (IQs) e os *indicadores de desempenho* (IDs), e, em sua interação externa, uma estratégia de monitoramento do meio ambiente através dos instrumentos de *benchmark* (referenciais de excelência).

Figura 41
Modelo de planejamento de gestão de pessoas

```
                    Missão
                    Objetivos              Mercado/
                    Gestão                 concorrência
                    Pessoas
                    
                    Regras                 Benchmark
                    gestão

Fornecedores    Informações    Gestão de      Informações
                                Pessoas
  Técnicos                                                      Cliente
     e
  Pesquisadores
                              Decisões    I.Qs/IDsI
                            planejamento
  Serviços e                 e controle
  mão de obra                                                Organizações
                                         Processos           -cliente
                              Gestão Pessoas
             Insumos          Cadeia de agregação de valores  Produtos
  Outros                                                      Outros
  insumos                                                     clientes
                              Organização
```

As atividades-fim que constituem os processos produtivos ou a cadeia de agregação de valores basicamente resumem-se no ciclo fornecedor/organização/cliente, como se vê na figura a seguir.

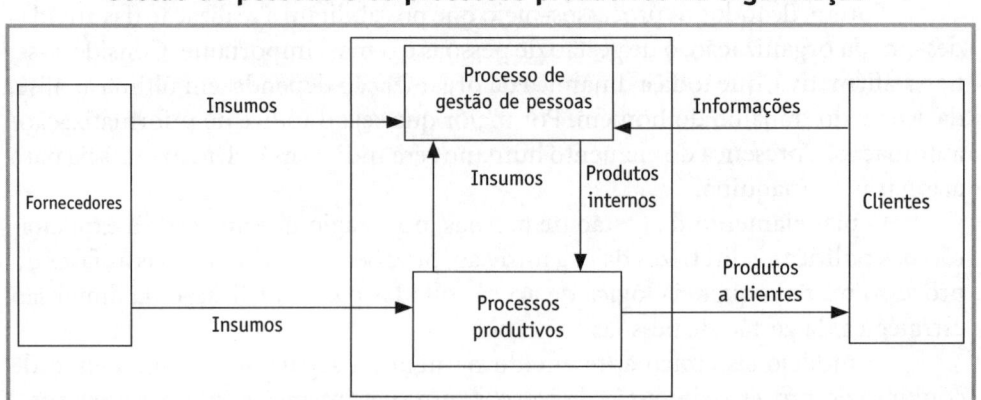

Figura 42
Gestão de pessoas e os processos produtivos na organização

```
                              Processo de
                  Insumos    gestão de pessoas    Informações
Fornecedores                                                    Clientes
                              Insumos   Produtos
                                        internos
                                                  Produtos
                                                  a clientes
                              Processos
                  Insumos     produtivos
```

Por esse modelo, pode-se definir planejamento de gestão de pessoas como o estudo permanente através do qual a organização define todas as ações indispensáveis para ter um quadro de pessoal ajustado às suas necessidades presentes e futuras, com pessoas selecionadas de forma adequada e mantidas na organização com níveis de satisfação compatíveis com a sua realidade.

O planejamento de gestão de pessoas deve abranger os seguintes elementos de análise:

a) Análise qualitativa

Define os graus de generalidade e especialização que a organização pretende para o seu contingente de pessoal, levando em conta todas as características das atividades e todos os regimes de trabalho (administrativo, operacional – turno e revezamento, sobreaviso etc.). A partir da descrição das atividades e tarefas, definem-se as funções que constituirão os cargos a serem exercidos pelos empregados.

Atividades: ações individualizadas visando à realização de um trabalho; por exemplo, receber documento, conferi-lo, rubricá-lo, remetê-lo a outro setor etc.

Tarefas: conjunto de atividades voltadas para um mesmo fim e que podem ser executadas por um ou mais indivíduos; por exemplo, recepção de documentos, digitação, confecção de relatórios etc.

Funções: conjunto de atividades e tarefas realizadas de maneira sistemática por um indivíduo; por exemplo, analisar relatórios, supervisionar pessoas etc.

Cargo: conjunto de funções realizadas por um empregado; por exemplo, auxiliar administrativo, digitador etc.

b) Análise quantitativa

Compõe-se de três passos:

1º passo: avaliar o contingente atual de pessoas, confrontando a carga horária necessária para a realização de todos os trabalhos com a quantidade de pessoas disponíveis;

2º passo: avaliar as necessidades futuras de pessoal em função do aumento do volume de trabalho, do incremento da informatização, do recurso à terceirização e da realização adequada de programas de capacitação;

3º passo: desenvolvimento de programas de recrutamento e seleção para atender às necessidades futuras das pessoas da organização.

Por exemplo: após a análise acima, uma empresa poderá concluir que necessita de 1.200 empregados atualmente, 1.500 ao final do próximo ano e 1.800 no final do ano seguinte. Para tanto, identificará, seis meses antes, as fontes de recrutamento e a forma de seleção para cada caso.

O planejamento de gestão de pessoas está diretamente ligado aos projetos de expansão, à aquisição de tecnologia e à situação econômico-financeira da organização, pois, dependendo da alteração de qualquer uma dessas variáveis, o quadro de pessoal poderá vir a ser alterado em termos de quantidade. Um planejamento eficaz permitirá à organização ajustar-se rapidamente a situações que impliquem redirecionamentos estratégicos.

Estudo de caso: Telemática S.A.

A empresa

A Telemática S.A. atua no mercado de telefonia, comunicações e sistemas e equipamentos de telecomunicações e informática no Brasil.

Figura 43
Configuração organizacional da Telemática S.A.

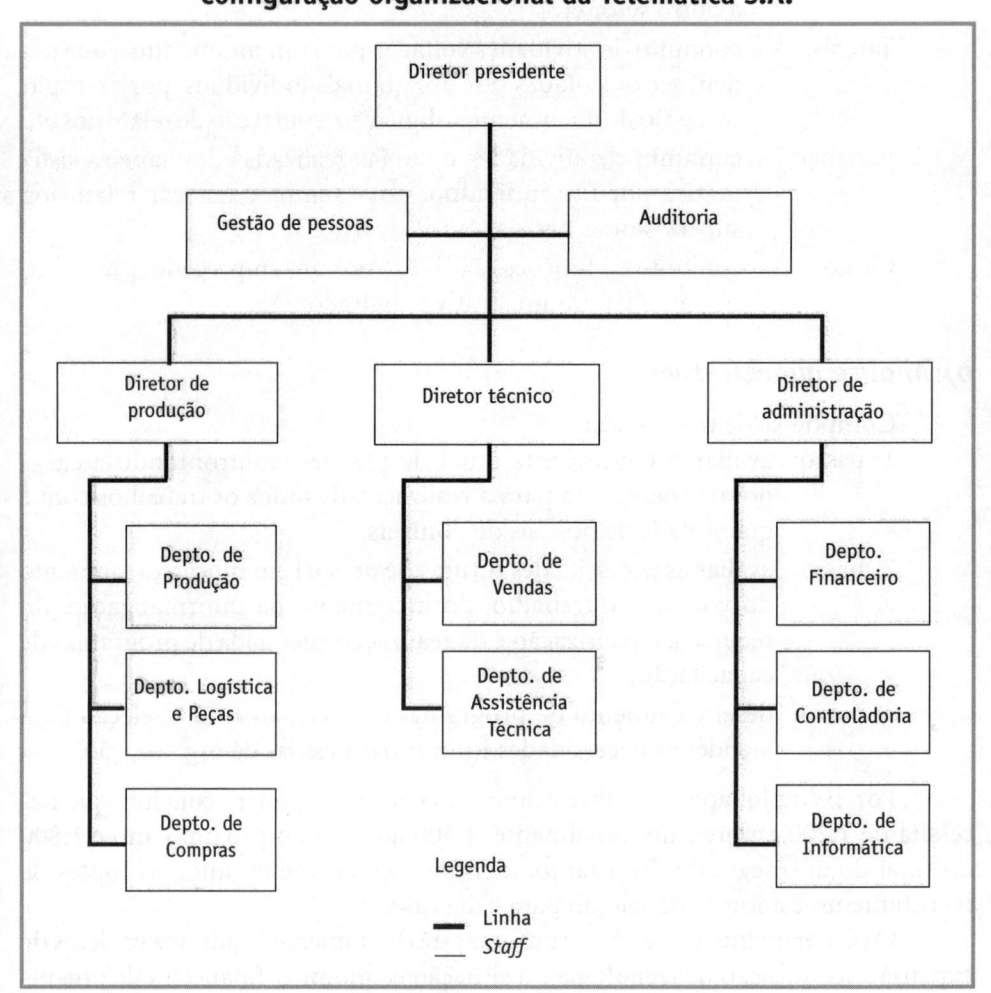

```
                        Diretor presidente
                               |
           ┌───────────────────┼───────────────────┐
    Gestão de pessoas                          Auditoria
                               |
        ┌──────────────────────┼──────────────────────┐
   Diretor de              Diretor técnico        Diretor de
   produção                                       administração
        |                      |                      |
   Depto. de              Depto. de              Depto.
   Produção               Vendas                 Financeiro
        |                      |                      |
   Depto. Logística       Depto. de              Depto. de
   e Peças                Assistência            Controladoria
                          Técnica
        |                                              |
   Depto. de                                      Depto. de
   Compras                                        Informática
```

Legenda
— Linha
___ *Staff*

continua

Modelo de gestão

O modelo de gestão adotado pela Telemática S.A. combina a estrutura organizacional tradicional com a estrutura por processos.

A estrutura tradicional distribui as atividades da empresa em funções compartimentadas em unidades organizacionais e verticalizada em três níveis hierárquicos: diretoria, departamento e setor.

Na configuração por processos, levam-se em conta os processos sistêmicos considerados produtivos (produção, desenvolvimento, serviços e vendas) e os processos sistêmicos de apoio (administração geral, gestão de pessoas, finanças e logística).

Modelo de gestão de pessoas

O modelo de gestão de pessoas adotado pela Telemática S.A. observa a estratégia definida corporativamente visando a manter a força de trabalho reciclada tecnologicamente e capacitada para os novos desafios dos novos tempos. Tal modelo estabelece como diretrizes:

a) formalização, na descrição de cargos, das atribuições, funções e responsabilidades da força de trabalho;
b) planejamento de carreira agrupado em três categorias: gerencial, administrativa e operacional.

Como suporte à gestão de pessoas, a Telemática S.A. consolida suas políticas e práticas da gestão de pessoas num manual corporativo disponível a todos os colaboradores.

Remuneração e benefícios

A Telemática S.A. mantém um plano de cargos e salários que explicita as atividades descritas e agrupadas por cargos na forma de atribuições, tarefas e responsabilidades. Os pré-requisitos e perfil profissional do ocupante de cada cargo são especificados para subsidiar o recrutamento, seleção, avaliação de desempenho e progressão funcional dos empregados da empresa. A estratégia de remuneração e salários é estabelecida de forma compatível com o mercado, considerando as empresas pertencentes ao mesmo setor econômico e, principalmente, o desempenho do empregado.

Um conjunto de cargos devidamente ajustado ao mercado mediante pesquisas salariais permanentes determina a estrutura de cargos e faixas salariais da empresa. Os cargos são classificados em:

a) gerenciais: relacionados à obtenção de resultados através de equipes de colaboradores;
b) especialistas: relacionados com a aplicação de tecnologia específica ou o desempenho de atividades de apoio;

continua

c) administrativos: caracterizados pelo apoio a todos os níveis da empresa;
d) operacionais: caracterizados pelo apoio aos serviços de produção.

Realizam-se pesquisas salariais periódicas, observando procedimentos específicos para as categorias gerencial, administrativa e operacional.

Treinamento e educação continuada

As atividades começam pela identificação das necessidades de treinamento, tanto em nível operacional quanto profissional, com base no planejamento estratégico da empresa. Posteriormente, tais necessidades são referendadas por chefias e subordinados, para fins de formalização de um programa de treinamento gerencial e administrativo.

Outros procedimentos de gestão de pessoas

A Telemática S.A. operacionaliza o processo de gestão de pessoas, tendo em vista o bem-estar e a satisfação do pessoal, por meio de projetos relativos a:

a) clima organizacional;
b) saúde e segurança no trabalho;
c) assistência social.

Premissa didática (comparando as soluções adotadas em diferentes casos, percebe-se por que uma técnica funcionou bem numa situação mas fracassou em outra): a) enfatizar a existência de modelo de gestão e modelo de gestão de pessoas no âmbito das organizações; b) ilustrar a interação, na empresa, entre os processos sistêmicos e o processo de gestão de pessoas.

Questões:

1. Diagnosticar o modelo de gestão de pessoas da Telemática S.A.
2. Discorra sobre o plano de carreira adotado pela empresa.

Processo e decisões de gestão de pessoas

Uma vez caracterizada a gestão de pessoas, deve-se definir o seu fluxo interno mediante uma abordagem sistêmica que possibilite visualizá-la como uma sequência lógica de informações e decisões envolvendo as pessoas, com direcionamento *para dentro*, *através* e *para fora* da organização.

A partir da hierarquização das decisões/informações no contexto da organização como um todo, definem-se os níveis decisórios nos quais toda a organização está envolvida:

1º nível : estratégico;
2º nível : operacional;

Gestão de Pessoas nos Níveis Estratégico e Operacional 137

O primeiro reúne as decisões relacionadas ao meio ambiente externo, à tecnologia utilizada e ao inter-relacionamento das áreas/unidades da organização; já o segundo abrange as decisões sobre as operações e a forma pela qual são executadas. O ciclo dos processos é uma consequência das decisões emanadas desses dois níveis decisórios.

Obtém-se assim uma hierarquização das decisões e informações relacionadas ao ciclo físico dos processos, como ilustra a figura 44.

Pela análise da figura, pode-se estabelecer um sistema global constituído por duas camadas de decisões hierarquizadas que permitem o *ciclo físico da gestão de pessoas*, ou seja, todas as ações que compõem a dinâmica das atividades da organização. Essas camadas gerenciam um ciclo produtivo (que corresponde a um fluxo físico). No processo da gestão de pessoas, o fluxo começa com a ida ao mercado de trabalho, evolui com a contratação de pessoas e sua manutenção no quadro de pessoal, e finda com o seu desligamento num dado momento, por iniciativa de uma das partes.

Figura 44
Decisões e informações na gestão de pessoas

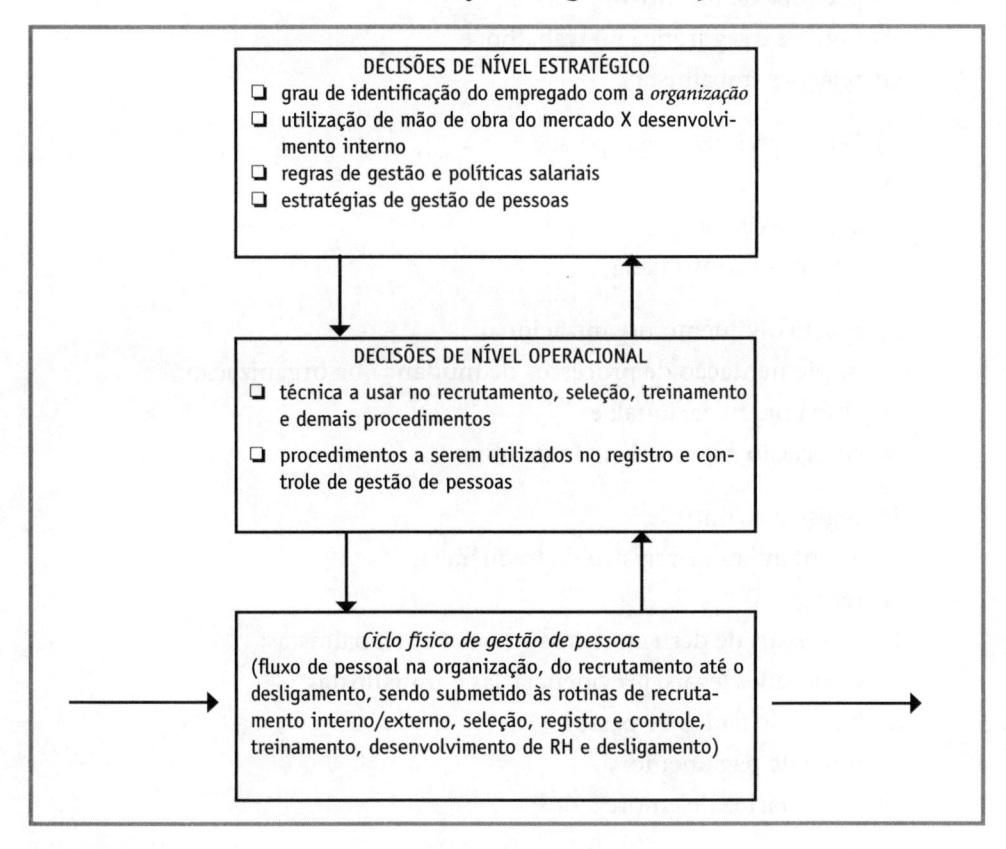

```
┌─────────────────────────────────────────────────────────┐
│         DECISÕES DE NÍVEL ESTRATÉGICO                   │
│  ❑ grau de identificação do empregado com a organização │
│  ❑ utilização de mão de obra do mercado X desenvolvi-   │
│    mento interno                                        │
│  ❑ regras de gestão e políticas salariais               │
│  ❑ estratégias de gestão de pessoas                     │
└─────────────────────────────────────────────────────────┘
              │                          ▲
              ▼                          │
┌─────────────────────────────────────────────────────────┐
│         DECISÕES DE NÍVEL OPERACIONAL                   │
│  ❑ técnica a usar no recrutamento, seleção, treinamento │
│    e demais procedimentos                               │
│  ❑ procedimentos a serem utilizados no registro e con-  │
│    trole de gestão de pessoas                           │
└─────────────────────────────────────────────────────────┘
              │
              ▼
┌─────────────────────────────────────────────────────────┐
│           *Ciclo físico de gestão de pessoas*           │
│   (fluxo de pessoal na organização, do recrutamento até │
│   o desligamento, sendo submetido às rotinas de recruta-│
│   mento interno/externo, seleção, registro e controle,  │
│   treinamento, desenvolvimento de RH e desligamento)    │
└─────────────────────────────────────────────────────────┘
```

Tal processo compreende um conjunto de operações que permitem considerar essas pessoas como parte da organização. Simplificadamente, pode-se dizer que corresponde às atividades inerentes à gestão de pessoas, em termos de:

a) suprimento de pessoas:
- recrutamento;
- seleção;
- integração inicial de recém-admitidos; e
- colocação/recolocação interna de mão de obra;

b) operacionalização:
- descrição/especificação de cargos e carreiras;
- avaliação de desempenho e potencial;

c) preservação das pessoas:
- salários e pesquisas salariais;
- benefícios;
- prêmios de incentivo;
- higiene e segurança no trabalho; e
- relações trabalhistas;

d) desenvolvimento das pessoas:
- treinamento;
- capacitação; e
- educação continuada;

e) desenvolvimento organizacional:
- implementação de processos de mudança na organização;
- clima organizacional; e
- colocação externa de mão de obra;

f) registro e controle:
- apontamento e registro de frequência;
- férias;
- processos de desligamentos e rescisões trabalhistas;
- obrigações legais, previdenciárias e trabalhistas;
- banco de dados de pessoas;
- folha de pagamento; e
- prontuários de empregados;

g) higiene e segurança no trabalho; e
h) negociações sindicais.

Decisões de nível estratégico

Esse é o mais alto nível da gestão de pessoas. Consideram os cenários socioeconômicos nos quais se insere a organização. Em geral, formalizam-se através de intenções, e seus efeitos são sentidos em todos os setores, sejam eles voltados para as atividades-fim ou para as atividades-meio. Essas decisões de cúpula ou da alta administração estabelecem a filosofia e as diretrizes gerais da gestão de pessoas. Por estar mais próximo do ambiente externo, o nível estratégico interage com ele e considera as suas variáveis; conhecendo-as, procura desenvolver estratégias para minimizar os eventuais problemas que possam causar.

Na gestão de pessoas, além do relacionamento com o mercado, constituem ações estratégicas as que se voltam principalmente para cargos e salários, clima organizacional e planejamento de carreira.

Trata-se do nível mais importante na hierarquização das decisões, uma vez que direciona a camada decisora de nível operacional e apresenta um grau de complexidade e abstração bem maior que os demais níveis. Como recebe um fluxo considerável de informações do ambiente externo, das demais camadas da gestão de pessoas e das demais funções da organização, normalmente gera três tipos principais de decisões, quais sejam:

a) decisões sobre política salarial, plano de carreira e avaliação de desempenho, a serem utilizadas pela organização considerando as variáveis do mercado. Por exemplo, constitui decisão estratégica, em face do mercado, o pagamento de salários e benefícios em valores superiores (para suprir a escassez de empregados no mercado), iguais (quando oferta e procura estão equilibradas) ou inferiores (quando há excessiva oferta de mão de obra no mercado). Essas decisões podem influenciar o próprio destino da organização;

b) decisões que visam a identificar e manter e/ou melhorar o grau de relacionamento do empregado com a organização. Esse grau de identificação oscila em função do tipo de negócio/setor econômico ao qual pertença a organização, sendo também variável dentro da própria organização;

c) decisões sobre utilização da mão de obra qualificada existente no mercado *versus* desenvolvimento interno das pessoas; ou sobre qualificação do pessoal *versus* cultura organizacional. Todas elas são típicas do nível estratégico da organização. Quando esta dispõe de uma tecnologia sofisticada para determinada área de atividade, difícil de ser encontrada no mercado, pode optar por desenvolver mão de obra com um grau técnico exclusivo, mantendo uma diferenciação dos concorrentes no mercado global. Isso é muito comum em empresas monopolistas que, por concentrarem toda a atuação num ramo de negócios, não enfrentam concorrência no mercado e, portanto, não encontram oferta de pessoal especializado, tendo que arcar sozinhas com o ônus de formar contigentes específicos.

Decisões de nível operacional

Constituem o segundo nível da gestão de pessoas e em geral dependem das decisões estratégicas e das diretrizes para cada área de atuação interna da organização. Consistem em *como* as decisões deverão ser operacionalizadas para atingir os objetivos definidos e dizem respeito basicamente ao processo de recrutamento, seleção, contratação e administração de pessoal.

Nesse nível de decisão existe um alto grau de detalhamento, com a especificação de cada atividade do processo. Se as atividades não forem bem especificadas, será muito difícil viabilizar as decisões tomadas nas camadas superiores.

As decisões operacionais especificam as formas de execução das tarefas do fluxo de pessoal. As informações geradas pelas decisões operacionais são enviadas de forma sequencial aos diversos estágios do ciclo físico da gestão de pessoas que estão encarregadas de executar outras ações da cadeia e de concretizar as decisões de nível estratégico e operacional. Posteriormente, a camada de nível operacional envia informações dos resultados obtidos com essas decisões, procurando sempre renovar o fluxo de decisões/informações em todas as camadas decisoras de gestão de pessoas.

Implementação das decisões de planejamento

A organização das decisões de forma sistêmica e hierarquizada permite a otimização do processo decisório da gestão de pessoas e facilita o fluxo físico dos processos da organização como um todo (cadeia de agregação de valores), propiciando linhas bem definidas de ação, minimizando o volume de erros, diminuindo os custos operacionais e aumentando, portanto, a produtividade organizacional.

Como se vê, as variáveis do meio ambiente externo influenciam o meio ambiente interno e, logo, as decisões nos dois níveis já mencionados (estratégico e operacional). A cadeia de agregação de valores é explicitada pela aquisição dos insumos (matéria-prima). Estes, após submetidos ao processo de produção (indústria, comércio ou serviço), originam os *exsumos* (produtos), os quais por sua vez são vendidos aos clientes, razão de ser da existência da organização.

Vale ressaltar que a cadeia produtiva é a denominação mais adequada para a realização de um evento, qualquer que seja a área de atividade da organização. No caso de uma empresa industrial, o processo pelo qual se transforma matéria-prima em produto; na empresa comercial, o processo pelo qual se adquire um produto para revendê-lo a terceiros; e na empresa prestadora de serviços, o processo pelo qual se atendem às necessidades do cliente realizando trabalhos de natureza variada.

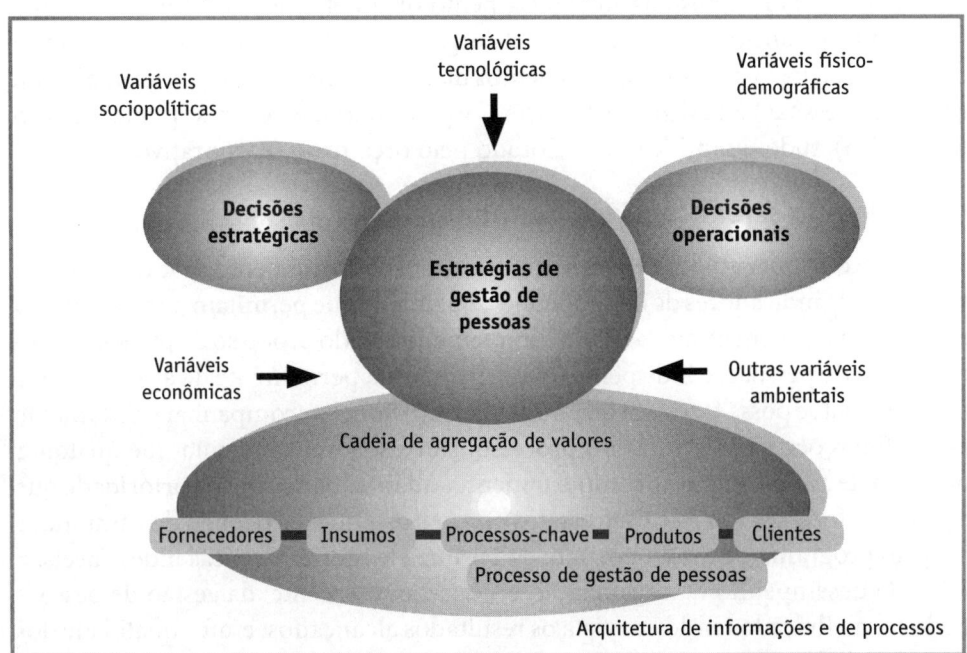

Figura 45
Implementação das decisões de gestão de pessoas

[Figura 45: Diagrama mostrando as Estratégias de gestão de pessoas ao centro, cercadas por Decisões estratégicas e Decisões operacionais. Variáveis sociopolíticas, tecnológicas, físico-demográficas, econômicas e outras variáveis ambientais influenciam o processo. Na parte inferior: Cadeia de agregação de valores (Fornecedores → Insumos → Processos-chave → Produtos → Clientes), Processo de gestão de pessoas, Arquitetura de informações e de processos.]

A cadeia produtiva viabiliza-se pelo encadeamento de processos-fim e processos de apoio, cujas características já foram mencionadas anteriormente. Entre os processos de apoio, como vimos, destaca-se o processo gestão de pessoas.

Dependendo da natureza da organização, a gestão de pessoas assume características próprias de atividade-fim. As relações no trabalho observadas numa empresa industrial são diferentes daquelas praticadas em empresas comerciais ou prestadoras de serviço, desde os horários até o manuseio de equipamentos e os riscos de acidentes.

No processo de gestão de pessoas, planejamento deve ser entendido como um conjunto de ações visando a prover a organização de pessoas adequadas à realização dos trabalhos, em qualidade e quantidade suficientes, com grau de capacitação apurado e um nível de satisfação que as mantenha motivadas para a realização dos serviços.

Como foi dito anteriormente, o planejamento em gestão de pessoas deve ser coerente com o tipo de organização em questão e com uma escala abrangendo desde as atividades "mais importantes" até as "menos importantes", que é a hierarquização das decisões/informações no processo da gestão de pessoas.

Adicionalmente, para levar a bom termo um completo esquema de planejamento da gestão de pessoas (que é uma atividade permanente, e não um mero plano em forma de relatório), há que considerar os objetivos corporativos da organização, dentro do período de tempo abrangido pelo planejamento. Normalmente, atrela-se o plano de gestão de pessoas ao planejamento orçamentário, que por sua vez está vinculado ao planejamento estratégico da organização. Em outras palavras, trata-se de antecipar a força de trabalho e os talentos humanos necessários (planejamento da gestão de pessoas) à realização das ações organizacionais futuras (planejamento estratégico), tudo quantificado e valorado pelo orçamento corporativo.

Indicadores a serem considerados na gestão de pessoas

Em qualquer atividade, empresarial ou não, o planejamento deve considerar a existência de indicadores de desempenho e qualidade que permitam prever o futuro e fixar metas a serem atingidas. Para a implementação do processo de planejamento em gestão de pessoas, é indispensável um programa permanente de avaliação, por meio do qual se possa fazer um diagnóstico institucional e acompanhar criticamente as modificações introduzidas no processo. Deve-se levar em conta que qualquer processo de avaliação induz comportamentos adaptados ao tipo de prioridade que o processo focaliza. Por isso é necessário prever e modificar, ao longo do caminho, o próprio programa de avaliação, para evitar que ele induza práticas indesejáveis.

O desempenho da organização e, consequentemente, da gestão de pessoas pode ser melhorado tendo em vista os resultados alcançados; e/ou a qualidade dos insumos (infraestrutura); e/ou os processos. Esta seção aborda os indicadores de gestão, para a organização em geral e para a gestão de pessoas em particular, na forma de indicadores de negócio, indicadores de desempenho global e indicadores de qualidade e de desempenho.

Por essa abordagem metodológica, cumpre definir os indicadores de gestão do processo. Tais indicadores devem ser estruturados como uma relação entre duas variáveis, na forma de numerador e denominador, com a preocupação de que seus atributos e valores sejam passíveis de medição. Normalmente é possível tomar a relação entre o produto gerado pelo processo (ou tarefa) e o agregado de insumos aplicados no mesmo processo (ou tarefa). Como se vê na figura a seguir, simplificadamente, seria algo como produto/insumos.

Figura 46
Indicadores de gestão

Insumos (I) ⇒ Organização ⇒ Produto (P)

Conceitualmente, pode-se dizer que um modelo de gestão depende de medição, informação e análise. As medições devem ser uma decorrência da estratégia da organização, abrangendo os principais processos e seus resultados. As informações necessárias à avaliação e à melhoria do desempenho se referem, entre outras coisas, aos clientes, ao desempenho dos produtos, às operações, ao mercado, a comparações com a concorrência ou com referenciais de excelência, aos fornecedores, aos empregados e aos aspectos financeiros.

O "estado da arte" da gestão é descrito como um sistema em que um dos seus elementos estruturais é a chamada inferência científica. Esse elemento define como são tomadas as decisões nas organizações, com base em fatos, dados e informações quantitativas. A premissa adotada é que aquilo que não pode ser medido, não pode ser avaliado, não havendo, consequentemente, como decidir sobre as medidas a tomar.

Analisar significa extrair das informações conclusões relevantes para apoiar a avaliação e a tomada de decisões nos vários níveis da organização. A análise serve para revelar tendências, projeções e relações de causa e efeito menos evidentes. Esse conjunto de medições, informações e análises é a base para o planejamento.

A análise da melhoria do desempenho envolve a criação e utilização de indicadores de qualidade e de desempenho para avaliar resultados globais, produtos, serviços de apoio, processos, tarefas e atividades. Um sistema de indicadores vinculados aos requisitos dos clientes ou de desempenho da organização representa uma base clara e objetiva para alinhar todas as atividades com as metas da organização.

A análise das informações permite que os próprios indicadores sejam reavaliados e modificados. Por exemplo, para julgar se os indicadores selecionados para monitorar a qualidade do produto são adequados, pode-se correlacioná-los com os resultados das medições referentes à satisfação dos clientes e sua manutenção.

A seleção de objetivos e sua mensuração são o único meio de determinar a eficácia de uma organização, uma vez que as decisões são tomadas com base em fatos, dados e informações quantitativas. Daí a importância dos indicadores de gestão enquanto relação matemática que mede os reais resultados de um processo a fim de compará-los com metas preestabelecidas.

Na sua determinação podem ser visualizadas algumas características descritivas, tais como:

a) é uma relação matemática que resulta em uma medida quantitativa;
b) identifica-se um estado do processo ou o resultado deste;
c) associa-se a metas numéricas preestabelecidas.

Para obter medidas consistentes é necessário:

a) identificar as saídas mais importantes de cada processo-chave;

b) identificar as dimensões críticas de desempenho para cada uma dessas saídas;
c) estabelecer medidas para cada dimensão crítica;
d) desenvolver metas ou padrões para cada medida.

Indicadores de gestão

O conjunto de indicadores a ser utilizado no âmbito da *organização* pode levar em conta três níveis de abrangência:

a) indicadores de negócio;
b) indicadores de desempenho global; e
c) indicadores de qualidade e de desempenho.

Os *indicadores de negócio* servem para avaliar a organização como um todo mediante a mensuração dos parâmetros estratégicos, principalmente em seu processo de interação com o meio ambiente externo.

Os *indicadores de desempenho global* visam a avaliar o desempenho da organização como um todo, mas também servem para a avaliação de clientes institucionais. Prestam-se, basicamente, a uma análise permanente por parte do corpo gerencial da empresa.

O terceiro conjunto, os *indicadores de qualidade e de desempenho* (ou indicadores setoriais voltados, inclusive, para a gestão de pessoas), destina-se à avaliação da qualidade e do desempenho relativos a cada processo/tarefa. Para tanto, recomenda-se que os indicadores sejam estabelecidos mediante:

a) a identificação das saídas mais significativas do processo ou da tarefa;
b) a identificação das dimensões críticas do desempenho para cada uma dessas saídas. As dimensões críticas da qualidade incluem precisão, facilidade de uso, confiabilidade, facilidade de ajuste e aparência. As dimensões críticas da produtividade incluem quantidade, índice e cumprimento de prazo. As dimensões críticas do custo incluem mão de obra, despesas gerais, capital e demais recursos materiais. As dimensões críticas devem originar-se das necessidades dos clientes internos e externos, que recebem as saídas, e das necessidades financeiras do negócio;
c) o estabelecimento de medidas para cada dimensão crítica;
d) o estabelecimento de objetivos ou padrões para cada medida.

Os *indicadores de qualidade* são os índices numéricos estabelecidos para os resultados de cada processo a fim de medir a sua qualidade total. Tais indicadores normalmente medem qualidade, custos e entrega de serviços, estando portanto relacionados a clientes. A recomendação é não estabelecer indicador de qualidade para algo que não se possa controlar, ou seja, agir sobre a causa do desvio.

O resultado de um processo (medido pelos indicadores de qualidade) é afetado por várias causas, mas apenas umas poucas causas afetam um indicador de qualidade (princípio de Pareto: poucas causas são vitais e muitas são triviais). Dessa forma, o gestor de um determinado processo pode verificar essas causas a fim de assegurar um bom nível de resultados.

Os indicadores de qualidade (ou de resultados) são, portanto, indicadores que buscam relacionar a opinião do cliente sobre um produto ou serviço com sua expectativa em relação a esse produto ou serviço. Em suma, medem o grau de satisfação do cliente com um dado produto ou serviço.

Já os indicadores de desempenho de um processo são os índices numéricos estabelecidos para as principais causas que afetam determinado indicador de qualidade. Portanto, os resultados de um indicador de qualidade são garantidos pelo acompanhamento dos indicadores de desempenho. Os indicadores de desempenho podem ser chamados de itens de controle das causas e são estabelecidos para os pontos de verificação do processo.

Um indicador de desempenho de um processo pode ser um indicador de qualidade de um processo anterior. Isso ocorre tanto na linha hierárquica de uma organização, na qual o indicador de desempenho do gestor é o item de qualidade do subordinado, quanto na relação entre processos, podendo o indicador de desempenho de um processo ser o item de qualidade de um processo anterior.

Portanto, os indicadores de desempenho (ou de produtividade) refletem a relação produtos (serviços)/insumos, ou seja, procuram medir a eficiência de um dado processo ou operação em relação à utilização de um recurso ou insumo específico (mão de obra, equipamento, energia, instalações etc.). Tais indicadores deverão existir na medida em que forem necessários ao controle da qualidade e do desempenho no âmbito do processo/tarefa, podendo ser ampliados, reduzidos ou ajustados.

Estruturação dos indicadores

Uma forma prática de identificar a necessidade de indicadores num determinado processo/tarefa é discutir o assunto em grupo, percorrendo a mesma sequência de análise do fluxo básico do processo/tarefa, ou seja:

a) identificar os produtos gerados para atender às necessidades dos clientes;
b) correlacionar os clientes, identificando os internos e os externos, com cada produto;
c) definir a forma de mensuração dos principais atributos de cada produto: *qualidade* – procurando verificar o atendimento das necessidades dos clientes (grau de satisfação, reclamações etc.); *entrega de produto* – procurando verificar o cumprimento do prazo de entrega para cada produto (percentagem de entregas fora do prazo, percentagem de entregas com dados incorretos etc.);

d) definir, para cada indicador, a fórmula de cálculo, frequência de apuração, origem dos dados e forma de interpretação do indicador.

A adoção de indicadores que avaliem o desempenho em termos de clientes e processos e em nível global é fundamental para a organização viabilizar a configuração organizacional por processos conjugada à estrutura vertical (estrutura funcional ou tradicional).

Num ambiente voltado para o processo, cada gerente funcional é responsável por atingir resultados, alocar recursos e executar as políticas e procedimentos estabelecidos. A única diferença para uma organização tradicional é que cada função é medida em relação a objetivos que reflitam sua contribuição para os processos. Os gerentes de linha têm tanta autoridade quanto em qualquer organização tradicional, não havendo, portanto, atrito entre chefias, como acontece em muitas organizações estruturadas por matriz.

Uma unidade organizacional contribui para o bem geral. Numa estrutura de gerenciamento por processo institucionalizado, o bem geral são os processos que apoiam a estratégia da organização, podendo coexistir com a estrutura tradicional, uma vez que:

a) não mudam o direcionamento estratégico;
b) não mudam necessariamente a estrutura da organização;
c) asseguram que os objetivos funcionais se coadunem com os objetivos do processo;
d) mudam a maneira de conduzir a organização somente porque asseguram a racionalidade dos processos existentes.

A definição do que se deve medir na instituição deve estar relacionada aos fatores críticos que influenciam o comportamento e a própria sobrevivência da organização. Tais fatores são função direta do setor ao qual pertence a organização, influindo estrategicamente nos seus resultados, na sua sobrevivência e, portanto, no seu posicionamento competitivo em seu ramo de atividades.

O referencial a ser estabelecido na forma de indicador de desempenho deve ser, em primeira instância, externo à organização, sendo então necessário considerar a compatibilização das medidas apuradas internamente com os indicadores-padrão divulgados por associações, entidades de classe, sindicatos, órgãos governamentais e publicações especializadas do setor econômico em questão.

O indicador de produtividade e qualidade, sem definições detalhadas, pode ter significado diverso para diferentes funções da organização. Para a área industrial de refino, por exemplo, produtividade pode significar *produtos/hora,* ao passo que para a área de finanças pode significar *faturamento/horas trabalhadas*. Medidas demasiado complexas e amplas perdem o vínculo com a realidade.

A mensuração do desempenho deve avaliar a organização de fora para dentro, orientando-a para o mercado, e de cima para baixo, possibilitando o permanente ajuste de sua hierarquia organizacional. A partir do ambiente externo, podem-se definir indicadores voltados para:

a) a satisfação do cliente;
b) as atividades de fornecedores;
c) o desempenho financeiro junto a instituições financeiras; e
d) o desempenho da concorrência.

Já associadas à hierarquia, as medidas podem ser estabelecidas na forma de macroindicadores que correspondem ao nível estratégico e efetivamente mensuram os resultados globais da organização.

A mensuração do desempenho permite:

a) o monitoramento da organização em todos os seus níveis;
b) a visualização, pelos executores, do impacto dos trabalhos ao longo da cadeia produtiva;
c) a vinculação entre as saídas dos processos e a saída da organização (produtos).

Ou seja, com as medidas estabelecidas na forma de indicadores de desempenho, é possível:

a) garantir que o desempenho na organização está sendo gerenciado;
b) identificar adequadamente os problemas e as prioridades;
c) tornar claro para os funcionários o que a organização espera deles;
d) assegurar uma base objetiva e equitativa para recompensas e programas de incentivos.

Conforme já salientado, os indicadores de desempenho se subordinam às peculiaridades do ramo de atividades da organização, sendo estabelecidos de uma forma macro, na linguagem do mercado, para efeito de cotejamento com organizações concorrentes, entidades de classe e órgãos governamentais (dados agregados).

Genericamente, e apenas para efeito de ilustração, uma vez que toda organização deve ter seu próprio conjunto de indicadores, podem ser considerados alguns fatores básicos ou áreas de abrangência das medidas, tais como:

a) gestão global;
b) satisfação do cliente;
c) qualidade dos produtos, bens ou serviços; e
d) recursos humanos.

Como *gestão global*, podem ser aferidos indicadores referentes a:

a) grau de liderança da alta direção;
b) valores da organização quanto à qualidade;
c) responsabilidade comunitária; e
d) resultados econômicos.

No que tange à *satisfação do cliente*, podem ser avaliados:

a) os requisitos e as expectativas do cliente;
b) a gestão do relacionamento com os clientes;
c) os padrões de serviços aos clientes;
d) o compromisso com os clientes;
e) os resultados inerentes ao grau de satisfação dos clientes.

Quanto à *qualidade dos produtos*, podem ser considerados:

a) o lançamento de produtos/serviços no mercado;
b) o controle da qualidade no processo;
c) a qualidade dos fornecedores;
d) a qualidade do processo do negócio e dos serviços de apoio; e
e) a melhoria contínua.

Já na *gestão de pessoas*, podem-se mensurar aspectos como:

a) índice de produtividade;
b) nível de satisfação dos clientes internos;
c) índice de treinamento;
d) índice de *turnover*;
e) índice de absenteísmo;
f) índice de desempenho.

Sugere-se que para cada indicador sejam definidos:

a) uma meta (valor a ser atingido dentro de um prazo previamente fixado);
b) uma visualização gráfica a partir de dados de uma série histórica;
c) o valor do *benchmark* (referenciais para efeito de comparação através de *benchmarking*), para fins de comparação com o mercado.

O *benchmarking* é instrumento valioso, pois permite comparar o desempenho e o controle de qualidade com os das organizações que mais se destacam no setor econômico em questão.

Conceitualmente, pode-se dividir o *benchmark* em três tipos:

a) interno, quando se comparam atividades semelhantes dentro de uma mesma instituição;
b) externo, quando se compara com atividades semelhantes às dos concorrentes;
c) de mercado, quando se comparam atividades semelhantes dentro de organizações de setores econômicos diferentes.

Trata-se de obter *feedback* regular do cliente, acompanhando o desempenho real segundo os indicadores estabelecidos, alimentando as tarefas em questão com informações sobre o desempenho, tomando medidas corretivas caso o mesmo esteja aquém da meta e reformulando os objetivos para que a organização se adapte à realidade externa e interna, via *benchmarking*.

No planejamento da gestão de pessoas, certos indicadores, conforme descritos a seguir, são básicos porque permitem realizar um trabalho realista e bem-fundamentado.

O *índice de turnover* leva em consideração o volume de rotação de pessoal e é calculado da seguinte forma:

$$ITO = \{\,[\,(A + D) : 2\,] : EM\,\} \times 100$$

em que:

A → quantidade de funcionários admitidos em um ano;
D → quantidade de funcionários desligados em um ano;
EM→ efetivo médio durante o ano.

Essa fórmula pode ser aplicada à organização em geral ou a um setor/departamento em particular.

O *índice de flutuação de pessoal* permite diagnosticar a situação de estabilidade do quantitativo de pessoas na instituição ou em apenas alguns setores/departamentos e, em função dos resultados, investigar os eventos e suas causas:

$$IFP = (F \times 100) : Q$$

em que:

F → número de afastamentos no período;
Q → quantidade média de funcionários no período;

O *índice de produtividade de mão de obra* permite relacionar o faturamento da empresa com a quantidade de pessoas necessárias à realização dos trabalhos e determinar quantas peças (ou equivalente) cada empregado produz.

A fórmula para o cálculo desse indicador varia de acordo com a natureza da organização e os vários tipos de produtos e serviços que resultam de suas atividades. Em geral, a maioria das empresas utiliza:

Na área industrial: $IP = \dfrac{QP}{QE}$

em que:

$QP \rightarrow$ quantidade de peças produzidas;
$QE \rightarrow$ quantidade de empregados envolvidos no processo.

Na área comercial: $IP = \dfrac{QPv}{QE}$

em que:

$QPv \rightarrow$ quantidade de peças vendidas;
$QE \rightarrow$ quantidade de empregados envolvidos na venda.

Na área de serviços: $IP = \dfrac{QSp}{QE}$

em que:

$QSp \rightarrow$ quantidade de serviços prestados;
$QE \rightarrow$ quantidade de empregados envolvidos na prestação dos serviços.

A produtividade poderá ser aumentada à medida que a organização invista mais em tecnologia e treinamento de seu pessoal.

O *índice de treinamento* da mão de obra mostra o percentual que a organização está utilizando para educar e capacitar os seus funcionários:

$$Itr = \dfrac{QtHh/ano}{QtTr/ano}$$

em que:

$QtHh/ano \rightarrow$ quantidade de homens-hora em trabalho durante o período de um ano;
$QtTr/ano \rightarrow$ quantidade de horas-treinamento utilizada pela organização durante o período de um ano para a capacitação do seu pessoal.

Eis algumas observações importantes quanto ao uso desse indicador:

a) a maioria das empresas multinacionais destina 5% de todas as horas trabalhadas durante o período de um ano para o desenvolvimento de seu quadro de pessoal;
b) entre as 100 maiores empresas brasileiras não há nenhuma que destine esse percentual para treinamento de seus empregados;
c) a média encontrada entre 10 empresas pesquisadas foi de 1,5%;

d) o ideal seria fixar uma meta a longo prazo (por exemplo, cinco anos) e metas intermediária (anuais) até o atingir um percentual que seja compatível com a evolução tecnológica e com o incremento da produtividade pretendido pela empresa.

Todos esses indicadores permitem a comparação com índices de períodos anteriores e com índices verificados em organizações similares.

O dimensionamento da força de trabalho da organização deve observar, em sua fase de planejamento, os seguintes aspectos:

a) a visão estratégica da organização;
b) a análise dos cenários em que atua;
c) o *benchmarking* com organizações de ótimo desempenho;
d) a análise comparativa com situações anteriores;
e) as atividades operacionais próprias a todos os processos;
f) as atividades do processo de gestão de pessoas.

No que se refere à visão estratégica, nada poderá ser realizado se não estiver de acordo com os objetivos fixados para a organização e com as políticas e diretrizes necessárias à obtenção dos resultados desejados.

Quanto à observância dos cenários no segmento em que a organização atua, é imprescindível que as tendências mapeadas em cada um deles (cenários otimista, realista e pessimista) sejam levadas em conta nas ações projetadas.

A análise comparativa de eventos ocorridos em períodos idênticos permite cotejar o desempenho atual com o desempenho passado; para tanto, devem-se utilizar indicadores que se refiram aos mesmos eventos durante períodos iguais.

Finalmente, o planejamento será complementado pela análise das atividades de todos os processos (atividades-fim ou atividades-meio), a qual servirá para o dimensionamento do *Hh* (homens/hora) a ser utilizado no conjunto. As atividades próprias ao processo de gestão de pessoas serão abordadas na seção seguinte.

Perfil e dimensionamento da força de trabalho

Como vimos, os processos dependem do desempenho das pessoas encarregadas das atividades produtivas e de apoio. Como não existe, na atual literatura, uma metodologia completa que se possa aplicar à definição e ao dimensionamento da força de trabalho no âmbito das empresas, desenvolvemos aqui uma metodologia própria, levando em consideração as seguintes questões:

a) quantas pessoas são necessárias para realizar todas as atividades (volume)?
b) os resultados financeiros serão melhores se o contingente de pessoal for menor (lucro)?

c) se forem mais capacitadas, as pessoas poderão dividir o trabalho com menos colaboradores (treinamento)?
d) o uso da informática pode reduzir o número de empregados (informatização/automação)?
e) a contratação de serviços para a execução parcial ou total das atividades-meio resultará em economia com pessoal e encargos sociais e trabalhistas (terceirização)?

Só se pode responder a tais questões levando em conta o que está previsto no plano estratégico da organização e fazendo uma análise permanente dos cenários do mercado.

A metodologia aqui apresentada pretende auxiliar as organizações a dimensionarem o seu quadro de pessoal de forma a produzir com eficiência e qualidade, dentro de prazos que sejam do interesse dos clientes e a custos que permitam praticar preços compatíveis com os do mercado.

Para tanto, cumpre definir as atividades e tarefas que compõem os processos de trabalho, a qualificação adequada das pessoas aí envolvidas, preservando-se sua motivação e satisfação, e a quantidade de empregados necessária à execução de todos os serviços. Isso permitirá à companhia planejar as necessidades de recursos humanos de forma compatível com o volume de seu negócio.

Eis os conceitos adotados:

força de trabalho: somatório de todas as pessoas existentes na organização, classificadas em diversos cargos e cujas atividades estão voltadas para objetivos comuns;

cargo: conjunto de funções desempenhadas pelo empregado, conforme atribuições estipuladas;

função: conjunto de atividades desempenhadas pelo ocupante de um cargo.

A figura 47 ilustra a relação entre o perfil da força de trabalho e o dimensionamento de lotação, ambos resultantes da padronização de processos.

Para ser eficiente e competitiva, a organização não pode prescindir de uma força de trabalho numerosa o suficiente para poder cumprir os seus objetivos, o que na ilustração está representado como *lotação ideal*. Para se obter o grau de desempenho exigido pelos processos, é importante que o pessoal que compõe o quadro – *perfil da força de trabalho* – esteja classificado em cargos compatíveis com a natureza dos trabalhos exigidos pelos processos e que não se restrinjam a uma só área de atuação.

Já o quantitativo, representado pelo *total de pessoas por processo, total de Hh/mês por tarefa* e *volume de trabalho (produto por tarefa)*, pode ser obtido com indicadores de qualidade internos e com a aplicação das cinco fases focalizadas mais adiante. Metodologicamente, sugerimos que, uma vez realizado todo o trabalho de análise, se faça um *benchmarking* antes de definir a lotação ideal. Ou seja, o levantamento de referenciais de excelência junto a organizações congêneres poderá fornecer indicadores externos que serão muito úteis para eventuais ajustes do quantitativo de pessoal no nível de cada processo sistêmico.

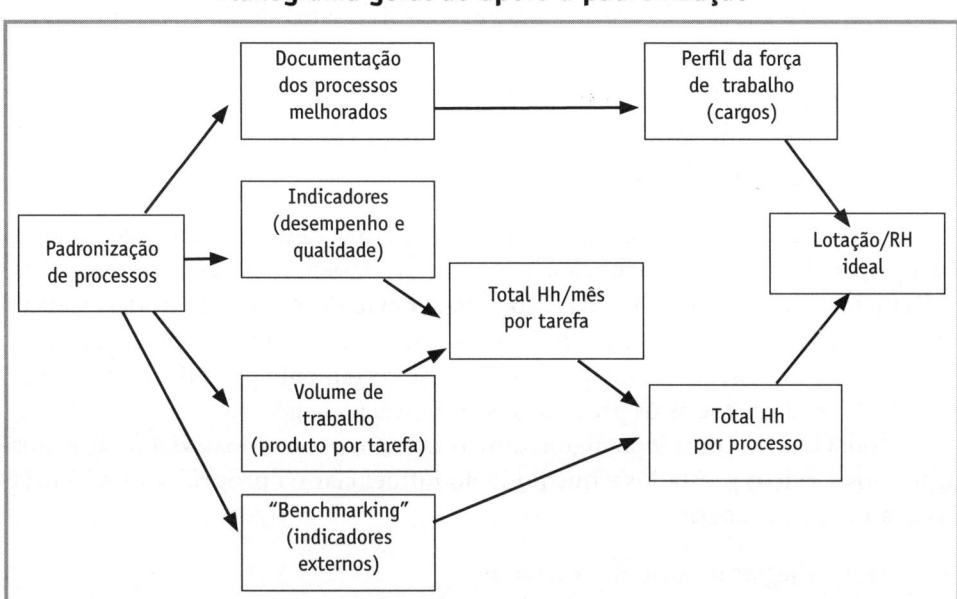

Figura 47
Fluxograma geral do apoio à padronização

```
                    Documentação                          Perfil da força
                    dos processos                         de trabalho
                    melhorados                            (cargos)

                    Indicadores
                    (desempenho e
                    qualidade)                                      Lotação/RH
    Padronização                                                    ideal
    de processos                    Total Hh/mês
                                    por tarefa

                    Volume de
                    trabalho                              Total Hh
                    (produto por tarefa)                  por processo

                    "Benchmarking"
                    (indicadores
                    externos)
```

Em geral, as empresas procuram dispor de um plano de cargos que atenda às especificidades de seu trabalho. Na maioria dos casos, a descrição detalhada de funções, responsabilidades, grau de escolaridade e até mesmo área de atuação procura atender às exigências da legislação trabalhista, mas pouco ajuda no que se refere à utilização de todos os empregados de maneira compatível com os objetivos dos processos e, portanto, os interesses da organização.

O ideal é que na organização existam quadros de pessoal compatíveis com a realidade de seus processos, isto é:

a) qualificação adequada à missão dos processos;
b) dimensionamento mínimo do quantitativo necessário aos processos;
c) alta capacitação;
d) remuneração compatível com os resultados;
e) alto nível de motivação.

Todos os cargos de uma organização devem ser compatíveis com a sua missão e, consequentemente, com o seu ramo de negócios. Por exemplo, numa empresa de petróleo, devem preponderar pessoas classificadas como: engenheiros de refino, operadores de refinaria e técnicos de manutenção (nas refinarias); engenheiros de dutos, técnicos de dutos, operadores de transferência e estocagem (nos terminais e oleodutos); plataformistas, sondadores, operadores de sistemas submarinos e técnicos de perfuração (nas plataformas marítimas).

Considerando que as empresas possuem várias áreas de atuação, cumpre estabelecer o perfil desejável da força de trabalho e, portanto, segmentá-la para melhor avaliar os cargos a serem alocados a cada processo. Assim, podem-se classificar os cargos por:

a) processos-chave;
b) processos de apoio;
c) todos os processos.

Em todos os processos, segundo as necessidades, devem ser alocados apenas os *cargos amplos*. O desvio de função, isto é, pessoas classificadas num cargo mas que realizam tarefas inerentes a outro cargo, deve ser evitado, pois, além de desmotivar seus ocupantes, pode vir a criar problemas legais para a organização. O simples fato de evitar disfunções na lotação da empresa certamente permitirá à sua força de trabalho realizar todos os processos pertinentes ao negócio.

Todavia, cabe considerar alguns outros aspectos necessários à viabilização dos custos dos serviços prestados e que poderão influenciar na própria sobrevivência da organização, a saber:

a) Privilegiar o início das carreiras

Não conseguirá sobreviver uma organização onde a maior parte da mão de obra se situe acima do ponto médio da carreira. Por exemplo, na área de apoio administrativo, é preciso haver proporcionalidade entre os cargos:

assistente administrativo.... 1
ajudante administrativo 2
auxiliar administrativo 3

Na carreira de suprimento, deve haver um equilíbrio entre a utilização dos cargos:

técnico de suprimento de material..... 1
assistente de técnico de suprimento de material.... 2
supridor de material II 3
supridor de material I 4

b) Praticar a supervisão intrínseca

No elenco dos cargos de uma carreira, existem aqueles que se situam no topo. Neles, a supervisão faz parte das funções e responsabilidades que lhe são atribuídas. Os empregados classificados nesses cargos devem, pois, praticar a supervisão que lhes é intrínseca. Assim a organização poderá dispor de menos níveis hierárquicos e propiciar aos seus empregados maior participação nas decisões.

c) Utilizar cargos amplos

Todo esforço deve ser feito no sentido de utilizar o maior número possível de empregados classificados nos cargos amplos. Evita-se assim a especialidade de alguns cargos, que tantos problemas cria por ocasião de remanejamentos e/ou transferências externas. Somente nas áreas onde a especialização seja absolutamente imprescindível devem-se manter cargos restritos.

Configuração do perfil da lotação

Considerando a natureza dos cargos, convém classificá-los em:

a) nível superior (profissionais);
b) nível médio (técnicos);
c) nível básico (de apoio).

Além da escolaridade, devem-se incluir na descrição dos cargos, para fins de seu agrupamento em carreiras:

a) o grau de complexidade das tarefas a serem realizadas;
b) o nível de conhecimento prévio do trabalho a ser executado; e
c) o nível de responsabilidade atribuído.

Dimensionamento da lotação

Observadas as recomendações anteriormente mencionadas, o dimensionamento da lotação deve ater-se única e exclusivamente aos interesses do órgão, considerando:

a) suas opções estratégicas quanto ao mercado;
b) o aumento da produtividade;
c) a melhoria da qualidade dos seus produtos; e
d) custos que não comprometam os benefícios oferecidos aos clientes, pois estes poderão dispensar os serviços da organização em troca de outras opções melhores.

Reflexões sobre a lotação

Toda empresa deve ter uma força de trabalho compatível com os produtos que fornece, visando sempre aos melhores resultados para o contexto em que está inserida. Deve agir como se os seus serviços estivessem à disposição de clientes externos; portanto, a noção do lucro é imperiosa e deve ser assimilada por todos da organização.

O ideal é a empresa segmentar-se por áreas de atuação, devendo a sua preocupação com a geração de lucro estar presente na atuação de cada segmento. Cada unidade operacional, cada órgão prestador de serviços deve apresentar o seu próprio "lucro", a fim de viabilizar-se no contexto da companhia. Os órgãos que não se mostrem viáveis certamente devem ser suprimidos em nome da sobrevivência da própria empresa.

A empresa segmentada por processos tem que analisar todas as atividades contidas em cada tarefa, alocando o número de horas necessárias à sua execução.

Metodologia proposta

A exemplo das empresas que iniciam seus negócios ou daquelas que nunca tiveram a sua força de trabalho dimensionada, a organização tem que *registrar* os tempos estimados para a obtenção de seus produtos. Só assim conseguirá ter o real dimensionamento de suas necessidades. Tal estudo deve ser efetivo quanto aos critérios adotados e flexível para não criar restrições que dificultem as suas atividades.

O gestor do processo em análise deve utilizar instrumentos específicos para o registro dos tempos alocados, conforme descrito no roteiro de análise.

Roteiro de análise

Para atingir os objetivos pretendidos, é importante que a organização esteja estruturada por processos. A partir da análise de cada um desses processos, e de acordo com a metodologia já descrita, desenvolvem-se cinco fases:

1ª fase: o gestor do processo deve, juntamente com o(s) empregado(s) que exerce(m) determinada(s) atividade(s), anotar em planilha própria o trabalho realizado e a respectiva carga horária mínima. São necessárias, pelo menos, as seguintes informações:

número do empregado – o gestor deve atribuir um número aleatório a cada empregado, pois não há necessidade de identificá-lo;

cargo – informar o cargo do empregado;

unidade de medida (UM) – a unidade mínima a que se refere a atividade analisada. Por exemplo: processos, relatórios emitidos, entradas de dados realizadas, guias emitidas etc.;

tempo unitário (TU) – o tempo mínimo para a obtenção de uma unidade, expresso em horas e minutos. Por exemplo: 1h:30min;

dias necessários por mês para a realização da atividade *(DM)* – o número de dias que o empregado leva para executar a referida atividade no mês;

quantidade por dia (QD) – quantidade média de unidades produzidas por dia pelo empregado;

quantidade por mês (QM) – quantidade média de unidades produzidas por mês pelo empregado. Pode ser obtida pela fórmula (DM x QD) ou apontada diretamente;

horas/homem por mês (H/h mês) – quantidade de horas obtidas pela fórmula (TU x QM).

totais – o somatório das colunas QM e H/h mês.

2ª fase: o gestor, juntamente com o coordenador ou líder das várias equipes de trabalho, deve proceder à análise de todas as *atividades* que compõem a *tarefa*, prestando as seguintes informações:

atividade – número da atividade (registrada na planilha anterior), pela ordem do preenchimento das linhas. Por exemplo: 01, 02, 03...
cargo – os cargos citados na planilha preenchida, referentes à tarefa analisada, sem repetição;
QT (quantidade) – o número de empregados com o mesmo cargo na atividade;
H/h mês – totalização, por cargo, das H/h mês registradas na planilha preenchida;
produção – totalização da produção mensal registrada na planilha preenchida;
totais – o somatório das colunas QT e H/h mês.

3ª fase: a equipe incumbida da análise do perfil e do dimensionamento da lotação ou força de trabalho dos processos da organização deve proceder a uma análise do conjunto de tarefas que compõem cada *processo*, prestando as seguintes informações:
tarefa – número da tarefa (registrada anteriormente), pela ordem do preenchimento das linhas. Por exemplo: 01, 02, 03...
cargo – os cargos citados anteriormente, sem repetição;
QT (quantidade) – a soma de empregados no mesmo cargo;
H/h mês – totalização, por cargo, do somatório das H/h mês de todos os formulários preenchidos referentes ao processo;
lotação – as H/h mês ajustadas com base na proporção das atividades de apoio dividida pelo coeficiente 130;
produção – estimativa do volume/produção correspondente por mês;
totais – o somatório das colunas QT, H/h mês e lotação.

4ª fase: deve-se proceder à análise da lotação dos grupos gerencial e de apoio complementar, prestando as seguintes informações:
item – número da função gerencial, pela ordem de preenchimento;
descrição das funções gerenciais e das funções dos empregados de apoio às gerências. Por exemplo: gerente de divisão, assessor, secretária etc.;
cargo – o cargo correspondente a cada função;
quantidade – o número de pessoas ocupando o cargo e correspondente função;
totais – somatório da coluna de quantidade.

5ª fase: deve-se proceder a uma análise do conjunto dos processos que compõem a estrutura de trabalho, prestando as seguintes informações:
item – numerar cada linha, equivalente a um cargo, em ordem decrescente. Por exemplo: 01, 02, 03...
cargo – indicar o código conforme o plano de cargos vigente;
discriminação – fornecer a denominação do cargo;
lotação – o total do número de empregados, por cargo, obtido pela soma das colunas lotação das planilhas anteriores;
total – a soma dos números da coluna lotação.

Análise dos dados

Cumpridas as fases anteriores, devem-se analisar os dados obtidos. Inicialmente, dependendo do tamanho da organização, a pesquisa de dados pode ser feita por amostragem, desde que os setores ou células envolvidos sejam compatíveis entre si.

Também é importante verificar o *tempo útil* de trabalho por dia de cada empregado, pois a carga horária/dia prevista em seu contrato de trabalho é apenas um referencial para formalizar a relação contratual.

Outro ponto a ser considerado é que, nas unidades industriais, as atividades geralmente são repetitivas, enquanto nas administrativas elas podem variar de acordo com as iniciativas. As atividades de supervisão e gerência devem ser consideradas à parte, pois, além das ações previstas nas rotinas, elas incluem outras, de natureza diversa, que não podem ser mapeadas *a priori*.

Cumpridas todas as fases do trabalho descritas anteriormente, pode-se concluir o dimensionamento da força de trabalho da organização.

Cálculo da lotação — lotação ampla

A literatura sobre o assunto recomenda que o total das H/h trabalhadas no mês seja dividido pela quantidade de horas trabalhadas por empregado por dia. Essa operação indica quantos homens a empresa necessita para realizar seus trabalhos. Cada vez mais, porém, as empresas se dão conta de que esse procedimento não é compatível com a realidade. Daí a permanente "falta de gente" e a crescente realização de horas extras.

Um estudo detalhado da quantidade de horas necessárias à realização de todos os trabalhos e a adoção de uma taxa hora/mês (THM) realista, que considere apenas o tempo produtivo das pessoas, são a garantia de um quadro de lotação compatível com as exigências do mundo atual.

A maioria das organizações considera, para efeito de pagamento de salários aos seus empregados, uma THM de 240, obtida pela multiplicação de 8 horas/dia por 30 dias/mês. Uma THM de 160, obtida pela multiplicação de 8 horas/dia por 20 dias úteis/mês, seria a taxa mais adequada para o dimensionamento pretendido, pois já considera a média de dias úteis no ano. Contudo, é sabido que um empregado não trabalha integralmente as oito horas/dia, donde a necessidade de definir a carga horária real a ser considerada no trabalho de dimensionamento.

Cálculo do tempo útil

Visto que é necessário aplicar à THM um coeficiente redutor que permita o cálculo da lotação de uma organização, cada caso deve ser considerado de forma diferente. Pela metodologia sugerida, considera-se que a redução do tempo produtivo das pessoas decorre principalmente dos seguintes fatores:

a) absenteísmo: causado pelas faltas legais e outros tipos de faltas não abonadas;
b) tempo social: tempo gasto com o "aquecimento", na parte da manhã, e o "desaquecimento", na parte da tarde, além daquele gasto com cafezinho, telefonemas, contatos, ida a bancos, farmácia, dentista, médico etc.

Analisando os indicadores de qualidade e desempenho obtidos em várias empresas, pôde-se estabelecer a composição do coeficiente redutor, conforme descrito a seguir.

❏ Absenteísmo
Faltas legais:
1/12 avos do total/ano referente a férias   8,33%
cinco faltas/ano   2,08%

❏ Tempo social
Tempo médio/dia (45 minutos)   9,37%
Soma   19,78%

Portanto, a redução a ser efetuada nas oito horas/dia (tempo normal) será de 1h:30min (19,78% de oito horas, arredondado), o que resultará num tempo produtivo de 6h:30min. A THM a ser considerada será:

THM = 6h:30min/dia x 20 dias úteis = 130 horas/mês

Lotação ideal

De acordo com os dados obtidos, o quadro de lotação necessário à realização de todas as atividades da empresa é definido para um determinado interregno, e não para uma determinada data. O quadro assim definido fixa uma lotação ideal para um determinado intervalo de tempo e considera, evidentemente, o atual volume de trabalho do órgão, seu atual nível de informatização, seu atual percentual de terceirização da força de trabalho e o atual nível de capacitação indicado pelo percentual aplicado às H/h totais do órgão para treinamento.

Posteriormente, a lotação ideal assim calculada deve ser comparada com a de outras empresas ou mesmo determinados órgãos da própria organização estudada. A comparação com o mercado pode ser feita mediante referenciais de excelência obtidos através do *benchmarking*.

Força de trabalho projetada

A lotação de uma organização não pode ser fixa e definitiva. Numa organização em estado de permanente renovação e melhoria, vários fatores influenciam a força de trabalho, quais sejam:

a) volume de trabalho (VT): quanto maior, maior a lotação;

b) nível de informatização (NI): quanto maior, menos postos de trabalho;
c) percentual de terceirização (PT): quanto maior, menos mão de obra própria;
d) nível de capacitação (NC): quanto mais H/h para treinamento, maior a possibilidade de realizar uma atividade com menos gente.

Volume de trabalho (VT)

Sendo VT(o) a carga de trabalho numa determinada data, deve-se medir toda e qualquer contratação de novos serviços e em seguida estabelecer um percentual de acréscimo a ser aplicado a VT(o). Os indicadores financeiros e de custos, a quantidade de documentos, os itens de processamento de compras, as pessoas incluídas na folha de pagamento, tudo isso deve ser considerado em cada processo para efeito de comparação com a situação anterior, isto é, VT(o). Teremos então VT(l), e assim sucessivamente.

> Pressuposto: quanto maior o volume de trabalho de uma organização, maior o número de empregados para realizá-lo.

Nível de informatização (NI)

Sendo o nível de informatização numa determinada data representado por um coeficiente, devem-se medir toda e qualquer compra de novos equipamentos e *software*, bem como a ampliação de redes e ingressos em novos sistemas, visto que significam maiores facilidades para a execução dos trabalhos e, logo, disponibilidade de mão de obra (redução).

> Pressuposto: quanto maior o nível de informatização/automação de uma empresa, menor o número de empregados necessário à realização de seus objetivos.

Percentual de terceirização (PT)

Considerando-se a atual tendência de terceirizar tudo aquilo que não seja o negócio da organização – algumas empresas terceirizam mais de 50% de seus processos –, o PT(o) da empresa numa determinada data e sua evolução crescente serão medidos pela substituição gradativa das atividades que passarem a ser executadas por terceiros.

> Pressuposto: quanto maior o nível de terceirização de uma empresa, menos empregados de seu próprio quadro de pessoal ela necessitará para realizar os mesmos trabalhos.

Nível de capacitação (NC)

A maioria das organizações considera que 5% do total de horas trabalhadas são o ideal para o treinamento/capacitação de suas equipes visando a garantir a qualidade e a eficácia de seus produtos, seja na área industrial, do comércio ou de serviços. Como menos de 1% delas consegue atingir tal índice, as demais podem estabelecê-lo como meta estratégica.

> Pressuposto: quanto mais treinadas forem as equipes, maior será a possibilidade de produzir mais ou a mesma quantidade com menos pessoas.

Com base nos conceitos descritos anteriormente, sugere-se que a organização desenvolva estudos específicos para calcular a lotação ideal, à medida que os fatores de influência vão evoluindo com a flexibilização e padronização de seus processos de negócios.

Figura 48
Perfil e dimensionamento da força de trabalho (visão geral)

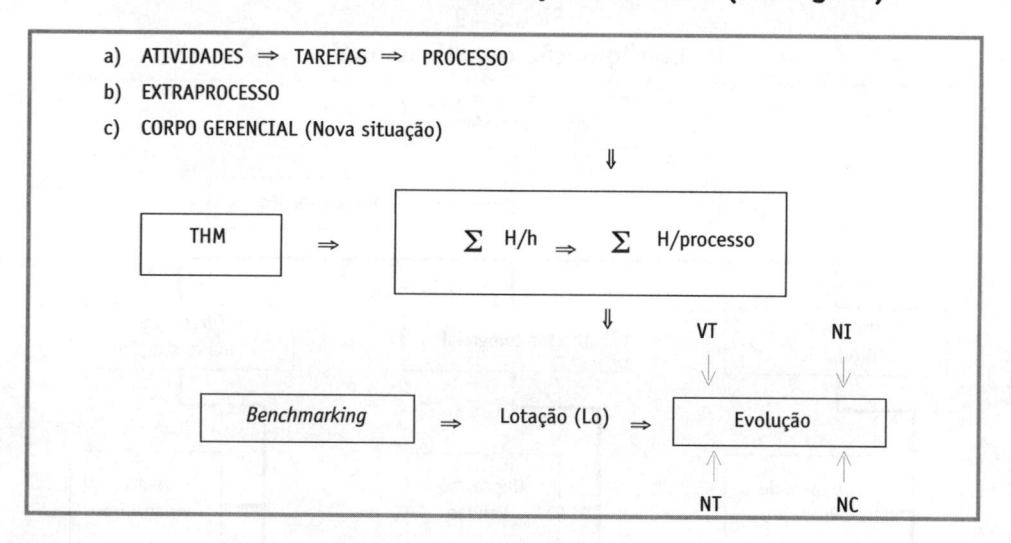

a) ATIVIDADES ⇒ TAREFAS ⇒ PROCESSO
b) EXTRAPROCESSO
c) CORPO GERENCIAL (Nova situação)

⇓

THM ⇒ Σ H/h ⇒ Σ H/processo

⇓

VT   NI
↓   ↓

Benchmarking ⇒ Lotação (Lo) ⇒ Evolução

↑   ↑
NT   NC

ESTUDO DE CASO: SIDERÚRGICA S.A.

A organização

A Siderúrgica S.A, uma das maiores organizações do setor econômico altamente concentrado do país, fabrica e comercializa lingotes siderúrgicos, limalha de ferro e cabos de cobre para linhas de transmissão e distribuição de energia elétrica. Além disso, presta serviços de assistência técnica e pós-venda.

continua

Sua *missão* é fabricar e fornecer produtos derivados de ferro e aço, bem como prestar serviços diferenciados atendendo às suas necessidades e às expectativas de clientes de mercados industriais (empresas geradoras e distribuidoras de energia elétrica) e revendedores de material de construção civil.

A *visão* da empresa é ser uma organização diferenciada, com colaboradores capacitados a assegurar a excelência de seus produtos e serviços no setor econômico a que pertence.

Seus *valores* foram estabelecidos com base nas crenças, na ética e na experiência de seus principais gestores e têm como prioridade: foco no cliente; comprometimento; senso de urgência; integridade; espírito de equipe; confiança e respeito mútuo.

Configuração organizacional

Além do conselho de administração, a Siderúrgica S.A. tem uma configuração organizacional estruturada em *linha* e *staff*. Como órgãos de linha: uma diretoria composta de um diretor presidente, três diretores e oito departamentos; como órgãos de *staff*: a assessoria de planejamento.

Figura 49
Configuração organizacional

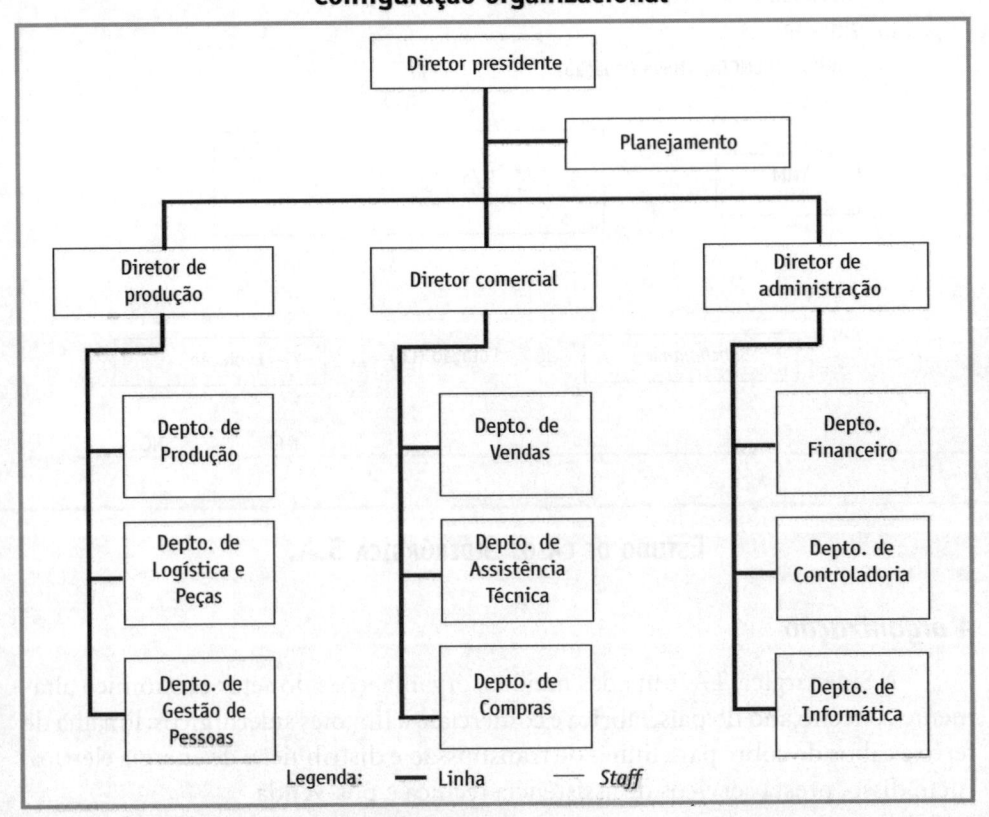

```
                        ┌─────────────────────┐
                        │  Diretor presidente │
                        └──────────┬──────────┘
                                   ├──────────────┐
                                   │              │ Planejamento
           ┌───────────────────────┼───────────────────────┐
           │                       │                       │
   ┌───────┴───────┐       ┌───────┴───────┐       ┌───────┴───────┐
   │   Diretor de  │       │    Diretor    │       │   Diretor de  │
   │    produção   │       │   comercial   │       │ administração │
   └───────┬───────┘       └───────┬───────┘       └───────┬───────┘
           │                       │                       │
      Depto. de              Depto. de                 Depto.
      Produção               Vendas                    Financeiro

      Depto. de              Depto. de                 Depto. de
      Logística e            Assistência               Controladoria
      Peças                  Técnica

      Depto. de              Depto. de                 Depto. de
      Gestão de              Compras                   Informática
      Pessoas
```

Legenda: ▬▬ Linha ── *Staff*

continua

Abaixo do nível de gerente de departamento existe o nível dos supervisores que comandam os setores subordinados a cada departamento. A Siderúrgica S.A. tem, pois, uma estrutura organizacional do tipo tradicional, com quatro níveis hierárquicos e funções verticalizadas.

Filosofia na gestão de pessoas

A participação e o desenvolvimento dos empregados constituem a filosofia básica da Siderúrgica S.A. na gestão dos negócios. Os dirigentes da empresa entendem que somente com pessoas motivadas, trabalhando num ambiente de bem-estar e satisfação, é possível atingir plenamente os objetivos corporativos. Assim, procuram criar todas as condições para que os empregados tenham um ambiente de trabalho que se caracterize pela inovação, a melhoria contínua e a excelência de desempenho.

Planejamento da gestão de pessoas

O plano estratégico da Siderúrgica S.A. serve de base ao plano operacional de gestão de pessoas. A visão e missão da empresa, estabelecidas no processo de planejamento estratégico, desdobram-se nas respectivas visão e missão da gestão de pessoas.

A visão estabelece que se devem criar condições para que os empregados sejam o diferencial na obtenção da excelência de desempenho. Com base nessa visão definiu-se a missão: integrar o processo de gestão de pessoas nas estratégias de negócios da Siderúrgica S.A., dando suporte aos demais processos sistêmicos no cumprimento dos objetivos corporativos.

O planejamento da gestão de pessoas é permanentemente monitorado para fins de aprimoramento e ajustes. Tal controle é feito através de informações provenientes da pesquisa de clima organizacional (interna) e da pesquisa de *benchmarking* (externa) aplicadas às empresas do mercado.

O *feedback* do plano operacional de gestão de pessoas se faz através de indicadores de desempenho. A Siderúrgica S.A. adota como principal indicador a medida correspondente à rotação de pessoal da empresa. Tal indicador é calculado com dados da própria empresa e comparado com o de empresas concorrentes e organizações do mercado em geral.

Processo sistêmico de gestão de pessoas

Compõe-se de atividades agrupadas em tarefas. A execução de tais tarefas é responsabilidade do departamento de gestão de pessoas, em primeira instância, e dos diferentes órgãos de linha da Siderúrgica S.A.

O processo sistêmico de gestão de pessoas inclui:

a) planejamento, gestão e avaliação;
b) recrutamento, seleção e contratação de pessoal;

continua

c) treinamento, educação continuada e desenvolvimento de empregados;
d) acervo de profissionais e banco de talentos;
e) desempenho, recompensas e reconhecimento;
f) clima organizacional.

Estrutura de cargos e salários

Classificam-se os cargos, que são os postos de trabalho que compõem a estrutura organizacional, por natureza das atividades exercidas. Ou seja, há uma categoria de *horistas* para os cargos operacionais (*blue collar*) ocupados pelo pessoal de chão de fábrica, uma categoria de *técnicos* para os cargos administrativos (*white collar*) e uma categoria de *profissionais* e de *chefia* (nível gerencial).

Os cargos, como agrupamento das atribuições e responsabilidades conferidas a cada posto de trabalho, são descritos e avaliados de modo que cada qual corresponda a um nível de faixa salarial de mercado. Cada cargo possui um ou mais empregados que são os ocupantes desse posto de trabalho.

De forma complementar à descrição do cargo, há uma relação das normas e procedimentos inerentes ao trabalho e às necessidades de treinamento de cada empregado. Tal estrutura de cargos possibilita a avaliação dos postos de trabalho para fins de definição do plano salarial, bem como a avaliação de desempenho, o planejamento de carreira e a criação de níveis de delegação de competências. O plano de salários da Siderúrgica S.A. tem por finalidade alinhar as práticas de remuneração da organização com as do mercado de trabalho local (entendendo-se por mercado de trabalho o agrupamento das empresas pertencentes ao mesmo setor econômico).

Como política salarial que consubstancia o plano de salários, a Siderúrgica S.A. leva em conta a função social da remuneração das pessoas, promovendo o pagamento por desempenho, a justiça salarial interna e o desempenho do negócio, privilegiando a atração e retenção de pessoas com desempenho superior. Com isso obtém-se o *equilíbrio interno* de salários, que nada mais é do que uma justa proporcionalidade de salários em função direta da diferença de complexidade e responsabilidade entre os cargos da estrutura. O salário de cada empregado da Siderúrgica S.A. inclui uma parcela de remuneração fixa e um conjunto de práticas de remuneração variável.

Os níveis salariais são definidos com base em comparações com o mercado e com os salários pagos pelos competidores. Com isso obtém-se o *equilíbrio externo* de salários. A política salarial da Siderúrgica S.A. é estar acima da média dos mercados pesquisados para os empregados de desempenho superior.

Treinamento e educação continuada

As necessidades de educação, treinamento e desenvolvimento de cada empregado são permanentemente atualizadas pelo seu superior imediato, juntamente com

continua

a assessoria de gestão de pessoas, que é o órgão de *staff* responsável pela orientação funcional nessa matéria.

Clima organizacional

O clima organizacional da Siderúrgica S.A. é anualmente avaliado através de pesquisa direta aplicada à totalidade dos empregados dos níveis operacional, técnico e gerencial. Utiliza-se um questionário, elaborado com a participação de representantes de todas as áreas da empresa, composto de perguntas corporativas e perguntas específicas sobre ambiente de trabalho e satisfação das pessoas, com respostas estruturadas em seis graus de avaliação, que vão desde "concordo totalmente" até "discordo totalmente".

Cada empregado responde anonimamente, sendo os resultados interpretados de forma agregada e agrupados em quatro grandes grupos de respostas: estratégia; foco no cliente; estrutura organizacional; bem-estar e satisfação das pessoas.

Uma súmula dos resultados é liberada para toda a empresa, e o resultado completo e segmentado por departamento/setor é submetido à alta administração para fins de intervenção estratégica e operacional nos pontos evidenciados pela pesquisa de clima organizacional. O pessoal terceirizado que atua no âmbito interno da Siderúrgica S.A. também responde a uma pesquisa de clima organizacional semelhante àquela aplicada aos empregados próprios, havendo apenas uma diferenciação no direcionamento das questões. Os resultados são igualmente liberados.

Premissa didática: o estudo de caso estimula a capacidade analítica dos leitores, auxiliando-os a desenvolver ideias próprias sobre a solução de problemas de gestão: a) descrever os diferentes níveis de planejamento existentes em uma organização; b) relacionar as tarefas pertinentes ao processo de gestão de pessoas; c) estabelecer uma tipologia de cargos para estruturação de um plano salarial.

Questões

1. Relacionar os cinco principais pontos positivos e os cinco pontos críticos da empresa.
2. Comentar o programa de clima organizacional adotado pela Siderúrgica S.A.
3. Quais as vantagens e desvantagens do método de remuneração e reconhecimento adotado pela empresa?

Capítulo 5

Recrutamento, seleção e contratação de pessoal

Esse conjunto de atividades configura, juntamente com outros, o nível operacional do processo sistêmico de gestão de pessoas. Em termos de estratégias, depende diretamente das políticas e diretrizes emanadas da alta direção da organização, as quais consideram o mercado de trabalho, os cenários, a legislação, as alternativas mais adequadas para a "procura" de pessoas e os meios de viabilizar a sua contratação.

Tal mercado está passando por inúmeras transformações cujo impacto varia de acordo com o tipo de organização. Enquanto as empresas de prestação de serviços especializados, tais como *softwarehouse*/consultoria em tecnologias da informação e engenharia, não encontram profissionais qualificados no mercado, outras, que empregam mão de obra intensiva, enfrentam excessiva oferta de pessoal.

Tudo começa com a ida ao mercado para recrutar e selecionar pessoas que interessem à organização. Eis o início da cadeia operacional da gestão de pessoas, o ponto de partida para a existência de uma força de trabalho na organização.

O mercado de trabalho, dependendo da conjuntura econômica e de outros fatores específicos, pode estar ou não em equilíbrio com a oferta de mão de obra. Por sua vez, e independentemente da conjuntura econômica, o mercado flutua em função do tipo de mão de obra a ser recrutada e selecionada.

Como já vimos, a força de trabalho necessária à realização das atividades da organização pode não ser a mesma representada pelo conjunto de seus empregados, visto que atualmente a maioria das empresas terceiriza parte dessas atividades e, portanto, precisa de menos pessoas vinculadas ao seu quadro de pessoal.

Outro grupo de pessoas existente na organização são os consultores e os estagiários: os primeiros, vinculados a um contrato específico, são diretamente responsáveis pelas obrigações trabalhistas que o seu vínculo exige; os últimos, vinculados a uma legislação específica que dispõe sobre o aprendizado no trabalho, têm como contrapartida apenas a concessão de bolsas de estudo e auxílios de deslocamento e alimentação, além de um seguro individual.

Em qualquer dos casos, o que se percebe é que as organizações, ao buscar "soluções" para complementar a sua força de trabalho, visam sobretudo aos seus interesses econômico-financeiros, sem levar em conta os prejuízos que possam vir a sofrer os que realizam o "trabalho". Seja como for, a concentração das organizações em seu *core business*, com a terceirização das demais atividades, tem mostrado que, na prática, os resultados são vantajosos e, portanto, justificam os meios.

Por ser uma atividade-meio, a tradicional área de recursos humanos também poderá vir a ter, a curto prazo, suas atividades operacionais terceirizadas. Isso já ocorre no recrutamento, seleção e contratação de pessoal, tema deste capítulo.

Qualquer que seja a sua amplitude, a terceirização afeta diretamente o processo de recrutamento e seleção de pessoal, cujas atividades terão um volume maior ou menor em função da menor ou maior intensificação da terceirização.

A tendência é haver maior procura de mão de obra qualificada (profissionais com MBA, mestrado ou doutorado, por exemplo), em detrimento daquela não qualificada, típica das atividades operacionais.

O recrutamento de pessoal constitui uma sistemática que objetiva atrair candidatos diretamente nas fontes de recrutamento, sejam elas internas ou externas. As características da mão de obra determinarão a escolha das fontes de recrutamento.

Eis o que já se começa a perceber no mercado de trabalho. Enquanto na maioria dos setores econômicos o desemprego aumenta, as empresas do setor de informática (ou mesmo aquelas que empregam profissionais altamente especializados) constituem um mercado de trabalho em franca expansão.

O uso de tecnologias da informação inovadoras, como *business to business*, *customer relationship management* (CRM) e comércio eletrônico (*e-commerce*), entre outras, tem criado inúmeros postos de trabalho, sem a correspondente oferta de profissionais no mercado de trabalho.

Dadas as novas características do mercado, o recrutamento de pessoal deve levar em consideração o tipo de mão de obra que começa a preponderar. A mão de obra não qualificada tende a ser terceirizada pelas grandes empresas, enquanto a mão de obra especializada será formada internamente ou contratada em empresas cuja atividade-fim seja fornecer profissionais desse nível.

Assim, as vagas encontram-se em diferentes tipos de organizações e em níveis hierárquicos diferenciados, o que pode requerer uma estratégia de formação e qualificação internas da mão de obra. No caso de profissionais de alto nível, a tendência é a contratação de empresas especializadas no recrutamento e seleção desse tipo de pessoas (*head hunters*).

Mas pode haver também o recrutamento misto, no qual as organizações recorrem às fontes interna e externa, simultaneamente. Além disso, existe a possibilidade de recrutamento *online*, via Internet, onde existem inúmeros *sites* disponíveis. Trata-se de uma estratégia que depende diretamente da situação do mercado de trabalho (em equilíbrio, de oferta ou de procura).

Dois tipos de recrutamento podem ser adotados, conforme o setor econômico, o porte e o estágio de vida da organização.

Recrutamento interno

O recrutamento é interno quando a organização procura preencher uma vaga para um posto de trabalho (cargo) mediante o remanejamento de seus funcionários, que podem ser promovidos (movimentação vertical), transferidos (movimentação horizontal) ou transferidos com promoção (ascensão funcional).

O recrutamento interno exige uma intensa e contínua coordenação, bem como a integração do gestor de pessoas com os demais setores da organização, podendo envolver:

a) transferência de pessoal;
b) promoções de pessoal;
c) transferências com promoções de pessoal;
d) programas de desenvolvimento/treinamento de pessoal; e
e) adequação da situação ao plano de carreiras.

O recrutamento interno exige o conhecimento prévio de uma série de dados e informações, tais como:

a) resultados obtidos pelo candidato nos testes de seleção a que se submeteu ao ingressar na organização;
b) resultado das avaliações de desempenho do candidato;
c) resultados dos programas de treinamento/desenvolvimento de que participou o candidato.

Eis algumas das vantagens que o recrutamento interno pode trazer:

a) é mais econômico;
b) é mais rápido;
c) tem maior índice de validade e segurança;
d) é uma fonte poderosa de motivação para os funcionários;
e) capitaliza o investimento da organização em treinamento/desenvolvimento do pessoal; e
f) desenvolve um sadio espírito de competição entre o pessoal.

Independentemente do ramo de negócios, o recrutamento interno contribui para baixar a taxa de flutuação de pessoal na organização – a rotação de pessoal (*turnover*) a que todas as organizações estão sujeitas. Ou seja, o recrutamento interno funciona como uma poderosa sistemática de ascensão que atende às expectativas que as pessoas têm de serem promovidas para assumir maiores responsabilidades. Elas querem ter oportunidade de aprender e executar trabalhos diferentes e mais complexos. Por outro lado, o fato de já dominarem todo o conteúdo de um cargo não significa que possam ser promovidas diretamente para o cargo em questão. Normalmente elas precisam de algum tipo de treinamento.

Figura 50
Recrutamento e seleção: primeiro critério

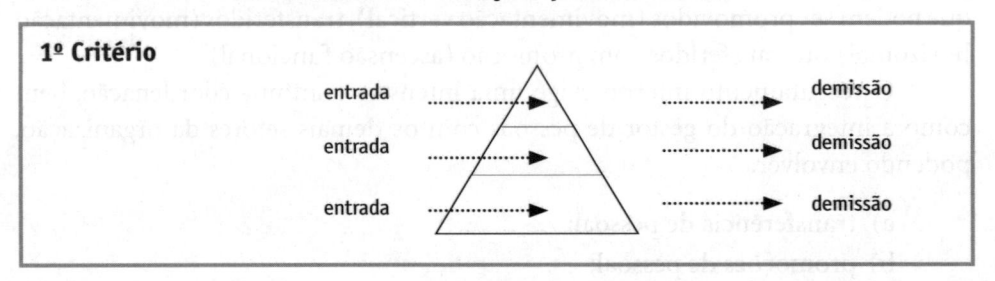

1º Critério			
entrada	▶	▶	demissão
entrada	▶	▶	demissão
entrada	▶	▶	demissão

Se a organização usar exclusivamente o primeiro critério, provavelmente a taxa de flutuação será alta, assim como suas despesas com pessoal. Ou seja, não ocorrem promoções porque as pessoas são contratadas prontas para ocupar um determinado cargo. E quando elas tiverem dado tudo o que podem, não serão promovidas automaticamente porque necessitam de treinamento. Supõe-se que quem não promove também não treina adequadamente seu pessoal. Assim, só resta ao funcionário pedir demissão ou "criar um caso" para ser mandado embora, pois ele sabe que a instituição vai contratar alguém já pronto para o cargo superior. Com isso, a taxa de flutuação aumenta, assim como as despesas com recrutamento.

Para melhor elucidar tal critério, tomemos o exemplo de uma instituição de ensino superior que tenha uma estrutura composta de professor graduado, professor especialista, professor mestre e professor doutor. Pelo *primeiro critério*, ela procurará recrutar, selecionar e contratar sempre o profissional no nível desejado: se necessitar de um professor mestre, em vez de investir na formação de um professor graduado ou especialista, contratará um mestre já disponível no mercado de trabalho. Alternativamente, a instituição poderá utilizar um *segundo critério*: contratará externamente apenas professores graduados, procurando depois desenvolvê-los e promovê-los internamente às categorias superiores (professor mestre e professor doutor). Essa seria a estratégia ideal, mas a conjuntura do mercado em face da oferta ou de fatores socioeconômicos talvez recomende a contratação direta para cargos superiores. E isso pode acontecer em todas as organizações.

Figura 51
Recrutamento e seleção: segundo critério

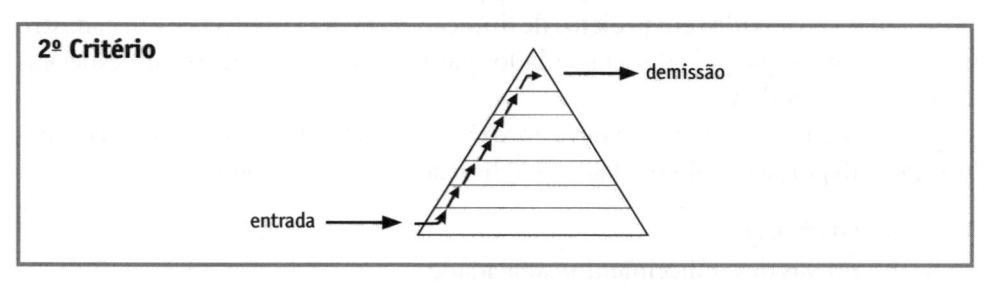

2º Critério

[Pirâmide com seta "entrada" apontando para a base e seta "demissão" saindo do topo]

Considerando ainda o exemplo anterior, adotando-se o segundo critério é possível diminuir os índices de flutuação, absenteísmo e insatisfação dos empregados, na medida em que eles percebam que têm chances de crescer na instituição. Por esse critério, em vez de recrutar e selecionar o profissional pronto, diretamente do mercado de trabalho, a organização irá investir em sua formação. Ou seja, se a instituição precisar de um professor doutor, procurará preparar, através de curso de pós-graduação ou programa de doutoramento *stricto sensu*, um professor mestre de seu quadro de pessoal existente.

Recrutamento externo

O recrutamento é externo quando a instituição procura preencher a vaga existente com candidatos externos atraídos pelas técnicas de recrutamento. Pode envolver uma ou mais das seguintes técnicas de recrutamento:

a) banco de dados ou arquivo de fichas de candidatos que se apresentaram espontaneamente em recrutamentos anteriores;
b) apresentação de candidatos por empregados da instituição;
c) cartazes ou anúncios à entrada da instituição;
d) contatos com sindicatos e associações de classe;
e) contatos com agremiações estudantis, diretórios acadêmicos e centros de integração empresa-escola;
f) cooperação mútua com outras instituições de ensino que atuam no mesmo setor educacional;
g) anúncios em jornais, revistas, rádios etc.;
h) agências de recrutamento e seleção de pessoal;
i) via Internet através de *sites* especializados em recrutamento *online*;
j) outras formas de atração de candidatos.

Tais técnicas de recrutamento dependem diretamente do tipo de cargo a ser preenchido. Ou seja, pode-se adotar uma estratégia para recrutar pessoal de nível superior e outra para pessoal de nível técnico.

No caso de especialistas, a estratégia é manter um banco de dados sobre profissionais de outras organizações ou que estejam momentaneamente fora do mercado ou envolvidos em projetos de duração certa. A existência de um cadastro de profissionais que possam ser sondados para a realização de trabalhos especiais é de grande utilidade.

A sistemática de seleção deve aproximar o candidato da realidade da organização e depois avaliá-lo mediante a aplicação de técnicas como:

a) entrevista;
b) provas de conhecimento/capacidade;
c) testes psicométricos;
d) testes de personalidade; e
e) técnicas de simulação.

As técnicas de seleção variam em função da estratégia adotada pela organização, dos aspectos conjunturais do mercado, e das características da mão de obra a ser selecionada. Algumas organizações chegam a adotar práticas não convencionais de seleção, tais como mapa astral, astrologia, dinâmica de grupo, grafologia e outras técnicas inovadoras e não científicas.

As técnicas de seleção de pessoal mudam, portanto, conforme o nível ocupado pelo cargo na hierarquia da estrutura organizacional, nível que normalmente é preestabelecido na descrição e especificação do cargo.

Historicamente, pode-se afirmar que os critérios de seleção de pessoal evoluíram, acompanhando os modelos de organização: pré-burocrático, burocrático e pós-burocrático. Na fase do modelo pré-burocrático, a seleção de pessoal era feita com base na amizade e nas relações sociais, com enfoque no passado. Já no modelo burocrático, a seleção de pessoal tinha como pré-requisito o treinamento ou a formação específica, de preferência com diploma, com enfoque no presente. No modelo pós-burocrático, a seleção incorpora como pré-requisito o potencial do candidato, preferindo-se uma formação de generalista, com enfoque no futuro.

Operacionalmente, pode-se dizer que o processo de recrutamento começa com a emissão da "requisição de empregado" pelo responsável por um setor ou célula (órgão requisitante), pois ele é quem toma a decisão de recrutar candidatos para preencher vagas em determinado posto de trabalho, de acordo com o planejamento consolidado pela estrutura organizacional.

Posteriormente, o responsável pelo recrutamento escolhe os meios (interno, externo ou misto), de acordo com as características da mão de obra a ser recrutada e demais critérios preestabelecidos pelo órgão responsável pelas políticas e diretrizes da gestão de pessoas. Para tanto, pode-se contar com um banco de dados de candidatos em potencial, reunindo informações sobre profissionais do meio externo e da própria organização (banco de talentos). O recrutamento considera a descrição do cargo e seu perfil e pré-requisitos.

Figura 52
O processo de recrutamento e seleção

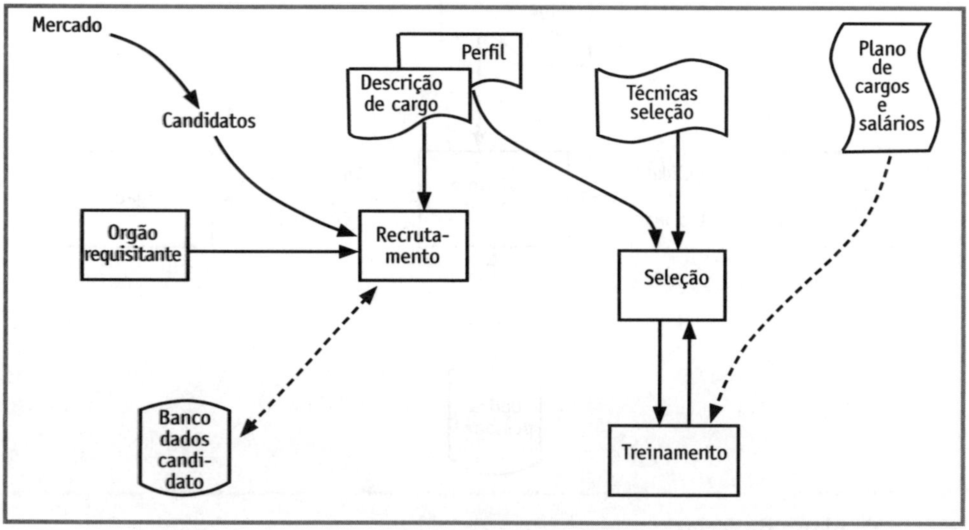

Na fase de seleção, deve-se aplicar a técnica mais compatível com o tipo de mão de obra a ser recrutada, ou seja, as informações contidas na própria descrição do cargo e que constam do plano de cargos e salários da organização.

Concluído o processo de seleção, do qual participa o próprio órgão requisitante, o candidato escolhido é encaminhado à área de registro e controle para os procedimentos legais de admissão trabalhista.

O processo de recrutamento e seleção deve fornecer, ainda, subsídios ao desenvolvimento/treinamento de recursos humanos, na medida em que evidencie eventuais deficiências da mão de obra encontrada no mercado de trabalho.

Uma vez efetivados o recrutamento e a seleção das pessoas necessárias aos processos, há que providenciar um sistema de gestão das informações relativas ao registro dos empregados contratados, de acordo com a legislação vigente. Quanto maior a instituição e mais descentralizada a sua estrutura, maior a necessidade de controlar as informações referentes ao seu pessoal.

As atividades inerentes ao registro de pessoal dizem respeito a:

a) um vínculo contratual que garanta uma relação duradoura entre as partes (empresa e empregado);
b) apontamento e registro de faltas;
c) anotações de atrasos e de frequência;
d) confecção da folha de pagamento do pessoal próprio e subcontratado;

Figura 53
Registro e controle de pessoal

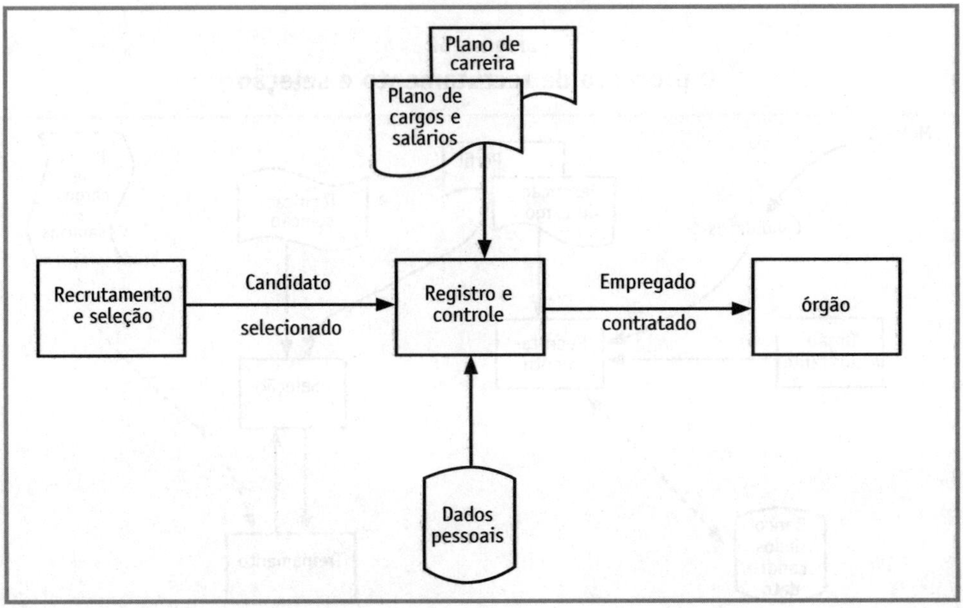

```
                    Plano de
                    carreira
              Plano de
              cargos e
              salários
                        │
                        ▼
Recrutamento  Candidato   Registro e   Empregado    órgão
e seleção   ─selecionado→  controle   ─contratado→
                        ▲
                        │
                    Dados
                    pessoais
```

e) plano de férias;
f) prontuários de funcionários;
g) rotinas de pedidos de demissão, desligamentos, avisos prévios e rescisões trabalhistas; e
h) cumprimento de obrigações trabalhistas e previdenciárias.

Existem também rotinas referentes a:

a) processos de aposentadoria;
b) auxílio-doença;
c) pensões;
d) casos de acidentes de trabalho;
e) elaboração de contratos de trabalho;
f) declarações de encargos de família;
g) declarações de rendimentos para efeito de imposto de renda;
h) outros procedimentos trabalhistas.

As atividades referentes à contratação de pessoal abrangem ainda:

a) políticas de benefícios e assistência social aos funcionários; e
b) controle de pessoal, em termos de :
   ❏ banco de dados de gestão de pessoas;

- controle qualitativo e quantitativo do quadro de pessoal; e
- inventários sistemáticos da lotação do pessoal da organização.

A atividade de cadastramento, manutenção e controle do banco de dados de recursos humanos está estreitamente ligada à área de desenvolvimento e capacitação das pessoas, no que tange à identificação das necessidades de treinamento e sua respectiva programação. Tem, ainda, interligação com a área de recrutamento e seleção de pessoal, na medida em que o banco de dados permite identificar possíveis candidatos internos às vagas a serem preenchidas.

Complementarmente, a área de administração de cargos e salários apoia-se no banco de dados da gestão de pessoas em suas atividades de manutenção do plano salarial, donde a necessidade permanente de incorporar nesse banco as atualizações salariais.

As atividades de registro e controle, que são o embrião da gestão de pessoas nas organizações, podem ser resumidas em termos de:

a) admissão:
- contratação de pessoas;
- atualização de carteira de trabalho;
- livro/ficha de registro;
- relação de admitidos e desligados;
- declaração de opção;
- transferência de FGTS;
- controle legal da proporcionalidade entre funcionários brasileiros e estrangeiros;
- atualização de contratos de trabalho;
- contribuição sindical e do PIS-Pasep;
- admissão de menores;
- contratos de experiência.

b) desligamento:
- documentação trabalhista de rescisão;
- cálculos indenizatórios;
- levantamento de contas paralisadas;
- acordos trabalhistas, homologação e quitação trabalhista.

c) controle de frequência:
- regime de trabalho;
- marcação e controle de ponto;
- quadro de horários;

- jornada de trabalho por categoria ocupacional;
- controle e pagamento de horas extraordinárias;
- regime de horário móvel;
- antecipação de jornada;
- trabalho noturno;
- controle e pagamento de adicionais;
- descanso remunerado;
- apontamento de férias.

d) folha de pagamento:·
- pagamento de salários;
- pagamento de adicionais;
- pagamento de gratificações;
- pagamento de auxílios e benefícios;
- pagamento de férias;
- pagamento do 13º salário;
- controle da remuneração fixa ou variável;
- desconto e recolhimento de tributos previdenciários e sobre a renda.

e) fiscalização do trabalho e da previdência:
- documentação a ser apresentada à fiscalização;
- calendário de obrigações trabalhistas;
- obrigações relativas a segurança e higiene do trabalho;
- controle de recolhimentos e devoluções de valores sindicais e previdenciários.

f) preposto na Justiça do Trabalho:
- questões referentes a processos trabalhistas.

g) relações sindicais:
- negociações trabalhistas e relação de emprego.

Estudo de caso: Empresa Beta S.A.

A Empresa Beta S.A., de pequeno porte, fabrica peças para tratores e tem 25 empregados. Como a maioria das empresas familiares, possui um sistema de gestão fechado, sendo as decisões totalmente centralizadas.

A tradição e o passado são muito cultuados. Quanto ao futuro, a expectativa básica é manter o atual nível de produção e de mercado. A Empresa Beta S.A. conta com um grupo fiel de clientes, amigos antigos do dono, o sr. Matos, figura

continua

extremamente carismática e trabalhadora, que está à frente do negócio desde a sua fundação, há 30 anos.

A tecnologia aplicada à produção das peças fabricadas pela Empresa Beta S.A. praticamente não evoluiu desde o surgimento da empresa. Há cerca de dois anos, cogitou-se em automatizar parte do processo produtivo, o que foi descartado pelo sr. Matos: "Além de representar um gasto vultoso e desnecessário, essa mudança acarretaria demissões. Por que mexer em time que está ganhando?"

Os empregados são incentivados a manter fidelidade à empresa e ao seu dono, que se considera chefe de uma "grande família". Em troca, têm bom tratamento e a garantia de um emprego "para toda a vida". Não existem muitos conflitos, ao menos explícitos, pois são considerados inadmissíveis.

O relacionamento entre os empregados pode ser qualificado como muito bom, havendo companheirismo entre eles. A maioria tem bastante tempo de casa. Alguns já estão na empresa há duas gerações, pois os filhos dos empregados têm preferência na contratação.

A produtividade dos empregados não é considerada baixa, mas poderia ser melhor. Talvez falte maior estímulo à produção. As queixas mais comuns são em relação ao horário. Para os empregados, sete horas da manhã é muito cedo para iniciar a jornada, pois a fábrica está situada fora da cidade, num local de difícil acesso e mal servido de transporte. Consultado a respeito, o sr. Matos negou-se a mudar o horário. Para ele a disciplina é uma grande virtude, e acordar cedo seria um dos requisitos de uma vida regrada.

Os salários já foram melhores. Nos últimos anos, os reajustes ficaram aquém da inflação. Alguns empregados se queixam de não mais poder manter o mesmo padrão de vida de antes. As reclamações, porém, são feitas muito discretamente, pois ninguém quer magoar o sr. Matos, respeitado e admirado pelo pulso com que conduz seu negócio e pela amizade que dedica aos empregados.

O problema

O sr. Matos faleceu, vítima de enfarto. A família decidiu profissionalizar a gestão da Empresa Beta S.A., uma vez que nenhum dos dois filhos mostrou interesse em envolver-se diretamente na gerência.

Você foi contratado para ser o gerente-geral. Faça um diagnóstico da atual situação da Empresa Beta S.A. no que diz respeito à gestão de pessoas e proponha medidas para corrigir os problemas detectados.

Premissa didática (a análise de um caso estimula o pensamento dos leitores e sua capacidade de tomar decisões): a) introduzir a ideia de visão, missão e valores de uma organização; b) colocar os leitores em contato inicial com o conceito de gestão de pessoas; c) diagnosticar um modelo de gestão de pessoas.

continua

Questões:
1. Cite cinco aspectos positivos e cinco aspectos negativos.
2. Para melhorar o processo de gestão da Empresa Beta S.A., que medidas você tomaria primeiro? Por quê?

Capítulo 6

Estratégia de cargos e salários

Administração de cargos e salários

A administração de cargos e salários, juntamente com a sistemática de avaliação de desempenho e do plano de carreira, formam o processo de planejamento, execução e controle das recompensas salariais (administração de salários, políticas de salários, composto salarial ou outra expressão equivalente). Na prática, os três instrumentos se complementam.

Figura 54
Cargos e Salários

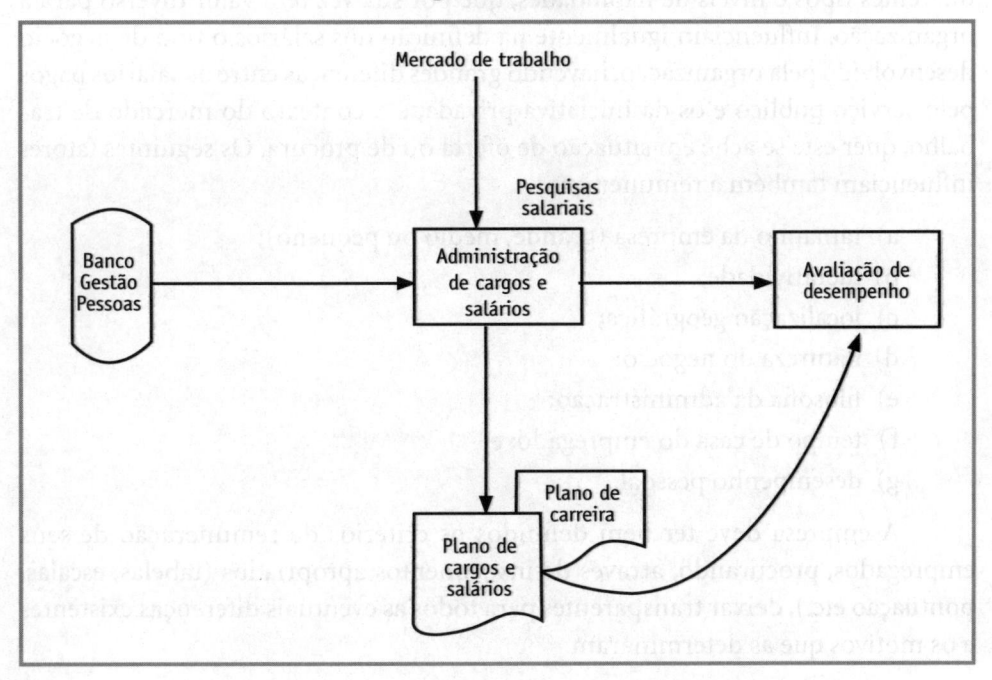

Estrutura de remuneração

Entende-se por remuneração o conjunto de vantagens que uma pessoa recebe em contrapartida pela prestação de um serviço. A maioria das empresas brasileiras utiliza ainda o sistema ortodoxo de remuneração, que é composto de:

a) salário-base;
b) adicionais legais;
c) horas extras;
d) benefícios.

Contudo, já existem empresas que adotam estratégias de remuneração inovadoras, tais como:

a) *economic value added* (EVA), que remunera com base na criação de valor agregado nas organizações;
b) participação nos resultados;
c) bônus/participação acionária; e
d) comissão de vendas.

O tipo de trabalho desenvolvido pelo empregado e o nível hierárquico do cargo ocupado é que determinam o nível salarial, pois diferentes trabalhos exigem diferentes tipos e níveis de habilidades, que por sua vez têm valor diverso para a organização. Influenciam igualmente na definição dos salários o tipo de negócio desenvolvido pela organização, havendo grandes diferenças entre os salários pagos pelo serviço público e os da iniciativa privada, e o contexto do mercado de trabalho, quer este se ache em situação de oferta ou de procura. Os seguintes fatores influenciam também a remuneração:

a) tamanho da empresa (grande, médio ou pequeno);
b) lucratividade;
c) localização geográfica;
d) natureza do negócio;
e) filosofia da administração;
f) tempo de casa do empregado; e
g) desempenho pessoal.

A empresa deve ter bem definidos os critérios de remuneração de seus empregados, procurando, através de instrumentos apropriados (tabelas, escalas, pontuação etc.), deixar transparentes para todos as eventuais diferenças existentes e os motivos que as determinaram.

Análise de cargos e carreiras

A descrição de um cargo contém um conjunto de funções, quase sempre correlatas, que mantêm coerência com os níveis de escolaridade e responsabilidade do seu ocupante. Um conjunto de cargos, dispostos em sequência crescente, define uma carreira. Uma empresa pode ter várias carreiras em seu plano. Por exemplo:

a) carreira: apoio administrativo
   - cargos: auxiliar administrativo; ajudante administrativo; assistente administrativo;
b) carreira: engenharia de manutenção
   - cargos: engenheiro de manutenção júnior, engenheiro de manutenção sênior, engenheiro de manutenção pleno.

À proporção que o empregado se qualifica para o cargo seguinte, aumentam os níveis de exigência para o seu desempenho (escolaridade, complexidade, responsabilidade etc.). O termo carreira significa uma sequência de posições ocupadas por um profissional ao longo de sua vida, independentemente de empresa e compatibilidade de cargos exercidos. Apresentamos a seguir um exemplo de descrição de cargo, normalmente aplicável a organizações extremamente estruturadas (tipo taylorista).

Empresa: Brasil Tudo Ltda.

- Título do cargo: escriturário.
- Descrição sumária: datilografar, digitar, redigir, receber e arquivar documentos e atender pessoas.
- Descrição geral:
   a) serviços de datilografia;
   b) serviços de digitação utilizando equipamentos de informática com todos os recursos disponíveis;
   c) redação de correspondência de teor compatível com o nível de escolaridade exigido;
   d) receber e protocolar documentos, encaminhando-os de acordo com as rotinas estabelecidas;
   e) arquivar documentos, uma vez cumpridas todas as fases do processo;
   f) atender os clientes internos (empregados), visando ao cumprimento de objetivos comuns;
   g) atendimento ao público em geral.

❏ Requisitos
   a) nível de escolaridade: 2º grau completo;
   b) nível de especialização: não há exigências;
   c) experiência anterior: seis meses de prática de escritório;
   d) aptidões adicionais: boa redação, boa digitação, boa memória, responsabilidade, cortesia e boa apresentação.
❏ Condições de trabalho
   Preferencialmente em ambiente de escritório, mas também em ambiente operacional. Em ambos os casos não há riscos quanto à saúde e meio ambiente.
❏ Pontuação na escala salarial: 126 pontos (a pontuação decorre da avaliação de cargos da organização e leva em conta, entre outros aspectos, nível de responsabilidade, importância para o negócio e grau de experiência, entre outros).

A administração de cargos e salários pode adotar diferentes sistemas de avaliação:
   a) sistemas não quantitativos: escalonamento de cargos, graus predeterminados ou classificação de cargos;
   b) sistemas quantitativos: pontos, comparação por fatores.

Tais métodos deram origem a outros, como por exemplo o método de pesquisa salarial, o método do perfil fatorial, o método percentual, o método da classificação organogramática e assim por diante. Em todos eles se observam as fases básicas de concepção, elaboração e implantação do plano de cargos e salários, tendo por objetivo alcançar o equilíbrio interno e externo de salários.

Existe equilíbrio interno na organização quando as diferenças de salários dos funcionários correspondem às diferenças de dificuldade das tarefas. Quanto mais importante, relativamente, for o cargo, quanto mais ele exigir conhecimento, experiência e responsabilidade de seu ocupante, maior deverá ser o salário. Existe equilíbrio externo quando a organização paga salários semelhantes àqueles encontrados no mercado de trabalho para o mesmo cargo. O pagamento de salários compatíveis com o mercado de trabalho é importante para a organização atrair e manter pessoal capacitado a exercer as tarefas de seus diversos cargos.

Apresentamos a seguir uma breve análise dos métodos mais utilizados pelas organizações para desenvolver um plano de cargos e salários.

Método do escalonamento

O método de avaliação de cargos por escalonamento, também denominado método de comparação simples ou *job ranking*, consiste em estruturar os cargos num elenco crescente ou decrescente, conforme um ou mais critérios de comparação. Trata-se de comparar os cargos um a um, procurando situar no topo os que tradicionalmente são considerados "mais importantes". Para evitar distorções, várias pessoas devem participar desse escalonamento.

Método das categorias predeterminadas

O método das categorias predeterminadas, ou de escalonamentos simultâneos, é uma variação do método do escalonamento simples. Para aplicar esse método é necessário dividir os cargos em conjuntos (categorias predeterminadas) que possuam certas características comuns. Em seguida, aplica-se o método do escalonamento simples a cada um desses conjuntos ou categorias de cargos, dispondo-os numa uma hierarquia ou escala prefixada.

Após determinar o número de categorias mais apropriado para a organização, cada categoria deve ser definida claramente em termos de nível de responsabilidade e outros requisitos típicos de cada grau. As categorias devem ser descritas formalmente, tornando-se um padrão por meio do qual são classificados todos os cargos de uma organização.

Método de comparação de fatores

Por meio dessa técnica, que engloba o princípio do escalonamento, os cargos são comparados detalhadamente com fatores de avaliação. O método adota cinco fatores genéricos, quais sejam:

a) requisitos mentais;
b) habilidades;
c) requisitos físicos;
d) responsabilidade; e
e) condições de trabalho.

Após a análise dos cargos, cumprem-se sete etapas. Na primeira escolhem-se os fatores de avaliação que permitirão comparar e escalonar os cargos. A escolha dos fatores dependerá do tipo e das características dos cargos. Na segunda etapa define-se cada um dos fatores de avaliação; quanto melhor a definição dos fatores, maior a precisão do método. Na terceira etapa selecionam-se os cargos de referência para facilitar as comparações dos demais cargos. Na quarta etapa, cada cargo de referência é avaliado mediante o escalonamento dos fatores de avaliação. Os escalonamentos são independentes para cada fator. Na quinta etapa, os fatores são avaliados e ponderados segundo sua contribuição individual para o total, de modo que a soma total de salários obtida para um cargo de referência possa ser dividida e considerada em termos absolutos para cada fator. Na sexta etapa, procura-se conciliar os resultados obtidos na avaliação de fatores com aqueles obtidos no escalonamento original dos fatores. Deve haver coerência entre as diferenças relativas indicadas nas alocações salariais arbitrárias e subjetivas. Constrói-se uma matriz de escalonamento e avaliação de fatores que leve em conta os cargos de referência. Por fim, na sétima etapa, transforma-se a matriz de escalonamento de fatores numa escala comparativa de cargos. Enquanto houver contradições no duplo processo de escalonamento de fatores e de avaliação de fatores, novos ajustamentos deverão ser feitos até que os resultados se tornem consistentes. De modo geral, esse método é mais apropriado para cargos horistas e outros cargos menos complexos.

Método de avaliação por pontos

Trata-se de aplicar fatores que estabeleçam diferenças de requisitos entre o grupo de cargos a avaliar. Tais fatores são subdivididos em graus conforme o número de exigências a medir; e os graus são ponderados, recebendo determinado número de pontos, de acordo com a sua importância relativa. O resultado da avaliação será a soma dos pontos obtidos por um cargo em todos os fatores.

Embora envolva aspectos um tanto complexos, o método de pontos produz resultados precisos e é mais fácil de aplicar do que os demais. Mas essas vantagens são recentes. A princípio usavam-se técnicas reconhecidamente arbitrárias, que mereceram críticas generalizadas. Com a evolução da pesquisa estatística, as técnicas passaram a receber tratamento sistemático, possibilitando assim o aperfeiçoamento do método de pontos e sua ampla utilização no meio empresarial.

O método prevê quatro estágios para a elaboração do plano salarial:

a) análise dos cargos;

b) avaliação dos cargos;

c) plano de remuneração; e

d) enquadramento do indivíduo no cargo.

Método flexível de cargos e salários

Analisando esses diferentes métodos, constatamos que nenhum deles poderia aplicar-se indistintamente a qualquer um dos tipos de organizações. Assim, para preencher essa lacuna, desenvolvemos o presente método, que visa a proporcionar maior flexibilidade e adaptabilidade às organizações estruturadas em torno de processos e cuja aplicação deve levar em conta o setor econômico, o porte e o estágio de vida da organização.

O método de elaboração de plano de cargos e salários aqui proposto procura compatibilizar o equilíbrio interno com o equilíbrio externo de salários. Inclui as seguintes etapas:

a) relação dos cargos, com as respectivas funções, a serem pesquisados no mercado;

b) preparação de formulário para a coleta de dados, contendo o título do cargo na organização, o título do cargo nas organizações pesquisadas e os salários vigentes no mercado (menores, médios e maiores);

c) identificação das organizações que compõem o segmento do mercado em questão (amostra a ser pesquisada);
d) coleta de dados e tabulação dos resultados;
e) ordenamento dos cargos e funções com base nos resultados obtidos, considerando-se os salários de mercado e suas variações;
f) divisão dos cargos em classes salariais e incorporação de cargos ou funções não identificados no levantamento, através de comparações;
g) criação de faixas salariais dentro de cada classe, a fim de permitir a progressão funcional dos funcionários da instituição; apresentam-se diferentes alternativas, caracterizando diferentes possibilidades de tabelas salariais, de modo a permitir a análise de custos da política adotada; nessa fase serão tomados como parâmetros os valores referentes aos maiores e menores salários;
h) definição de critérios de enquadramento funcional e simulações para avaliar os custos efetivos de implantação; e
i) concepção e elaboração do plano de cargos e salários.

O nível de detalhamento dos cargos/funções a serem considerados deve ser compatível com a estrutura de cargos e com o organograma da instituição. A pesquisa salarial deve orientar o ordenamento dos cargos. Dessa forma, o posicionamento de um determinado cargo na estrutura será automaticamente obtido pelo seu posicionamento no mercado. Os resultados do levantamento de mercado servem de base para a estruturação das novas classes e faixas salariais do plano de cargos e salários. Tais resultados devem subsidiar, ainda, a ordenação dos cargos da organização em classes hierarquizadas, dentro do pressuposto básico de que a ordenação praticada efetivamente pelo mercado é um critério objetivo de valorização dos cargos, além de assegurar o equilíbrio externo dos salários.

A distribuição hierarquizada em classes considera a importância relativa dos cargos, apurada a partir da classificação dos cargos por salários médios. E pela análise dos diferentes cargos que compõem a estrutura da organização, levando em conta a importância relativa de cada um deles no contexto de sua administração, é possível atingir o equilíbrio interno. Esse ordenamento de cargos baseia-se também nos resultados da tabulação da pesquisa salarial. Nessa fase os cargos normalmente são agrupados em três níveis: básico, médio e superior.

Ao se criarem as classes salariais, leva-se em conta a hierarquização dos cargos, com um determinado número de faixas em cada classe, compondo assim uma tabela única de salários. Tais valores devem ter como parâmetro os valores médios praticados no mercado para os vários cargos considerados. Levam-se em conta, ainda, os cargos que, constituindo grupos ocupacionais ou de carreira distintas, farão jus a um complemento de remuneração variável.

Ou seja, o método propõe a adoção de prêmios de incentivo para determinadas categorias (ou extensiva a todos os funcionários da organização, por ganhos de produtividade). Uma vez definida a tabela, a administração deve preocupar-se em promover a atualização dos salários, sempre que algum fator venha a comprometer o seu poder aquisitivo.

Os critérios de enquadramento e manutenção do plano de cargos e salários permitem a mobilidade do cargo na tabela, observando:

a) a definição do salário de contratação;
b) a progressão horizontal;
c) a progressão vertical.

O salário de contratação deve ser apurado em função da classe do cargo a ser preenchido. O funcionário recém-admitido deve ser remunerado pelo salário da primeira faixa da classe a que corresponda o cargo a ser preenchido, durante o período de experiência (estágio probatório com duração de três a 12 meses). Após esse período, se aprovado no cargo, o funcionário fará jus ao salário correspondente à segunda faixa da classe do referido cargo. Trata-se da progressão horizontal, ou seja, a mudança de faixa dentro da mesma classe salarial por merecimento e mediante avaliação de desempenho. Já a progressão vertical é a mudança de um cargo para outro situado na faixa salarial imediatamente superior, tomando por base o salário percebido anteriormente. Tal progressão se verifica quando o funcionário adquire as habilidades funcionais e a escolaridade requeridas para o novo cargo.

Quando o número de candidatos a cargos de classes salariais superiores for maior que o das vagas existentes, o preenchimento deverá levar em conta os resultados da avaliação de desempenho, considerada classificatória.

A manutenção do plano de cargos e salários deve corresponder às seguintes situações:

a) criação de novos cargos;
b) mudança de situação funcional dos empregados;
c) comparações com o mercado através de pesquisas salariais;
d) término de período de experiência;
e) reclassificação de funcionários;
f) determinação da legislação; e
g) tratamento de casos especiais.

Remuneração variável

A remuneração variável tem-se revelado uma boa alternativa às limitações da remuneração fixa. O fato de o salário nominal ser irredutível por vezes dificulta a concessão de melhorias pelas vias tradicionais. Assim, muitas organizações relutam em aumentar o salário de seus empregados mesmo quando têm condições para tanto, pois temem não conseguir mantê-lo posteriormente em situações menos favoráveis. Não são raros os casos de empresas que, em meio a uma crise financeira, são obrigadas a efetuar demissões em massa por terem adotado uma política salarial adequada apenas aos tempos das "vacas gordas".

A remuneração variável, além de não ser incorporada ao salário, permite conceder aumentos diferenciados a certos indivíduos ou setores, sem prejudicar a harmonia da estrutura salarial. Sua maior virtude, portanto, é possibilitar maior vinculação entre o salário e a produtividade. A propósito, vale citar novamente Resende (1991):

"A oportunidade indica que o espírito de reciprocidade deve ser introduzido na relação de emprego. Em virtude da histórica exploração do trabalho e da prolongada perda do poder aquisitivo por parte dos assalariados, acostumamo-nos com uma cobrança unilateral dos empregados à empresa. Esta, por sua vez, esqueceu ou desaprendeu o objetivo de cobrar ou estimular maior empenho por produtividade junto aos empregados (...). A produtividade precisa ser estimulada e aperfeiçoada, porque ganhos de remuneração devem ser decorrentes de ganhos de produtividade".

O ideal é que a parte fixa da remuneração, expressa no salário nominal, represente uma retribuição justa pelo desempenho das tarefas atribuídas a cada cargo. Seu cálculo deve basear-se nas técnicas convencionais de avaliação de cargo e na pesquisa de mercado. Já a remuneração variável não deve basear-se nem nas tarefas do cargo nem nos salários de mercado. Sua base é, por excelência, a produtividade, ou seja, os resultados alcançados pelos indivíduos, pelos setores de trabalho ou pela empresa como um todo (é possível focalizá-la nessas três diferentes dimensões).

A forma mais comum de remuneração variável é a participação direta nos resultados, a comissão concedida a profissionais como vendedores e garçons. No entanto, sua utilização é limitada, por natureza, a classes específicas. Algumas organizações optam pela distribuição periódica de parte dos lucros obtidos, seja entre todos os empregados, seja de acordo com a avaliação de desempenho de cada um.

É comum, também, a concessão de um 14º ou 15º salário nos anos em que a empresa alcança bons resultados. Mas essa opção é limitada, porquanto não possibilita a diferenciação individual ou setorial. Além disso, quando é feita por alguns anos seguidos, essa concessão passa a ser vista como rotineira pelos empregados, que a consideram "incorporada" aos seus ganhos normais, havendo decepção e revolta quando ela deixa de ser oferecida.

Semler (1996), autor do *best-seller Virando a própria mesa*, implantou em sua empresa um interessante sistema de remuneração variável. Os empregados de cada unidade fundaram uma associação à qual é repassada uma parte dos lucros obtidos pela empresa. Os próprios trabalhadores administram esse dinheiro, podendo aplicá-lo em planos de saúde, investi-lo ou simplesmente distribuí-lo entre os membros.

Quanto à conveniência de se conceder uma remuneração variável a todos os empregados ou somente a alguns, com base no seu desempenho individual, podemos dizer que as duas formas apresentam limitações. Optando pela premiação igualitária, estaremos sendo injustos com os que mais se esforçaram e nivelando-os àqueles que não contribuíram na mesma proporção para o sucesso da organização. Por outro lado, geralmente é muito difícil separar a produtividade individual daquela resultante do esforço grupal. Assim, a forma mais conveniente é a mista, na qual a base de cálculo dos prêmios e bonificações é o resultado global. Todos os trabalhadores são contemplados, porém diferenciadamente em função do grau obtido na avaliação de desempenho.

Quanto à melhor forma de implantar a remuneração variável, não existe receita única, devendo-se observar as características e necessidades de cada empresa. É bom que os empregados participem da decisão, pois isso pode viabilizar um arranjo que atenda melhor aos seus interesses.

Picarelli e Wood Jr. (1996) apontam as seguintes vantagens da remuneração variável:

a) possibilita a adequação do dispêndio com pessoal à capacidade de pagamento da organização;
b) força a revisão de objetivos, metas e indicadores de desempenho adotados;
c) favorece a definição clara de prioridades estratégicas;
d) se implementada de forma adequada, pode favorecer a percepção, pelos funcionários, de que a remuneração recebida é justa.

Por outro lado, pode haver algumas dificuldades:

a) a variação da renda pode tornar-se um problema para o empregado;
b) a gestão do sistema de remuneração é mais complexa e exige dos responsáveis um cuidado especial;
c) a legislação trabalhista brasileira, que remonta à década de 1930, incorpora algumas definições que podem trazer problemas jurídicos.

Picarelli e Wood Jr. defendem o sistema de remuneração estratégica, comparando-o com o sistema tradicional, conforme ilustrado a seguir.

Um programa de remuneração variável como o *economic value added* (EVA) provoca drástica mudança no âmbito das empresas. Tal programa, que premia a criação de valor com um forte componente variável, exige a combinação entre salário fixo, bônus variável de curto prazo e incentivos de longo prazo (normalmente incluindo pacotes acionários ou *stock options* e planos de aposentadoria). Além

Sistema de remuneração tradicional	Sistema de remuneração estratégica
Foco no cargo, e não na pessoa	Foco preponderante na pessoa
A base do sistema é a avaliação de cargos	A base do sistema é o valor que cada um agrega à organização
Ascensão salarial através de promoções a outros cargos ou níveis	Ascensão salarial com base na contribuição individual
Recompensa a responsabilidade	Recompensa o desempenho, os resultados
Remuneração como fator de custo	Remuneração como fator de alavancagem de resultados

de ser difícil de implementar, esse método pode, como foi o caso de importante multinacional instalada no país, apurar um valor de bônus não positivo (se não houver criação de valor econômico na empresa), o que implica o não pagamento de prêmios, ainda que o balanço evidencie lucros.

Salário justo e melhoria dos índices de produtividade

É sabida a importância do salário para a satisfação dos empregados. Ainda que alguns não o considerem como possível fonte de motivação, o fato é que os problemas nessa área afetam negativamente a produtividade dos trabalhadores.

O salário representa a base do padrão de vida do empregado, do seu conforto e dos bens e serviços que ele pode adquirir para si e sua família. Está diretamente relacionado, também, ao *status* de cada trabalhador na organização, uma vez que reflete a importância que ela lhes confere.

Vale lembrar que normalmente os salários representam uma importante parcela dos custos produtivos e, portanto, merecem especial atenção dos administradores. Além disso, oferecer salários dignos e justos é fundamental para garantir um ambiente organizacional favorável à produtividade.

Segundo Resende (1991), até a metade da década de 1970 a administração de cargos e salários conheceu uma "era tecnicista" cujos paradigmas e métodos estão presentes ainda hoje em muitas empresas. Quando esses métodos chegaram ao Brasil, quase todas as empresas tinham uma administração de cargos e salários totalmente empírica.

Especialistas no assunto trataram então de conduzi-las à situação oposta, dando ênfase a métodos e técnicas de caráter quantitativo e construindo sofisticados modelos de estudos salariais. Nesse contexto, a eficiência, representada pela qualidade do trabalho, era a preocupação primordial, ficando relegada a segundo plano a eficácia, refletida na obtenção de resultados práticos.

Hoje faz-se necessário tratar as questões salariais de maneira mais flexível e estratégica, deslocando-se a ênfase da eficiência para a eficácia. Não se trata, evidentemente, de pôr de lado as preocupações com a eficiência, as quais são também relevantes. É preciso, porém, que a preocupação excessiva com os meios não dificulte a consecução dos fins.

As técnicas tradicionais permanecem em grande parte válidas, desde que aplicadas sem exageros tecnicistas. Constituem um pré-requisito para o sucesso de uma política de remuneração, mas não bastam para garanti-lo. São exemplos dessas técnicas a análise e descrição de cargos, a avaliação de cargos, a pesquisa salarial e a elaboração de normas de ascensão funcional. Elas devem contribuir para a concretização dos verdadeiros objetivos da administração de cargos e salários, quais sejam:

a) justiça salarial;
b) equilíbrio salarial interno e externo;
c) atração e retenção de pessoal competente e qualificado;
d) satisfação dos empregados;
e) redução do volume de reclamações trabalhistas;
f) criação de oportunidades de progresso para os empregados; e
g) aprimoramento das relações trabalhistas.

ESTUDO DE CASO

Plano de cargos e vencimentos do governo estadual – aplicação do método flexível de cargos e salários

O plano de cargos e vencimentos do governo estadual (PCV) visa a dois objetivos básicos: o equilíbrio interno e o equilíbrio externo de salários. Na elaboração do PCV foram considerados apenas os funcionários da administração direta do Poder Executivo do governo estadual (observada a isonomia salarial entre as diferentes esferas de poder). Ficaram excluídos do PCV, em que pese a preocupação com a isonomia salarial, os funcionários da administração indireta (órgãos de economia mista, autarquias, fundações) e de outras entidades com vínculo indireto com a administração pública estadual.

Fase de levantamento

Na fase inicial de levantamento, procurou-se identificar a natureza dos cargos existentes nos diversos órgãos pertencentes ao Poder Executivo estadual. Não obstante a utilidade das informações disponíveis no setor de administração salarial da administração estadual sobre as tarefas dos diferentes cargos existentes, foi necessário rever as atividades de alguns deles, fundindo-os, ampliando-os, extinguindo-os ou criando novos cargos.

---

continua

Fase de identificação do rol de cargos

O nível de detalhamento dos cargos subordinou-se à estrutura de cargos e funções contida em lei específica oficial sobre a organização formal da administração estadual. Após análise dessa lei, constatou-se que seu grau de detalhe era adequado tanto para os cargos de nível médio quanto superior (posteriormente foi criado o nível básico). Porém, foi necessário complementar, mediante a identificação das funções típicas desempenhadas, o conteúdo de cerca de 20 cargos cujo título era muito genérico (por exemplo, agente de administração). Fez-se o levantamento de 165 funções, 20 das quais genéricas, além de 50 cargos de chefia.

Fase de pesquisa salarial

O conceito de importância relativa dos cargos deve ser obtido através de pesquisa de mercado, para orientar o ordenamento dos cargos. Assim, o posicionamento de um determinado cargo na estrutura é função de seu posicionamento no mercado. As entidades externas à administração estadual correspondem à amostra representativa de governos de outros estados, bem como de empresas privadas da própria região.

Ou seja, o conceito de mercado englobou:

a) planos salariais praticados por outros seis estados;
b) valores praticados para cargos semelhantes pelo governo federal (servidores à disposição do Estado);
c) empresas privadas situadas na capital;
d) valores praticados para cargos específicos, pouco comuns naquelas organizações, o que envolveu pesquisa complementar junto a outras entidades, como universidades, escolas, gráficas e companhias de navegação.

Para pesquisar no mercado os cargos predefinidos, adotou-se planilha de coleta de dados contendo: cargo/função; título/denominação na empresa pesquisada; salário de admissão ou menor salário; salário médio; e maior salário.

Fase de tabulação de dados

Os resultados do levantamento de mercado serviram de base para a estruturação das novas classes e faixas salariais do PCV. Subsidiaram, ainda, a ordenação interna dos cargos da administração estadual em 15 classes hierarquizadas, dentro do pressuposto básico de que a ordenação praticada efetivamente pelo mercado é um critério objetivo de valorização dos cargos, além de assegurar o equilíbrio externo dos salários.

A ordenação dos cargos foi obtida a partir do processamento eletrônico dos dados da pesquisa junto às 19 entidades, donde resultou:

continua

Discriminação do cargo	Frequência	Salário médio (R$)
Serventes, faxineiros; ajudante de cozinha	19	100
Auxiliar de artífice de artes gráficas; auxiliar de artífice de mecânica	19	160
Agente administrativo-A; artífice artes gráficas-A; artífice mecânica-A	19	240
Agente administrativo-B; artífice artes gráficas-B; artífice mecânica-B	19	300
Agente administrativo-C; artífice artes gráficas-C; artífice mecânica-C	19	350
Agente administrativo-D; impressor tipográfico; telefonista; digitador	19	400
Agente administrativo-E	19	500
Professor ensino fundamental	19	600
Programador; professor ensino médio	19	800
Analista de sistemas-A; auditor fiscal	19	1.000
Analista de sistemas-B	19	1.500
Delegado de polícia; analista de sistemas-C	19	2.000
Diretor de divisão; procurador	19	3.000
Diretor de departamento	19	4.000
Secretário estadual	19	6.000

Fase de distribuição dos cargos nas classes

O Poder Executivo mantinha dois grandes agrupamentos de cargos: nível médio e nível superior. Foi necessário criar um nível básico que, mesmo apresentando alguma superposição salarial com o nível médio, com ele não se confundisse.

Os cargos em seus três níveis, básico, médio e superior, foram classificados conforme distribuição hierarquizada dos cargos em classes:

classe I   (serventes, faxineiros; ajudante de cozinha);
classe II   (auxiliar de artífice de artes gráficas; auxiliar de artífice de mecânica);
classe III (agente administrativo–A; artífice de artes gráficas–A; artífice de mecânica–A);
classe IV   (agente administrativo–B; artífice de artes gráficas–B; artífice de mecânica–B);
classe V   (agente administrativo–C; artífice de artes gráficas–C; artífice de mecânica–C);
classe VI   (agente administrativo–D; impressor tipográfico; telefonista; digitador);
classe VII (agente administrativo–E);
classe VIII (professor de ensino fundamental);
classe IX   (programador; professor de ensino médio);
classe X   (analista de sistemas–A; auditor fiscal);
classe XI   (analista de sistemas–B);

continua

classe XII   (analista de sistemas–C; delegado de polícia);
classe XIII (diretor de divisão; procurador);
classe XIV   (diretor de departamento);
classe XV   (secretário estadual).

Esse ordenamento de cargos se baseou nos resultados da tabulação da pesquisa salarial, conforme explicitado anteriormente. Como a pesquisa salarial externa obteve dados apenas de uma amostra do total dos cargos da administração estadual, foi necessário inserir os demais cargos para perfazer 100%. O equilíbrio interno foi alcançado após análise dos diferentes cargos que compõem o Poder Executivo, na qual se levou em conta a importância relativa de cada um deles na administração estadual.

Na análise dos demais cargos levaram-se em conta os fatores de avaliação: escolaridade, conhecimento, responsabilidade, informação confidencial ou restrita, e comunicação interpessoal. Tais fatores, necessários ao enquadramento nas classes, foram naturalmente incorporados na descrição sumarizada das características de cada classe:

Classe I: engloba cargos cujo nível de conhecimento inclui somente a capacidade de ler e escrever (alfabetizado). As tarefas seguem passos preestabelecidos e, mesmo que se cometam erros, não há risco de prejudicar as atividades da organização.

Classe II: engloba cargos cujo nível de conhecimento inclui noções elementares de aritmética e língua portuguesa (1º grau incompleto). As tarefas seguem passos preestabelecidos, mas podem apresentar alterações. Ainda assim, caso se cometam erros, não há risco de prejudicar as atividades da organização. Não há acesso a informações confidenciais no exercício das tarefas.

Classe III: engloba cargos cujo nível de conhecimento inclui noções elementares de aritmética e língua portuguesa (1º grau incompleto). As tarefas seguem passos preestabelecidos, mas podem apresentar alterações. Caso se cometam erros, há risco de prejudicar a organização. Pode ser necessário acesso a informações confidenciais ou restritas, cuja divulgação implique invasão de privacidade.

Classe IV: engloba cargos que exigem habilidade técnica específica (1º grau completo). As tarefas seguem passos preestabelecidos, mas podem apresentar alterações. Mesmo assim, caso se cometam erros, não há risco de prejudicar a organização. Há acesso a informações confidenciais ou restritas cuja divulgação possa causar problemas ao setor.

Classe V: engloba cargos que exigem habilidade técnica específica (1º grau completo, com especialização na área). As tarefas envolvem opções preestabelecidas e claras e, caso se cometam erros, não há risco de prejudicar a organização. Há acesso a informações confidenciais ou restritas cuja divulgação possa causar problemas ao setor.

continua

Classe VI: engloba cargos que exigem habilidade técnica adaptada às especificidades da organização (1º grau completo, com especialização na área). As tarefas envolvem opções preestabelecidas e claras e, caso se cometam erros, não há risco de prejudicar a organização. Há acesso a informações confidenciais ou restritas cuja divulgação possa causar problemas ao setor.

Classe VII: engloba cargos que exigem habilidade técnica adaptada às especificidades da organização (2º grau técnico). As tarefas envolvem opções preestabelecidas mas não óbvias. Há acesso a informações confidenciais ou restritas.

Classe VIII: engloba cargos cujo nível de conhecimento está relacionado a práticas profissionais, fontes de informação, regras e regulamentações que se aplicam diretamente às exigências do cargo. As tarefas envolvem a definição de passos, havendo acesso a informações confidenciais ou restritas.

Classe IX: engloba cargos cujo nível de conhecimento precisa ser adaptado antes de aplicar-se às especificidades da organização (curso superior incompleto). As tarefas envolvem a definição de passos e, caso se cometam erros, há risco de prejudicar a organização. Há acesso a informações confidenciais ou restritas.

Classe X: engloba cargos cujo nível de conhecimento precisa ser adaptado antes de aplicar-se às especificidades da organização (curso superior completo). As tarefas envolvem a definição de passos e, caso se cometam erros, há prejuízo para a organização. Há acesso a informações confidenciais ou restritas.

Classe XI: engloba cargos cujo nível de conhecimento precisa ser adaptado antes de aplicar-se às especificidades da organização (curso superior completo). Há acesso a informações confidenciais cuja divulgação possa causar problemas à imagem externa da organização. As tarefas envolvem a formulação de novos procedimentos e políticas.

Classe XII: engloba cargos cujo nível de conhecimento precisa ser adaptado antes de aplicar-se às especificidades da organização (curso superior completo). Há acesso a informações confidenciais cuja divulgação possa causar perda de vantagem competitiva. As tarefas envolvem avaliação e implementação de novos procedimentos e políticas.

Classe XIII: engloba cargos cujo nível de conhecimento envolve a aplicação de teorias e princípios gerais a uma área específica (curso superior completo com especialização). As tarefas envolvem a definição de objetivos e a formulação de novas estratégias organizacionais.

Classes XIV e XV: englobam cargos cujo nível de conhecimento envolve a aplicação de teorias e princípios gerais a mais de uma área, bem como a definição de novas estratégias organizacionais. As tarefas envolvem a revisão e a formulação de objetivos organizacionais e, caso se cometam erros, há graves prejuízos para a

continua

organização. Há acesso a informações confidenciais ou restritas cuja divulgação possa comprometer a imagem da organização.

Fase de estrutura salarial

Com o novo plano, o quadro de pessoal permanente do estado passa a ter uma tabela única de salários que hierarquiza os cargos em 15 classes, cada qual com 11 faixas (degraus). Os valores constantes na tabela salarial tiveram como parâmetro os valores médios praticados no mercado para os vários cargos abrangidos pelo plano.

Ou seja, o salário médio da primeira classe salarial da tabela corresponde ao menor salário médio do mercado. As demais classes salariais foram calculadas com incremento diferencial de 30%. Já os intervalos entre as 11 faixas foram calculados com incremento de 7% (degrau monetário, faixa a faixa). Para efeito de simulação da nova folha de pagamento, três tabelas alternativas foram submetidas ao secretário da Fazenda e, em última instância, ao chefe do Poder Executivo estadual.

Fase de implantação e enquadramento

Nessa fase, uma vez definidos os salários dos cargos, procurou-se enquadrar os funcionários na tabela salarial observando os seguintes critérios:

a) correspondência entre as nomenclaturas dos cargos atualmente ocupados pelos funcionários e aquelas eventualmente modificadas;
b) enquadramento pessoal na faixa salarial da tabela (como cada classe tem várias faixas, o posicionamento no degrau correspondente foi feito em função do tempo de casa do funcionário);
c) análise do salário atual e do salário futuro da faixa de enquadramento, para evitar aumentos muito grandes. Para o funcionário em situação de significativa defasagem, que acarretasse mudança de classe, foi programada uma gradativa modificação salarial futura, por conta da aplicação dos procedimentos de avaliação de desempenho. Ou seja, num primeiro momento, com a nova tabela, não necessariamente 100% dos funcionários necessitam estar rigorosamente nas faixas predefinidas para cada cargo.

Premissa didática (o estudo de caso pode servir de ferramenta para uma aula expositiva, chamando a atenção dos alunos para conceitos fundamentais): a) introduzir a ideia de visão, missão e valores de uma organização; b) colocar os leitores em contato inicial com o conceito de gestão de pessoas; c) diagnosticar um modelo de gestão de pessoas.

continua

Questões:
1. Identificar os principais elementos de um plano de cargos e vencimentos.
2. Quais as vantagens e desvantagens do método de remuneração e reconhecimento adotado pelo governo estadual?

Capítulo 7

Planejamento de carreira

Planejamento e desenvolvimento de carreira são conceitos que atualmente estão tendo seus métodos modificados tanto pelos especialistas em gestão de pessoas quanto pelos executivos das organizações. Uma carreira bem-sucedida para a força de trabalho que integra o quadro de pessoal de uma organização pode ser obtida através de um cuidadoso planejamento cujo resultado final é o plano de carreiras.

Pode-se definir o planejamento de carreira como um processo contínuo de interação entre o empregado e a organização visando a atender aos objetivos e interesses de ambas as partes.

Também pode-se dizer que a carreira é uma sucessão de níveis de capacitação e complexidade e/ou diversificação crescentes. O plano de carreiras a ser implementado deve atender plenamente ao objetivo central da organização, levando sempre em conta o setor econômico a que ela pertence.

Finalidade do plano de carreiras

A finalidade desse plano é promover o desenvolvimento da organização através do melhor aproveitamento de seu patrimônio humano, ou seja, dando a este condições de autorrealização.

O plano de carreiras serve de base para:

a) decisões do responsável pela gestão de pessoas e do próprio empregado quanto ao desenvolvimento de sua carreira, na medida em que informa sobre as oportunidades existentes na organização, os acessos disponíveis e a capacitação necessária para cada etapa da carreira;

b) ações de desenvolvimento, motivação, integração e melhoria da produtividade individual e grupal;

c) práticas de gestão de pessoas referentes a recrutamento, seleção, avaliação e compensação;

d) programas de desenvolvimento organizacional, notadamente os de desenvolvimento de pessoal e treinamento e desenvolvimento da capacitação gerencial.

Ademais, pode-se dizer que a implementação de um plano de carreiras visa a:

a) propiciar carreiras compatíveis com as necessidades de mão de obra;
b) motivar os empregados para o trabalho, dando-lhes a possibilidade de ascender na organização; e
c) assegurar que a política de formação e desenvolvimento de carreira seja transparente e dinâmica.

Desenvolvimento de carreira

Desenvolver-se significa atingir níveis de capacitação crescentes, atender a requisitos cada vez mais complexos, aumentar a própria capacitação e versatilidade. Desenvolvendo sua capacitação, o funcionário pode passar a exercer funções e cargos mais desafiadores, que lhe proporcionem maior reconhecimento ou compensação e melhor *status*.

Não existe desenvolvimento sem motivação e esforço pessoal. Cabe à organização propiciar condições e incentivos para que o desenvolvimento ocorra em harmonia com seus próprios objetivos. Tais condições e incentivos decorrem do trabalho em equipes participativas e do contínuo relacionamento entre o gestor da organização e os empregados.

O plano de carreiras constitui, pois, um benefício tanto para a organização quanto para o funcionário, visto que se representa uma ação participativa de identificação de objetivos convergentes. Outros benefícios visíveis são:

a) as pessoas com maior potencial permanecem na instituição, atraídas pela real possibilidade de ascensão profissional;
b) o nível de motivação cresce em função da perspectiva de progresso dentro da organização;
c) as sucessões, principalmente em funções gerenciais, ocorrem sem traumas;
d) as possibilidades de erros nas promoções são bem menores;
e) identificação transparente de profissionais com maior talento e potencial;
f) a organização sabe de que tipo de profissional vai precisar nos próximos anos.

Implementação do plano de carreiras

Na elaboração do plano, a organização deve:

a) definir até onde deseja chegar e o que espera das pessoas que compõem o seu quadro de pessoal;

b) determinar a qualificação profissional necessária para que os empregados possam atingir as metas estabelecidas;
c) avaliar os empregados de acordo com os procedimentos em vigor na organização e levando em conta as exigências do futuro.

Em seguida, em função de seu agrupamento por categorias, similaridades e nível de dificuldade e complexibilidade crescentes, devem os cargos ser dispostos em ordem sequencial, de modo que se torne visível para todos a evolução vertical que o cargo seguinte representa em relação ao anterior.

Por exemplo, numa empresa prestadora de serviços, a carreira de *apoio administrativo* é formada pelos seguintes cargos, dispostos em ordem crescente:

```
                        Assistente administrativo
                 Ajudante administrativo
         Auxiliar administrativo
  Auxiliar de serviços gerais
```

Outro exemplo: numa empresa fabricante de equipamentos pesados, a carreira de manutenção de equipamentos é formada pelos seguintes cargos, dispostos em ordem crescente:

```
                        Engenheiro de manutenção sênior
                 Engenheiro de manutenção júnior
            Técnico de manutenção II
         Técnico de manutenção I
      Mestre de manutenção
   Oficial de manutenção
 Auxiliar de manutenção
```
Obs.: nada impede a existência de outros cargos entre os acima assinalados.

Com relação ao aproveitamento dos empregados, além do trabalho de motivação visando a sua participação no plano de carreira, é importante que todos conheçam bem as regras a serem seguidas na escolha dos que serão promovidos, os prazos exigidos para a ascensão, os requisitos a serem preenchidos e as vagas existentes. Para viabilizar essa participação, é preciso criar e manter atualizado um banco de dados dos talentos disponíveis na organização. Só assim poderão ser escolhidos os empregados mais indicados para ocupar os cargos em aberto.

Estudo de caso: Serviços de Engenharia Consultiva S/C Ltda.

A empresa

A Serviços de Engenharia Consultiva S/C Ltda. presta serviços a entidades governamentais e ao empresariado nacional. Sua missão é "prestar serviços de gerência e consultoria no desenvolvimento de projetos de infraestrutura nacional nas áreas de transportes, comunicações, energia, meio ambiente, mineração e saneamento".

A organização

A empresa conta aproximadamente 2.300 funcionários, todos com vínculo empregatício. Operacionalmente, atua através de divisões especializadas, que em conjunto formam um amplo espectro multidisciplinar. A utilização dos recursos humanos disponíveis obedece a uma estrutura divisionalizada, como se vê no organograma a seguir.

Figura 55
Estrutura da Serviços de Engenharia Consultiva S/C Ltda.

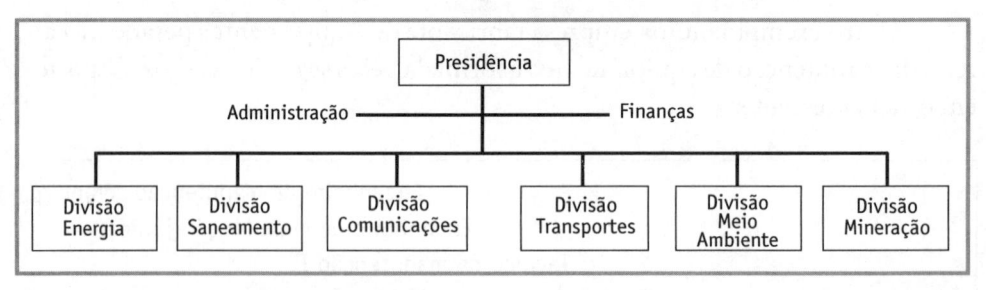

```
                        Presidência
         Administração ─────┼───── Finanças
    ┌──────┬──────┬──────┬──────┬──────┬──────┐
  Divisão Divisão Divisão Divisão Divisão Divisão
  Energia Saneamento Comunicações Transportes Meio Ambiente Mineração
```

Esse tipo de estrutura se baseia nos conceitos de linha/*staff* e centralização/descentralização, bem como na separação entre atividades-fim, normalmente departamentalizadas por produtos, e atividades-meio, departamentalizadas por funções. Adota, ainda, o conceito de *autoridade funcional*, na medida em que as atividades-meio centralizadas nos órgãos de *staff* da presidência orientam funcionalmente os setores vinculados a cada divisão, quando do exercício de funções equivalentes àquelas de responsabilidade do *staff*. Como se depreende do organograma, é uma estrutura divisionalizada em sua primeira instância e departamentalizada por produtos em suas atividades-fim (divisões), adotando complementarmente, no âmbito geral e também das divisões, a forma funcional segundo o conceito de especialização.

Mercado

O ramo de prestação de serviços de engenharia consultiva constitui um setor econômico em que 10 empresas dividem o *market share*, cabendo a liderança

continua

à Serviços de Engenharia Consultiva S/C Ltda, com 15% do mercado nacional. Atualmente esse mercado está totalmente saturado, uma vez que as obras governamentais estão estacionadas e sem perspectivas de retomada, quer se trate dos clientes diretos (governos federal, estadual e municipal), quer dos clientes indiretos representados pelas empresas da construção civil pesada (setor dominado por um pequeno número de grandes construtoras). Os clientes da empresa são predominantemente da administração pública (85% do faturamento total), vindo em seguida os clientes do mercado privado nacional (15% das receitas totais). É uma situação bastante vulnerável, em face da potencial instabilidade que representa a administração pública em seu periódico processo de transição política. Atualmente o governo impede a entrada de competidores estrangeiros através de legislação que garante a reserva do mercado nacional.

Atual conjuntura e abertura econômica

Com o advento do Plano Real e a posse do novo governo, nota-se uma tendência à flexibilização dos monopólios e à privatização de estatais, cabendo citar também a abertura da economia aos competidores estrangeiros e a criação de entraves institucionais na forma de rígida regulamentação das licitações públicas. Tais mudanças no país são decorrência do atual processo de globalização econômica e de mercado. Some-se a isso o fato de o orçamento governamental estar totalmente comprometido com obrigações passadas, o que inviabiliza todo e qualquer investimento estatal direto em projetos de infraestrutura, particularmente nas áreas de atuação da Serviços de Engenharia Consultiva S/C Ltda.

Repensando a estratégia corporativa

O diretor-presidente da Serviços de Engenharia Consultiva S/C Ltda. pensa em voltar-se para o exterior, pois acredita que a tendência do governo federal é abrir o mercado e acabar com a atual reserva de mercado nacional para a prestação de serviços de engenharia consultiva. Outro motivo é a grande dependência dos atuais contratos dos clientes da administração pública, o que torna bastante vulnerável a situação da empresa a longo prazo. A diretoria, como órgão colegiado de tomada de decisões, foi convocada a deliberar sobre essa e outras possibilidades. Para expandir seus negócios de engenharia consultiva, a empresa tem como alternativas mudar o perfil de seus clientes nacionais e/ou voltar-se para o exterior, com as seguintes possibilidades clássicas: exportação de serviços, licenciamento, *joint-venture* ou aquisição/investimento direto em países estrangeiros. A diretoria avalia igualmente as estratégias sugeridas pelos gerentes divisionais de marketing, que podem ser assim resumidas:

Estratégia 1: diversificar a atuação no mercado nacional, procurando abolir a total dependência dos clientes governamentais.

continua

Estratégia 2: concentrar-se em poucos segmentos de mercado, em poucos países.
Estratégia 3: concentrar-se em muitos segmentos de mercados, em poucos países.
Estratégia 4: diversificação de países e concentração em segmentos de mercado. É a clássica estratégia global que visa ao mercado mundial para um produto, procurando atender a uma determinada necessidade de certa categoria de consumidores.
Estratégia 5: diversificação de países e de segmentos de mercado. Essa é a estratégia adotada por numerosas empresas multinacionais diversificadas.

A diretoria procura responder às indagações sobre os fatores de atração existentes na arena internacional e sobre as estratégias apresentadas. Como decidir?

Planejamento de carreira

A organização das carreiras na Serviços de Engenharia Consultiva S/C Ltda. observa o conceito de categorias. Por categoria entende-se um agrupamento de carreiras com requisitos semelhantes no que diz respeito a formação e experiência. Na empresa existem três: profissional, técnica e auxiliar.

A categoria *profissional* abrange colaboradores capacitados a executar tarefas que exijam formação universitária. Esses colaboradores também dominam os fundamentos de sua profissão. Têm autonomia para empregar diligentemente os seus conhecimentos, estando portanto o seu comportamento vinculado a códigos de ética profissional.

A categoria *técnica* abrange colaboradores capacitados a executar tarefas que exijam a aplicação de conhecimentos tecnológicos e metodológicos em atividades especializadas, para as quais é necessário ter escolarização adequada e treinamento específico.

A categoria *auxiliar* abrange colaboradores capacitados a executar tarefas definidas em rotinas, que exijam habilidades adquiridas na prática ou em treinamento específico.

A mudança de categoria se dá mediante aumento da escolaridade e treinamento específico.

As carreiras estão organizadas segundo duas dimensões: categoria e área ocupacional. Cada agrupamento resultante da conjugação dessas dimensões corresponde a uma determinada carreira aberta aos colaboradores. Em cada carreira estão organizados agrupamentos de cargos e funções. Cada agrupamento é caracterizado pela listagem dos cargos e funções e as correspondentes descrições.

Entende-se por áreas ocupacionais os conjuntos de ocupações das quais resultam produtos e serviços semelhantes e que, portanto, têm requisitos de capacitação também semelhantes. As pessoas de uma área ocupacional são reconhecidas como integrantes de um grupo diferenciado e como tal podem receber tratamentos diferenciados por parte da Serviços de Engenharia Consultiva S/C Ltda. Distinguem-se as seguintes áreas ocupacionais:

continua

a) gerência;
b) administração;
c) produção;
d) informática;
e) apoio;
f) serviços;
g) campo.

Gerência abrange profissionais capacitados a administrar negócios empresariais. O compromisso fundamental desses profissionais é com o êxito dos negócios que administram.

Administração abrange profissionais capacitados a administrar os recursos da empresa, buscando sobretudo maximizar a sua produtividade e preservar o seu patrimônio.

Produção abrange profissionais e técnicos que executam tarefas de consultoria e gerenciamento de projetos de engenharia, criando, orientando e desenvolvendo soluções para os problemas concernentes à sua especialização.

Informática abrange profissionais e técnicos que executam tarefas cujo conteúdo predominante exige capacitação em tecnologias da informação.

Apoio abrange profissionais, técnicos e auxiliares que executam tarefas de suporte operacional às atividades de produção e gestão da empresa.

Carreiras da Serviços de Engenharia Consultiva S/C Ltda.

Áreas ocupacionais \ Categorias	Profissional	Técnica	Auxiliar
Gerência	Carreira dos profissionais de gerência		
Administração	Carreira dos profissionais de administração		
Produção	Carreira dos profissionais da produção	Carreira dos técnicos da produção	
Informática	Carreira dos profissionais de informática	Carreira dos técnicos de informática	
Apoio	Carreira dos profissionais de apoio	Carreira dos técnicos de apoio	Carreira dos auxiliares de serviços
Serviços			Carreira dos auxiliares de serviços
Campo	Carreira dos profissionais de campo	Carreira dos técnicos de campo	Carreira dos auxiliares de campo

continua

Serviços abrange auxiliares que executam tarefas típicas de um ofício e/ou de operação e manutenção de máquinas e equipamentos.

Campo abrange profissionais, técnicos e auxiliares que orientam e executam, no campo ou em obras, tarefas típicas de sua especialização.

A mudança de área ocupacional se dá pela aquisição da competência específica à ocupação e pela necessidade de um novo perfil ocupacional na empresa.

Níveis de capacitação

A descrição dos requisitos necessários em estágios de complexidade e diversificação crescentes corresponde aos níveis de capacitação padronizados de cada carreira. Atingir o topo da carreira corresponde a satisfazer os requisitos de capacitação do nível mais elevado.

Para as carreiras da categoria profissional existem 10 níveis de capacitação. Os quatro primeiros níveis constituem a *etapa inicial*, e os demais, a *etapa especializada*. Na etapa inicial, as descrições dos níveis são iguais para todas as áreas ocupacionais; na etapa especializada, elas são diferentes, caracterizando a competência específica desejada em cada área ocupacional e o comprometimento esperado.

Para as categorias técnica e auxiliar existem seis níveis de capacitação. Os requisitos para a avaliação do nível são: competência técnica, competência interpessoal, competência de autogestão e competência política, além do comprometimento.

A competência técnica diz respeito à formação e à experiência. A formação é adquirida por meio de educação e participação sistemática em processos educativos formais. A experiência decorre da prática, da exposição às situações típicas da ocupação, da observação, da análise dos erros e acertos, da avaliação e capitalização das experiências vivenciadas.

A competência interpessoal significa saber trabalhar eficaz e eficientemente em grupos homogêneos ou heterogêneos, de modo participativo, sinérgico, adulto e responsável.

A competência de autogestão diz respeito à capacidade de autonomamente tomar decisões e comportar-se adequadamente. Decorre da internalização e do exercício prático das funções gerenciais de planejamento, organização e controle.

A competência política significa saber identificar as crenças, os princípios, os valores de uma cultura e decidir pela conveniência da adesão aos mesmos. Em estágios mais avançados, é saber disseminar ou mesmo formular os valores que contribuem para a sobrevivência de determinada cultura.

O comprometimento de uma pessoa refere-se à motivação e à autoconfiança para usar sua competência e ser produtiva em determinadas áreas de eficácia.

Avaliação e enquadramento

A avaliação do nível de capacitação é feita por método comparativo. Para cada carreira e cada requisito, comparam-se os atributos da pessoa com as

continua

descrições padronizadas e determina-se o grau de conformidade. As descrições de competência caracterizam o potencial ou o saber da pessoa. O comprometimento caracteriza-se pelos resultados que a pessoa obtém ou acredita poder obter. Os resultados são descritos segundo as áreas de eficácia, obrigações e responsabilidades típicas.

O método comparativo é utilizado de forma participativa e se baseia na análise do currículo, na avaliação do desempenho e nas entrevistas, eventualmente complementadas por avaliações psicológicas. Os processos de avaliação psicológica são conduzidos exclusivamente por profissionais habilitados e fornecem indicações sobre a personalidade e o provável comportamento das pessoas em situações típicas esperadas. São utilizados por ocasião da admissão ou quando se tornam necessárias alterações significativas na carreira individual.

O enquadramento do colaborador em determinada carreira e determinado nível depende da avaliação e é o ato formal pelo qual a empresa define os cargos ou funções que lhe podem ser atribuídos.

Administração do plano de carreira

É o processo contínuo conduzido pelos gerentes e as chefias, com apoio do gestor de pessoas, objetivando a efetiva contribuição para o desenvolvimento organizacional através do desenvolvimento das pessoas da empresa.

Compete ao gestor de pessoas:

a) a elaboração participativa dos programas de desenvolvimento individual;
b) a avaliação permanente, a síntese periódica dos desempenhos individuais e a proposição das promoções de nível de capacitação;
c) a destinação preferencial das oportunidades de desenvolvimento e das recompensas àqueles que apresentem melhor desempenho.

Quando é estrategicamente conveniente, a empresa organiza carreiras especializadas, formadas por agrupamentos ou segmentos das carreiras de uma área ocupacional, nomeando para cada uma delas um orientador de carreira.

Para cada categoria de carreiras, a empresa designa uma comissão de enquadramento para aprovar o ingresso dos colaboradores na categoria em questão, garantindo assim a adoção de critérios uniformes para todos.

Além disso, na operacionalização do plano de carreiras, administradores, orientadores e comissões contam com o apoio do gestor de pessoas, cuja missão é assegurar a aplicação dos princípios e conceitos básicos estabelecidos no plano. Desta forma, a empresa procura proporcionar a todos os colaboradores oportunidades iguais para desenvolverem sua capacitação. O desenvolvimento, porém, é de responsabilidade de cada um, e a empresa investe preferencialmente nos que se destacam pela motivação e o esforço pessoal.

continua

Premissa didática (o estudo de caso aumenta o grau de assimilação dos conhecimentos transmitidos em sala de aula, permitindo aplicar a teoria e os conceitos de gestão de pessoas a situações do mundo real): a) introduzir a ideia de plano de carreiras; b) estabelecer uma metodologia para desenvolvimento de um plano de carreiras.

Questões:
1. Identificar os principais elementos de um plano de carreiras.
2. A seu ver, qual a melhor estratégia de gestão de pessoas a ser adotada pela empresa?
3. Qual é a sua opinião sobre o plano de carreiras adotado pela Serviços de Engenharia Consultiva S/C Ltda.?

Capítulo 8

Avaliação de desempenho

A avaliação de desempenho pode ser considerada um dos mais importantes instrumentos de que dispõe a administração de uma empresa para analisar os resultados à luz da atuação de sua força de trabalho e para prever posicionamentos futuros, considerando o potencial humano disponível em seus quadros.

Como instrumento complementar à administração salarial, serve não apenas para apreciar o desempenho do indivíduo no exercício das funções inerentes ao seu cargo, mas também para situá-lo na escala impessoal de salários criada por aquela administração. Recebe diferentes denominações, tais como: avaliação de mérito, avaliação dos empregados, relatórios de progresso, avaliação da eficiência funcional etc. Têm surgido algumas formas inovadoras, entre elas a avaliação 360º, de difícil implementação, e a avaliação de desempenho global (ver o estudo de caso no final deste capítulo). Em geral, trata-se de um conjunto de técnicas visando a obter e analisar informações que possibilitem estimar a qualidade da contribuição prestada pelo empregado à organização. Para tanto é necessário identificar as causas de eventuais deficiências e os meios de superá-las. Cumpre também examinar os aspectos positivos, a fim de maximizá-los, incentivando assim o potencial de crescimento dos empregados.

Eis seus objetivos principais: adequação do indivíduo ao cargo; identificação das necessidades de treinamento; promoções; incentivo salarial ao bom desempenho; melhoria do relacionamento entre supervisores e liderados; autoaperfeiçoamento do funcionário; estimativa do potencial de desenvolvimento dos empregados; estímulo à maior produtividade; divulgação dos padrões de desempenho da instituição; *feedback* para o próprio indivíduo avaliado; e decisões sobre transferências, dispensas e progressão/ascensão funcional.

Avaliam-se os seguintes desempenhos:

a) do empregado;
b) do supervisor;
c) dos vários grupos;

d) dos setores;
e) dos departamentos, e
f) da organização.

Avaliação de desempenho do empregado

Avaliar cada pessoa da organização é importante porque interessa à sua administração poder contar com uma força de trabalho bem treinada e produtiva, que esteja à altura dos desafios enfrentados no dia a dia do mercado. Somente a avaliação individual pode mapear os *pontos fortes* e os *pontos fracos* da pessoa, evidenciando:

a) a melhoria da produtividade;
b) o potencial de desenvolvimento dos empregados;
c) a necessidade de mais treinamento em uma ou mais atividades;
d) a adequação do indivíduo ao cargo e a possibilidade de aproveitá-lo em outro cargo ou em outras dependências;
e) uma eventual readaptação em face de um novo problema;
f) a necessidade de incentivo salarial, promoções ou dispensas.

Para obter dados mensuráveis que permitam a comparação entre períodos, convém utilizar *indicadores de desempenho* e negociar *metas* a serem atingidas pelo empregado. Assim, por exemplo, se o empregado produziu x peças de um determinado equipamento, poderá comprometer-se com o seu supervisor a produzir, digamos, $x + 50$ peças no período seguinte. Esse dado será um dos vários utilizados na sua avaliação de desempenho.

A avaliação do empregado deve ser realizada num ambiente de respeito e confiança, e recomenda-se a seguinte sistemática:

a) o supervisor entrega ao empregado um formulário com as instruções para ser preenchido e pede-lhe que faça a sua autoavaliação; o formulário deve conter:

No sentido vertical

Fatores que influenciam o desempenho, variáveis de acordo com o cargo e a área de atuação; devem ser considerados, entre outros que reflitam a missão, os objetivos e a natureza da organização, cinco fatores, quaisquer que sejam as demais considerações:

❑ produtividade – quantidade de bens ou serviços que a pessoa produz num determinado período, devendo-se efetuar uma comparação com os demais integrantes da equipe e com as metas definidas;

- iniciativa – atitudes que a pessoa toma diante de problemas ou situações inusitadas, procurando a solução através de procedimentos já conhecidos ou inovadores;
- cooperação – maneira de se conduzir diante do grupo, colocando-se à disposição para participar de outras atividades além daquelas previstas;
- absenteísmo – ausência injustificada ao trabalho, comprometendo o andamento das atividades; ausências frequentes, ainda que justificadas; ausência constante ao posto de trabalho, sem justificativa, mesmo que a pessoa esteja presente na organização;
- autodesenvolvimento – iniciativa para capacitar-se com recursos próprios; interesse em participar de treinamento, visando a melhorar o desempenho; participação em programas de aprendizado de novas tecnologias e aprimoramento de habilidades.

No sentido horizontal

uma escala com números de 1 a 6, com a seguinte significação para o desempenho:

$1 \rightarrow$ péssimo
$2 \rightarrow$ ruim
$3 \rightarrow$ regular -
$4 \rightarrow$ regular +
$5 \rightarrow$ bom
$6 \rightarrow$ ótimo

b) o empregado, após considerar a sua última avaliação de desempenho e o percentual das metas atingidas, preenche o formulário;
c) o supervisor se reúne com o empregado para ouvir suas justificativas para cada item avaliado;
d) o supervisor pode concordar ou não com os itens avaliados, mas deve justificar-se. Trata-se de uma negociação, devendo prevalecer somente os argumentos consubstanciados em fatos e suas consequências;
e) por último, ambos deverão assinar o documento, o que caracterizará a plena concordância das partes.
f) o conceito final do desempenho do empregado será a média ponderada do conceito emitido pelo supervisor (peso 6), já considerada a autoavaliação, e do conceito emitido pelo grupo (peso 4).
g) o passo final é a tabulação e a análise dos dados.

Avaliação de desempenho do supervisor

Verdadeiro tabu em tempos passados, a avaliação do supervisor pelos empregados está sendo considerada de alta relevância pela administração das empresas. Embora essa "avaliação em mão-dupla" possa causar reações não muito favoráveis no início (gerentes inseguros e empregados com medo de expressar suas opiniões), os resultados conhecidos têm sido bastante positivos para a organização.

Recomenda-se a seguinte sistemática:

a) avaliação do supervisor pelo(s) empregado(s) deve ser realizada em caráter individual, mediante o preenchimento de um formulário contendo:

Na horizontal

entre outros, os seguintes fatores:
- criatividade – alternativas apresentadas para solucionar problemas não usuais;
- liderança – maneira como o supervisor orienta o trabalho de seus subordinados;
- compreensão – capacidade de minimizar os problemas e de fazer com que as correções sejam vistas com naturalidade;
- orientação – ser o "professor" do empregado, ensinando-o a realizar da melhor maneira as suas tarefas;
- confiança – segurança inspirada nas relações com o empregado.

Na vertical

a mesma escala de 1 a 6 usada na avaliação do empregado.

b) o formulário, devidamente preenchido, deve ser entregue ao chefe de setor, sem identificação e em envelope fechado;

c) o conceito final de desempenho do supervisor será a média ponderada da avaliação do supervisor feita pelo grupo (peso 6) e da avaliação final do próprio grupo (peso 4), descrita a seguir.

Avaliação de desempenho do grupo

Tal avaliação, além de mostrar a importância do trabalho conjunto, permite que o gestor verifique a efetividade do fluxo interno do processo produtivo e a participação de cada um no produto ou serviço final. Todas as pessoas do grupo têm aqui o seu desempenho apreciado. A média dessas avaliações representará a avaliação de desempenho do grupo.

Recomenda-se a seguinte sistemática:

a) o supervisor do grupo se reúne com todos os membros e mostra-lhes como proceder, recomendando que:
- a avaliação seja feita por comparação, isto é, cada colega é comparado com os demais, devendo o conceito atribuído refletir essa visão do empregado-avaliador;

- o empregado-avaliador não deve identificar-se no documento, mantendo o seu sigilo (isso evitará ressentimentos, revanchismo, desinteresse etc.);
  b) o supervisor distribui entre o grupo um formulário contendo:

Na vertical

o nome das pessoas que compõem o grupo

Na horizontal

os seguintes fatores a serem considerados na avaliação:
- iniciativa;
- cooperação;
- relações interpessoais.

a mesma escala de 1 a 6 usada na avaliação individual.

c) o supervisor recolhe os formulários devidamente preenchidos e os analisa. O desempenho do grupo será o conjunto do desempenho de todos os seus componentes.

d) o passo seguinte é a tabulação e a análise dos dados. Várias apreciações podem ser feitas com base nos resultados, mas as informações principais para o processo são:
- a média da avaliação de cada empregado;
- a avaliação média do grupo em face dos conceitos atribuídos individualmente.

Avaliação de desempenho do setor

Entende-se por setor um conjunto de grupos de trabalho. Recomenda-se a seguinte sistemática:

a) o gerente do setor se reúne com os supervisores dos grupos já avaliados pelos seus componentes;

b) entrega-lhes um formulário para que procedam à avaliação de cada grupo do setor, recomendando que a mesma seja feita por comparação, considerando a contribuição de cada um, bem como a qualidade, os prazos e os custos envolvidos.

Pode ser que no mesmo setor existam grupos mais importantes do que outros, dada a sua contribuição para o processo produtivo da organização. Nesse caso, recomenda-se atribuir previamente pesos a cada um deles, mantendo-os sempre que o ciclo de avaliação seja reiniciado.

O formulário deverá conter:

Na horizontal

a denominação dos grupos que compõem o setor;

Na vertical

os conceitos a serem atribuídos a cada grupo (de 1 a 6), em função dos seguintes fatores:

- prazo – observância dos prazos fixados para os grupos entregarem os insumos que vão compor o produto do grupo seguinte;
- custo – valor a ser cobrado pelo bem produzido ou serviço prestado; esse indicador pode ser uma referência contábil ou simples decorrência de rateios;
- qualidade – apresentação e eficiência (não devolução) do bem ou produto recebido.

c) o gerente do setor recolhe os formulários e tabula e analisa os dados;

d) o conjunto das avaliações dos grupos será a avaliação do setor.

Avaliação de desempenho do departamento

Aqui se avaliam todos os setores que compõem o departamento. O conjunto das avaliações dos setores constitui a avaliação do departamento. A sistemática é a mesma utilizada na avaliação dos setores.

Avaliação de desempenho da organização

Aqui se avaliam todos os departamentos que compõem a organização. O conjunto das avaliações dos departamentos constitui a avaliação da organização, a qual pode servir de eficiente instrumento de marketing. A sistemática é a mesma utilizada na avaliação dos departamentos.

Comissão de avaliação

Como vimos, o modelo de avaliação proposto é totalmente descentralizado. Porém, várias organizações, independentemente da adoção desse modelo, preferem dispor também de uma comissão de avaliação de desempenho. Se por um lado essa metodologia centraliza a análise final dos dados num grupo previamente designado para essa tarefa, por outro permite aprofundar as conclusões quanto à análise do clima organizacional e propor medidas relativas a:

a) programas de treinamento (avaliação de cada empregado e do grupo);

b) processos de trabalho (avaliação dos grupos e setores);

c) aspectos relevantes da cadeia produtiva (avaliação dos setores e departamentos); e

d) aprimoramento da qualidade dos bens e/ou serviços produzidos, com vistas a valorizar a imagem da organização.

Dessa comissão fariam parte em caráter permanente: um representante da alta gerência (para "fazer a ponte" entre a avaliação de cada empregado e os interesses maiores da organização); o gerente do processo de gestão de pessoas (para garantir a adequação do processo à política de pessoal da organização); e um especialista em avaliação de desempenho (para orientar a aplicação das diferentes técnicas). Poder-se-ia contar também com a participação de um representante da área organizacional, que se encarregaria de colher subsídios para a melhoria dos sistemas e rotinas que estivessem influindo mais diretamente no desempenho das pessoas da organização.

Haveria igualmente os chamados "membros transitórios", que participariam apenas da avaliação dos empregados ligados às suas respectivas áreas de atuação. Tal grupo seria formado pelos gerentes dos diversos órgãos da empresa.

O *feedback* da avaliação

Cada empregado deve ter pleno conhecimento de sua avaliação, a fim de que possa manter e desenvolver os seus pontos fortes e corrigir os seus pontos fracos. Seu desempenho tem que considerar os indicadores de avaliações anteriores e as metas negociadas com o seu supervisor. Suas possibilidades de corresponder às expectativas estão diretamente ligadas ao pleno apoio de seu grupo e ao cumprimento das garantias que a organização lhe oferece. Suas perspectivas em relação a carreira e salários dependem disso.

Todos devem conhecer também a avaliação de seu grupo, de seu setor e de seu departamento. Nesse caso, os ajustes e correções a serem realizados exigirão o esforço conjunto desses segmentos e a participação de cada empregado, que terá a sua parcela de responsabilidade no processo.

Principais distorções que podem ocorrer na avaliação de desempenho

Como em todos os processos que envolvem o elemento humano, a avaliação de desempenho, se não for bem conduzida, poderá causar transtornos para a direção da organização. Relacionamos a seguir as distorções mais frequentes.

a) *Leniência*: lenir significa abrandar; leniência é, pois, a tendência que têm algumas pessoas de abrandar o seu julgamento dos avaliados; é o popular "panos quentes".

b) *Efeito de halo*: é a tendência a nivelar o julgamento de uma pessoa por cima ou por baixo. Assim, quando um empregado é malvisto pelo avaliador, por ter sérias deficiências em alguns aspectos, pode acabar sendo mal avaliado em quesitos nos quais não tenha mau desempenho. Por outro lado, os que são vistos como bons empregados podem acabar recebendo nota alta em todos os quesitos, mesmo naqueles em que deixem a desejar.

c) *Falsidade*: é a ocultação ou distorção proposital de informações sobre o julgamento do avaliado, com o intuito de prejudicá-lo ou beneficiá-lo.

d) *Obstáculos políticos:* quando o avaliador distorce a avaliação por interesse político, visando, por exemplo, a manter uma boa imagem de seu setor ou ficar bem com algum superior que seja "padrinho" de algum empregado avaliado.
e) *Obstáculos interpessoais*: quando o avaliador se deixa levar por simpatias ou antipatias pessoais, não conseguindo estabelecer distinção entre a qualidade do relacionamento que mantém com o avaliado e o julgamento de seu desempenho profissional.
f) *Diferentes graus de rigor:* quando alguns avaliadores são mais rigorosos do que outros, empregados com bom desempenho podem ter avaliações menos favoráveis do que outros cujo desempenho seja pior.

A melhor maneira de evitar esses problemas é submeter os avaliadores a um treinamento prévio, explicando-lhes os critérios a serem utilizados no processo de avaliação e mostrando-lhes as distorções mais comuns. A comissão de avaliação anteriormente citada contribui, também, para minorar tais problemas mediante o monitoramento constante dos especialistas em recursos humanos e a troca de experiências entre os avaliadores.

Estudo de caso: Industrial S.A.

A empresa

A Industrial S.A. fabrica motores elétricos de indução monofásicos e trifásicos de baixa tensão, para uso na indústria e em eletrodomésticos, abastecendo clientes dos mercados nacional e internacional.

Processos produtivos

Os principais processos são: tratamento de chapas, choque térmico, pintura, fundição, injeção de alumínio, usinagem, trefilação e esmaltação de fios de cobre.

Modelo de gestão

A organização voltada para a qualidade permeia a estrutura da empresa em todos os seus níveis hierárquicos. Existe uma comissão de gestão da qualidade, coordenada pelo diretor técnico e composta de todos os diretores da empresa, com competência técnica e administrativa para definir e fazer cumprir metas de acordo com o seu planejamento estratégico e ambiental.

Filosofia empresarial

Sua política de qualidade pode ser assim resumida: "fornecer produtos e serviços de real qualidade, visando a satisfazer as necessidades de nossos clientes".

continua

O senso de responsabilidade pública e cidadania, sobretudo no que se refere às questões ambientais, norteia as principais decisões da empresa.

Modelo de gestão de pessoas

Tal modelo adota a filosofia de administração participativa e baseia-se em critérios racionais de atribuição de responsabilidades a todas as unidades organizacionais da Industrial S.A., definindo-se claramente as relações de trabalho entre as mesmas. O organograma configura os órgãos competentes, a via hierárquica, a subordinação, o itinerário das comunicações e a interdependência das partes que compõem o todo.

As estruturas salariais da Industrial S.A. têm por base o método de classificação por pontos. A pontuação é definida por um grupo de trabalho especialmente formado para esse fim, composto de gerentes e colaboradores da área de salários. Assim, cada cargo possui uma determinada faixa salarial, definida pela pontuação obtida na avaliação do grupo.

O reconhecimento se traduz no método de promoções nas várias faixas salariais da tabela existente. A Industrial S.A. concede aos seus colaboradores uma participação nos lucros obtidos. Sua distribuição é proporcional ao salário de cada colaborador, desde que atendidos os critérios de distribuição previstos para o exercício.

A Industrial S.A. mantém para a carreira técnica uma política em forma de "Y", que permite ao colaborador, em determinado estágio de sua vida profissional, optar por um aprimoramento mais técnico ou por um desenvolvimento mais administrativo. A haste do "Y" representa os primeiros anos de experiência do profissional, e os dois braços, os caminhos que ele pode escolher.

A Industrial S.A. vê a prática do treinamento como um investimento cujo principal objetivo é preparar os colaboradores para novas oportunidades criadas pelo crescimento da organização. As atividades nessa área são as seguintes:

a) treinamentos internos;
b) treinamento externos;
c) treinamento no local de trabalho;
d) formação de profissionais.

Tais atividades competem à área de recursos humanos, que promove eventos voltados para a educação e a cultura industrial, enquanto a responsabilidade pelo desenvolvimento direto dos colaboradores cabe às respectivas chefias e gerências. As atividades de treinamento têm início à medida que se identificam as necessidades nessa área, o que pode se dar de duas formas:

a) através da avaliação de potencial realizada anualmente pelo superior imediato, na qual são identificadas as carências do colaborador e sugeridas opções de treinamento que lhe permitam supri-las e assim satisfazer os requisitos do cargo;

continua

b) através de solicitação do superior imediato do colaborador à área de recursos humanos para ministrar-lhe treinamento visando a suprir carências presentes ou futuras, sempre levando em conta o cargo ocupado atualmente ou a ser ocupado no futuro.

A Industrial S.A. mantém um cadastro de qualificação de todos os colaboradores, o qual se constitui num verdadeiro banco de dados para recrutamento interno, promoções e transferências.

Para medir a satisfação de seus colaboradores, a cada dois anos a Industrial S.A. realiza com eles uma pesquisa socioeconômica cujos questionários são aplicados pelas próprias gerências e chefias. O nível de bem-estar e a satisfação dos colaboradores podem ser avaliados pelos índices de absenteísmo e rotatividade. Outro recurso utilizado é a pesquisa de clima organizacional, que tem por objetivo propor melhorias nos principais itens que apresentaram resultados desfavoráveis.

Avaliação de desempenho

Anualmente, a Industrial S.A. realiza a avaliação de desempenho global de seus colaboradores, que adota a seguinte sistemática:

a) o empregado faz uma autoavaliação e a negocia com o supervisor, que a valida ou não; neste último caso, os entendimentos prosseguem até que haja consenso; o conceito final decorre da média ponderada do primeiro conceito (peso 6) e do conceito emitido para o grupo (peso 4), cuja avaliação é feita por todos os seus membros;

b) o gerente também é avaliado por todos os empregados, separadamente, e o conceito final é obtido pela média ponderada das avaliações dos empregados (peso 6) e do conceito por eles atribuído ao grupo (peso 4);

c) os setores são avaliados pelo gerente (peso 6) e pelos demais setores (peso 4);

d) os departamentos e superintendências são avaliados pelos seus chefes e pelos órgãos da mesma linha, com pesos 6 e 4, respectivamente;

e) por último, elabora-se um relatório com as análises individual, grupal, setorial e departamental e as recomendações julgadas pertinentes.

O último processo de avaliação de desempenho detectou:

a) cinco empregados desviados de função;
b) desconhecimentos das potencialidades de um novo equipamento do setor de pintura;
c) realização de horas extras em demasia;
d) excesso de pessoal em alguns setores do departamento de apoio administrativo;
e) faltas em demasia no setor de usinagem.

continua

Premissa didática (o estudo de caso é um instrumento analítico para exercitar a tomada de decisões): a) comparar a sistemática de avaliação de desempenho utilizada pela empresa com a sugerida neste capítulo; b) sugerir um intervalo de tempo ideal entre a última avaliação e a próxima, considerando os problemas existentes.

Questões:
1. Como resolver o desvio das funções detectado?
2. Que tipo de treinamento deve ser ministrado ao pessoal do setor de pintura?
3. Como resolver a falta de pessoal na usinagem e o excesso da área administrativa?
4. Como resolver o problema das faltas em demasia?

Capítulo 9

Treinamento e desenvolvimento

O desenvolvimento de pessoal representa um conjunto de atividades e processos cujo objetivo é explorar o potencial de aprendizagem e a capacidade produtiva do ser humano nas organizações. Visa à aquisição de novas habilidades e novos conhecimentos e à modificação de comportamentos e atitudes. Procura definir métodos e procedimentos que possibilitem maximizar o desempenho profissional e elevar os níveis de motivação para o trabalho. Um plano de desenvolvimento motiva as pessoas da organização, cria perspectivas de evolução e contribui para a melhoria dos resultados.

As grandes organizações multinacionais e numerosas empresas brasileiras consideram o desenvolvimento de pessoal fator decisivo para o seu futuro, motivo pelo qual fazem constar do seu plano estratégico a intenção de investir em programas que lhes propiciem um bom clima organizacional e a garantia de retorno financeiro.

Já o treinamento, um dos muitos recursos utilizados no processo de desenvolvimento, visa ao aperfeiçoamento do desempenho funcional, ao aumento da produtividade e ao aprimoramento das relações interpessoais. Na realidade, o treinamento prepara as pessoas para o desempenho do cargo mediante um processo contínuo visando a mantê-las permanentemente atualizadas com a tecnologia utilizada na realização de suas tarefas. Por isso as organizações passaram a considerá-lo indispensável à obtenção da qualidade total.

Nenhuma organização consegue manter um bom nível de produtividade sem uma equipe de profissionais bem preparados. O fator humano influi de maneira decisiva no nível de desenvolvimento ou deterioração da organização.

Custo ou investimento?

Até a década passada, o treinamento era visto pelos administradores como um centro de custos entre as muitas rubricas que sinalizavam o apoio à realização das atividades-fim da organização. Porém, com o advento da qualidade total e a busca incessante da excelência, os gastos com treinamento deixaram de equiparar-se aos de material e consumo, por exemplo, passando a figurar entre as rubricas de investimento.

Investir no desenvolvimento das pessoas que realizam o trabalho nas organizações significa investir na qualidade dos produtos e serviços e, consequentemente, atender melhor os clientes e ampliar as vendas. Atualmente, o investimento em atividades de treinamento adquire maior relevo pelos motivos seguintes:

a) as deficiências observadas na educação regular fazem com que os alunos saiam das escolas e faculdades com um nível de conhecimentos muito aquém do desejável;

b) as características peculiares a determinados cargos e empresas exigem uma adaptação dos empregados recém-contratados;

c) a constante evolução tecnológica requer a atualização de conhecimentos dos empregados;

d) cumpre explorar o inesgotável potencial de crescimento encontrado nos seres humanos.

Todavia, é preciso evitar uma visão distorcida da questão. Atualmente, as organizações dão prioridade ao treinamento de executivos (nível gerencial), o que vai de encontro à tendência da organização do futuro, ou mesmo da corporação virtual, de conferir maior autoridade aos seus colaboradores. Hoje os trabalhadores têm maior necessidade de educação básica e de treinamento para se qualificar para o trabalho. Cumpre oferecer-lhes um treinamento contínuo nas novas tecnologias aplicadas ao trabalho. Portanto, o desenvolvimento das pessoas na organização deve privilegiar não apenas as que exercem papel de direção e supervisão, mas também as que trabalham nos vários setores da cadeia produtiva. Afinal, os resultados decorrem das atividades de todos.

Com relação às atividades de treinamento, devem ser considerados os seguintes pressupostos:

a) não existem técnicas melhores ou piores, e sim técnicas mais ou menos adequadas, conforme os objetivos que se pretenda atingir;

b) o treinamento se baseia nos princípios universais do ensino convencional, ressalvados os necessários ajustamentos induzidos pelas condições de aprendizagem e as finalidades do programa.

Os principais objetivos do treinamento são:

a) preparar as pessoas para a execução imediata das diversas tarefas peculiares à organização;

b) dar oportunidades para o contínuo desenvolvimento pessoal, não apenas no cargo atualmente ocupado, mas também em outros que o indivíduo possa vir a exercer;

c) mudar a atitude das pessoas, a fim de criar entre elas um clima mais satisfatório, aumentando-lhes a motivação e tornando-as mais receptivas às técnicas de supervisão e gestão.

No Brasil, existe a Lei nº 6.297, de 1975, que permite deduzir até 10% do lucro bruto tributável, para efeito de imposto de renda, do dobro das despesas comprovadamente efetuadas em projetos de formação profissional previamente aprovados pelo Conselho Federal de Mão de Obra do Ministério do Trabalho.

Etapas do processo de treinamento

Como já foi dito, o desenvolvimento das pessoas numa organização está diretamente vinculado ao interesse estratégico do seu negócio. Para consolidar suas posições no mercado e buscar novos horizontes, a organização deve dispor de um quadro de pessoal capacitado a responder aos desafios. Esse processo de desenvolvimento exige um planejamento adequado aos objetivos da organização e ações no sentido de operacionalizá-lo. Essa ações são o próprio treinamento, que pode ter como objetivos:

a) a formação de pessoal (por exemplo, curso de formação de mestre em eletricidade);

b) a capacitação (por exemplo, curso CAD para desenhistas projetistas);

c) a atualização/reciclagem (por exemplo, curso da nova legislação previdenciária para técnicos de pessoal);

d) novas tecnologias (por exemplo, curso de automação da unidade de refino para operadores de refinaria);

e) a readaptação (por exemplo, curso de ajudante administrativo para ex--motorista);

f) a formação de gerentes (por exemplo, curso de formação para gerentes);

g) a formação de supervisores (por exemplo, curso de desenvolvimento da supervisão);

h) o clima organizacional (por exemplo, seminário de relações interpessoais).

Os níveis do treinamento podem ser:

a) gerencial: para ocupantes de cargos executivos ou de gerência;

b) técnico: para ocupantes de cargos técnicos, quer das atividades-fim, quer das atividades-meio da organização;

c) médio: para certos empregados, em face de algumas limitações (por exemplo, escolaridade);

d) amplo: para todos os empregados (por exemplo, curso na área das relações humanas).

Para ser eficaz, o programa de treinamento de uma organização deve:

a) considerar o seu plano estratégico;
b) observar o seu plano de desenvolvimento;
c) limitar-se aos recursos financeiros disponíveis para o exercício;
d) eleger os projetos prioritários;
e) evitar a discriminação de pessoas.

Um programa de treinamento deve responder às seguintes indagações:

a) por que treinar?
b) em que treinar?
c) quem treinar?
d) como treinar?
e) quando treinar?

São quatro as etapas de elaboração de um programa de treinamento:

a) diagnóstico das necessidades de treinamento;
b) programação de treinamento para atender às necessidades diagnosticadas;
c) implementação e execução;
d) avaliação dos resultados.

Diagnóstico das necessidades de treinamento

O primeiro passo para a implementação de um programa de treinamento é o levantamento das necessidades de capacitação e desenvolvimento de recursos humanos da organização. Um correto trabalho nesse sentido poderá evitar a promoção de cursos desvinculados dos interesses da organização, os quais representarão um ônus sem o benefício correspondente. O diagnóstico de necessidade de treinamento deve englobar três níveis de análise complementares:

❏ Análise organizacional

Envolve o estudo da empresa como um todo – seus objetivos, seus recursos, a distribuição desses recursos para a consecução dos objetivos e o ambiente socioeconômico e tecnológico no qual a organização está inserida. A investigação sobre essas questões ajuda a determinar o que deve ser ensinado aos empregados da empresa, visando a adequá-los à estratégia organizacional.

Pode-se dizer que a análise no nível organizacional é a determinação do *locus* interno onde se deverá dar ênfase ao treinamento. Cumpre analisar fatores como planos, força de trabalho, dados sobre eficiência organizacional, clima interno etc., a fim de avaliar os custos envolvidos e os benefícios esperados do treinamento, em comparação com outras estratégias para atingir os objetivos corporativos, e assim determinar a modalidade ou tipo de treinamento.

A análise organizacional evita que os problemas de capacitação sejam particularizados nos empregados ou que as necessidades individuais sejam privilegiadas em detrimento daquelas de caráter organizacional. Devem-se considerar, nessa análise, o planejamento da organização, as características básicas dos empregados e do corpo gerencial e a cultura organizacional, entre outros aspectos que contribuam para determinar o perfil e as necessidades da empresa.

❏ Análise das operações e tarefas

Focaliza os requisitos para o bom desempenho de cada cargo, definindo as habilidades, os conhecimentos, as atitudes e os comportamentos a serem desenvolvidos. Para tanto, podem-se extrair subsídios do plano de cargos e salários, se houver, ou de uma análise dos cargos, decompondo-se as diversas tarefas executadas para depois verificar os seus requisitos. A análise dos cargos permite identificar necessidades de treinamento pela simples comparação entre os requisitos do cargo e a efetiva capacitação de seu ocupante.

❏ Análise individual e por equipes

Trata-se de verificar se as pessoas são adequadas às necessidades organizacionais. Após a análise da organização e dos cargos, examina-se o potencial de crescimento de cada empregado e de cada equipe, procurando identificar eventuais problemas de desempenho que possam ser corrigidos pelo treinamento.

Normalmente, a análise individual e por equipes conta com intensa participação dos gerentes dos diversos órgãos da empresa. Os principais meios de colher informações são os seguintes:

   a) entrevistas com os gerentes;
   b) questionários;
   c) observação direta da execução das tarefas pelos empregados;
   d) solicitações da gerência;
   e) resultados da avaliação de desempenho.

O envio de questionários aos gerentes é o método mais utilizado, embora apresente alguns inconvenientes. A devolução dos questionários preenchidos costuma ser lenta, exigindo uma cobrança constante do profissional responsável por sua aplicação. Às vezes os prazos para consolidação do diagnóstico estouram e alguns setores não enviam suas contribuições a tempo. Tal situação é extremamente delicada. Esperar indefinidamente uma resposta é impossível. Deixar de fora dos programas de capacitação a área "inadimplente" seria punir não o gerente que deixou de cumprir sua obrigação, mas a organização em si, que passaria a ter um setor com trabalhadores menos preparados. Outro inconveniente dos questionários é que geralmente os requisitantes de treinamento não têm uma visão abrangente de seus problemas, propondo medidas corretivas quando na realidade poderiam obter resultados mais eficazes adotando medidas preventivas. Segurança no trabalho e integração de empregados são exemplos de treinamento de natureza preventiva, ao passo que reciclagem e aperfeiçoamento são mais indicados para setores que apresentem falhas de formação ou necessitem de maior capacitação técnica.

A entrevista, embora mais demorada e trabalhosa, fornece uma visão mais próxima das reais necessidades de treinamento. O entrevistador (analista de pessoal) deve partir do geral para o particular. Ou seja, não convém ir direto ao ponto: "que treinamento é necessário para o pessoal do setor?" Primeiro é preciso ponderar os principais desafios enfrentados pelo setor, seus pontos fortes e fracos, e só então procurar relacionar estes últimos com eventuais deficiências de capacitação. Isso evitará que problemas de outra natureza (carência de recursos, tecnologias obsoletas etc.) sejam confundidos com falta de treinamento.

> Engano semelhante ocorreu numa empresa ferroviária na qual o chefe de uma oficina de manutenção solicitou treinamento para os artífices que realizavam o ajuste de uma peça localizada embaixo dos trens. O setor de treinamento contratou então uma firma especializada, que ministrou um curso muito elogiado por todos os participantes. Findo o curso, porém, o problema persistiu. Somente quando um analista de treinamento visitou a oficina de manutenção foi possível constatar a verdadeira causa do problema: o fosso onde os operários trabalhavam era muito raso, obrigando a uma posição ergonomicamente desfavorável. Uma vez corrigido esse defeito, os operários passaram a executar sua tarefa corretamente.

Deve-se recorrer à observação direta sempre que ela possa servir de complemento às informações colhidas junto aos gerentes. Dificilmente, porém, os dados assim obtidos podem ser utilizados sem passar por um processo de refinamento, com a aplicação de outras técnicas.

Muitas vezes também é preciso levar em conta as solicitações da gerência, ainda que sejam feitas após o fechamento do programa anual de treinamento. Mas é necessário estar atento a possíveis enganos em relação à adequação dos cursos solicitados, bem como à influência de fatores políticos em tais solicitações.

É muito comum usar os resultados da avaliação de desempenho para definir as necessidades de treinamento. Uma vez conhecidas as limitações de cada funcionário, podem-se providenciar cursos que ajudem a sanar os problemas decorrentes da falta de capacitação.

Programação de treinamento

Trata-se de planejar como as necessidades diagnosticadas deverão ser atendidas, utilizando os recursos didáticos mais adequados. Para se ter uma boa programação de treinamento é necessário:

a) abordar uma necessidade específica de cada vez;
b) definir claramente o objetivo do treinamento;
c) dividir em módulos ou partes o trabalho a ser desenvolvido;
d) determinar o conteúdo do treinamento;
e) escolher o método de treinamento;
f) definir os recursos didáticos;
g) definir o público-alvo, o local e a carga horária.

Nessa fase, devem-se tomar as seguintes providências:

a) estabelecer a relação custo/benefício, em face da situação existente e dos objetivos propostos;
b) fazer com que os gestores e os altos escalões assumam compromisso com o treinamento;
c) apresentar soluções alternativas para os problemas, analisando suas vantagens e desvantagens.

Um planejamento proativo deve cumprir as seguintes etapas:

a) identificação dos principais clientes internos;
b) elaboração do programa de desenvolvimento de pessoal em conjunto com o cliente;
c) consolidação de todos os programas de desenvolvimento de pessoal;
d) revisão periódica do programa em conjunto com o cliente.

Execução do treinamento

A execução do treinamento envolve o binômio *instrutor/aprendiz* e a relação *instrução/aprendizagem*. Como já foi dito, devem-se levar em conta os diferentes tipos de treinamento:

a) o treinamento de *integração* visa a adaptar o funcionário à organização;
b) o treinamento *técnico-operacional* visa a capacitar o indivíduo para o desempenho das tarefas específicas à sua categoria profissional;
c) o treinamento *gerencial* visa a desenvolver competência técnica, administrativa e comportamental;
d) o treinamento *comportamental* visa a solucionar os problemas de relacionamento em situações de trabalho.

A execução de programas de treinamento deve levar em conta os seguintes fatores:

a) adequação do programa às necessidades da organização;
b) qualidade do material didático;
c) cooperação do pessoal de chefia;
d) qualidade e preparo dos instrutores;
e) qualidade do pessoal a ser treinado.

Avaliação dos resultados

Tal avaliação tem por finalidade verificar como foi executado o treinamento e qual o desempenho obtido, seja em termos organizacionais e de recursos humanos, seja de tarefas e operações. Trata-se de comparar os objetivos pretendidos com os resultados efetivamente alcançados.

A avaliação deve considerar dois aspectos principais:

a) determinar até que ponto o treinamento produziu as modificações de comportamento pretendidas;
b) verificar se o treinamento guarda relação com o cumprimento das metas estabelecidas.

Existem três formas de avaliação dos programas de treinamento:

❏ Avaliação do aprendizado

É a forma de avaliação mais conhecida, por ser utilizada desde a escola primária. Trata-se de verificar o quanto foi assimilado durante o processo de ensino--aprendizagem. Embora nos treinamentos empresariais não seja muito comum aplicar provas, sempre deverá haver alguma forma de avaliar o quanto foi efetivamente assimilado. Em vez de testes, podem-se aplicar exercícios ou questionários.

❏ Avaliação de reação

Visa a conhecer a opinião do grupo sobre o curso nos seus mais diversos aspectos, desde a adequação do conteúdo até a eficiência das atividades de apoio, passando pelo desempenho docente e a qualidade dos recursos didáticos utilizados. Serve de *feedback* para o aprimoramento dos programas de treinamento. O grupo pode manifestar a sua opinião oralmente ou através de questionários. Estes últimos têm a vantagem de deixar os participantes mais à vontade para formular críticas, pois normalmente não é preciso identificar-se.

❏ Avaliação dos resultados do treinamento

Trata-se de averiguar até que ponto o treinamento produziu as modificações desejadas e se os resultados obtidos contribuíram efetivamente para os objetivos da organização. Isso pode ser feito de três maneiras: realizando entrevistas com os participantes e seus supervisores após a realização do curso; comparando a produtividade alcançada antes e depois do treinamento; e analisando os diversos indicadores referentes à situação dos recursos humanos na organização (níveis de absenteísmo e de *turnover*, punições impostas aos empregados, resultados de avaliação de desempenho etc.).

No nível organizacional, cumpre verificar se o treinamento produziu melhorias em termos de eficácia, imagem externa, clima de trabalho e relacionamento com os empregados. Quanto ao desempenho das pessoas, além dos indicadores já mencionados, devem-se examinar as variações no volume de produção dos empregados treinados e as mudanças verificadas em seu comportamento. No tocante às tarefas e operações, deve-se verificar se houve aumento da produtividade, melhoria da qualidade dos produtos e serviços, e redução dos índices de acidente.

Critérios básicos da eficácia do treinamento

Em todas as suas etapas, desde o levantamento das necessidades até a avaliação dos resultados, as atividades de treinamento devem adotar três critérios básicos de eficácia:

a) critério da relevância – cumpre desenvolver prioritariamente os conhecimentos e as habilidades mais importantes para o bom desempenho das tarefas;

b) critério da transferibilidade – os conhecimentos adquiridos nos programas de treinamento devem ser passíveis de aplicação no trabalho cotidiano;

c) critério do alinhamento sistêmico – os comportamentos difundidos pelo treinamento num setor da organização devem estender-se também ao sistema organizacional como um todo, visando a obter maior eficácia.

A análise dos resultados da organização certamente virá comprovar a noção de que os valores investidos em treinamento representam "investimentos" visando à consolidação de sua imagem e à ampliação de seu universo (mercado). Por fim, vale lembrar que o treinamento eficaz é aquele que gera resultados concretos para a organização, proporcionando aos seus empregados a justa expectativa de satisfação e progresso.

Capítulo 10

Higiene e segurança no trabalho

A higiene e segurança no trabalho visam basicamente a garantir condições adequadas à saúde e ao bem-estar dos trabalhadores, tanto no que se refere à observância dos preceitos legais quanto à aplicação dos novos conceitos de gestão ambiental e gerenciamento ecológico.

A higiene no trabalho, também denominada higiene industrial, é uma ciência voltada para o conhecimento, a avaliação e o controle dos riscos para a saúde dos empregados, visando à prevenção das doenças ocupacionais, ou seja, aquelas relacionadas à profissão. Trata-se de um conjunto de normas e procedimentos que têm por objetivo proteger a integridade física e mental do trabalhador, procurando resguardá-lo dos riscos de saúde relacionados com o exercício de suas funções e o ambiente físico do trabalho.

Criar e manter um ambiente de trabalho seguro e saudável é fundamental para as empresas que zelam pela sua imagem e preocupam-se com os crescentes custos decorrentes dos acidentes de trabalho e das doenças profissionais. Não resta dúvida de que o investimento aplicado à área do ambiente de trabalho resulta em maior produtividade e melhor qualidade de vida para os empregados.

No Brasil, até recentemente a cultura empresarial não privilegiava a segurança e a saúde dos empregados, sendo eles próprios responsáveis por sua conduta no trabalho. Considerada paternalista, a legislação de proteção ao trabalhador esteve voltada principalmente para os aspectos pecuniários e de benefícios, sem se preocupar em criar e manter um ambiente de trabalho sadio e seguro, fator indispensável para as boas relações entre empregado e empregador.

Por outro lado, a falta de escolaridade e qualificação profissional dos trabalhadores no Brasil tem dificultado uma conscientização maior das partes no que se refere à necessidade de melhorar o atual quadro. Cerca de 16% da mão de obra ocupada não têm instrução ou não completaram um ano de escola, e 68% não concluíram o 1º grau, o que vem agravar ainda mais o problema.

Apesar disso, novos padrões tecnológicos vêm exigindo que o trabalhador domine conhecimentos e habilidades que lhe permitam integrar-se ao ambiente de trabalho em rápida mudança, e novas atitudes de empregados e empregadores estão possibilitando melhorar a segurança e a saúde no trabalho. O debate de algumas questões tem levado a consensos da mais alta relevância, como é o caso da Norma Regulamentadora nº 18 (NR-18), que garante aos trabalhadores da construção civil do país uma das mais avançadas legislações no que se refere às condições de trabalho.

Preceitos legais

A higiene no trabalho é, antes de mais nada, uma obrigação moral das organizações. A preservação da saúde dos empregados é requisito básico das relações entre o capital e o trabalho, como atesta a Consolidação das Leis do Trabalho (CLT), ainda em vigor, embora a maioria de seus capítulos esteja desatualizada:
"Art. 157 – Cabe às empresas:

I - Cumprir e fazer cumprir as normas de segurança e medicina do trabalho;

II - Instruir os empregados, através de ordens de serviço, quanto às preocupações a tomar no sentido de evitar acidentes do trabalho ou doenças ocupacionais;

III - Adotar as medidas que lhes sejam determinadas pelo órgão regional competente;

IV - Facilitar o exercício da fiscalização pela autoridade competente."

Objetivos da higiene no trabalho

São objetivos de uma boa política de higiene no trabalho:

a) eliminar ou minimizar os fatores que propiciem o surgimento das doenças profissionais;

b) reduzir os efeitos prejudiciais provocados pelo trabalho;

c) prevenir o agravamento de doenças, lesões ou deficiências apresentadas pelos empregados;

d) favorecer a execução da produtividade.

A higiene no trabalho atua em três áreas:

❑ Medicina preventiva

Visa a prevenir e controlar as doenças que mais frequentemente acometem os empregados da organização. São exemplos de ações nessa área:

a) imunização obrigatória contra o tétano e a varíola;

b) exame radiológico de tórax, para controle das doenças pulmonares;

c) diagnósticos de doenças degenerativas e crônicas;

d) divulgação de noções de higiene.

❏ Prevenção sanitária

Visa a manter condições adequadas de higiene no ambiente de trabalho, combatendo possíveis focos de contaminação. São exemplos de ações nesse sentido:

a) tratamento da água e do esgoto;
b) controle de animais transmissores de doenças (ratos, mosquitos etc.);
c) inspeção dos refeitórios e cozinhas industriais;
d) inspeção da qualidade da faxina realizada nos locais de trabalho.

❏ Medicina ocupacional

Visa a adaptar o empregado à sua função, enquadrando-o em cargo adequado às suas aptidões fisiológicas, e a prevenir contra riscos resultantes da presença de agentes prejudiciais à saúde. Por exemplo:

a) realização de exames médicos de admissão e periódicos;
b) estudo das causas do absenteísmo por doenças;
c) desenvolvimento de programas de reabilitação e readaptação profissional;
d) treinamento dos empregados para a prestação de primeiros socorros.

Principais fatores de risco

Os fatores que acarretam riscos para a saúde dos empregados podem ser agrupados nas seguintes categorias:

❏ Riscos químicos

São aqueles relacionados à manipulação de materiais nocivos à saúde. Cumpre realizar estudos para detectar a presença de substâncias tóxicas no ambiente de trabalho, a fim de eliminá-las, ou, caso isso não seja possível, dotar os trabalhadores de equipamentos de proteção.

❏ Riscos físicos

Ruídos. Os sons possuem duas características principais: a frequência e a intensidade. A frequência é o número de vibrações emitidas pela fonte de ruído num determinado espaço de tempo e costuma ser medida em ciclos por segundo (CPS). A intensidade do som é o seu volume, medido em decibéis (db). Legalmente, consideram-se insalubres (prejudiciais à saúde) os ruídos acima de 85db, pois provocam a perda paulatina da capacidade auditiva. A partir de 75db tem início a fadiga causada pelo barulho. As medidas para controlar os ruídos incluem: a substituição de máquinas barulhentas ou seu isolamento do ambiente de trabalho; a utilização de abafadores; o tratamento acústico das instalações; e a utilização de equipamentos como os protetores auriculares.

Temperaturas extremas. A exposição constante a temperaturas muito elevadas ou muito baixas acarreta sérios danos à saúde dos empregados. Pode-se resolver o problema das temperaturas elevadas melhorando as condições de ventilação natural ou utilizando ventiladores e condicionadores de ar. No caso das baixas temperaturas (por exemplo, em frigoríficos), a solução mais prática é fornecer agasalhos especiais aos empregados.

Iluminação. Para o bom desempenho das tarefas, é preciso haver condições adequadas de iluminação no local de trabalho. A luz deve ser constante e uniformemente distribuída, para evitar a fadiga dos olhos. Quanto mais a tarefa exigir acuidade visual, melhor deverá ser a iluminação.

- Riscos biológicos.

São aqueles relacionados à ação de agentes como bactérias, vírus e outros microrganismos. A prevenção dos riscos dessa natureza pode ser feita através da manutenção do asseio nas instalações, da detecção de portadores de doenças infecto-contagiosas e da vacinação preventiva contra as moléstias endêmicas.

Principais causas dos acidentes de trabalho

Segurança no trabalho é o conjunto de medidas que visam a prevenir acidentes. Constitui, pois, um dos fatores decisivos para o aumento da produtividade, na medida em que reduz o número de faltas decorrentes de condições de trabalho inadequadas.

Obviamente, o primeiro passo para prevenir os acidentes de trabalho é identificar as suas causas. As principais causas de acidentes são:

a) características pessoais inadequadas, devido a problemas relacionados a personalidade, inteligência, motivação, aptidões sensoriais e motoras, experiência etc.;

b) comportamentos disfuncionais, como desatenção, esquecimento, negligência e imprudência;

c) degradação do ambiente de trabalho, devido a fatores potencialmente causadores de acidentes, como equipamentos mal projetados ou em precário estado de conservação, *lay-out* (arranjo físico) mal definido etc.;

Todas essas causas podem ser controladas pela direção da organização. Evidentemente, os esforços nesse sentido não garantem um índice zero de acidentes, pois há sempre a possibilidade de falhas humanas, defeitos nos equipamentos e outras contingências desfavoráveis. Porém, qualquer negligência em relação às causas básicas de acidentes poderá elevar a sua incidência.

Mapeamento dos acidentes

É fundamental proceder a um mapeamento dos acidentes de trabalho, tanto prospectivamente quanto retrospectivamente. Os principais pontos a considerar são os seguintes:

a) o agente – é o objeto diretamente relacionado com o acidente (máquinas e equipamentos);
b) a parte do agente – é o componente mais diretamente relacionado ao acidente;
c) a condição insegura – é a condição física ou mecânica encontrada no local do acidente, como piso escorregadio, equipamentos elétricos sem aterramento, iluminação deficiente, posição inadequada do trabalhador etc.;
d) o ato inseguro – é a violação das normas de segurança; por exemplo, deixar de utilizar equipamento de proteção, distrair-se em meio à tarefa ou lubrificar uma máquina em movimento;
e) o fator pessoal de insegurança – quaisquer alterações no estado físico ou psicológico e mesmo o desconhecimento das normas de segurança.

Medidas para prevenir acidentes

A adoção das seguintes medidas é fundamental para prevenir os acidentes de trabalho:

a) manter uma equipe especializada na prevenção de acidentes;
b) engajar todos os membros da organização num esforço comum para prevenir acidentes;
c) afixação de cartazes advertindo sobre os cuidados a tomar no local de trabalho;
d) fornecer equipamentos de proteção individual e exigir a correta utilização dos mesmos;
e) manter um ambiente de trabalho limpo, iluminado, com temperatura adequada e sem ruídos excessivos;
f) verificar regularmente as condições físicas das instalações e dos equipamentos e corrigir as eventuais deficiências;
g) instalar equipamento contra incêndio;
h) manter corredores, portas e escadas desobstruídos;
i) ter um planejamento físico (*lay-out*) adequado, que evite aglomerações e permita a livre circulação das pessoas.

Fórmulas de controle e avaliação de acidentes

❑ Coeficiente de frequência

$$CFq = \frac{n^{\underline{o}} \text{ de acidentes registrados em CAT/ano}}{\text{Quantidade de empregados}}$$

- Coeficiente de gravidade

$$CG = \frac{\Sigma \text{ horas de afastamento por acidentes}}{n^{\underline{o}} \text{ de horas/homem trabalhadas}}$$

Simbolismo das cores

Uma medida comumente adotada na área de segurança no trabalho é a utilização de um sistema padronizado de cores para permitir a pronta identificação de eventuais situações de risco e de meios para combater acidentes.

São os seguintes os símbolos cromáticos adotados:

a) vermelho: indica aparelhos de proteção contra incêndio;
b) laranja: indica partes móveis ou perigosas de máquinas e equipamentos;
c) amarelo: significa "cuidado", usado em corrimões, parapeitos, vigas baixas etc.;
d) verde: indica equipamentos de segurança (caixas de socorro, quadros de avisos, chuveiros de segurança etc.);
e) azul: adverte contra o uso e a movimentação de equipamentos fora de serviço;
f) púrpura: indica perigos provenientes de radiação;
g) branco: indica áreas de circulação e áreas em volta de equipamentos de urgência;
h) preto: indica coletores de resíduos.

Pode-se dizer, enfim, que as ações na área de higiene e segurança no trabalho são de fundamental importância no contexto das políticas voltadas para as relações da organização com as pessoas. Deixar de investir nessa área é uma desconsideração para com os funcionários e pode comprometer até mesmo a imagem da empresa. Infelizmente, o índice de acidentes de trabalho e doenças profissionais é bastante elevado no Brasil, problema que poderia ser sanado com uma ação efetiva de prevenção.

ESTUDO DE CASO: SERVIÇOS DE ENGENHARIA AMBIENTAL LTDA.

A empresa

A Serviços de Engenharia Ambiental Ltda. presta os seguintes serviços:

a) tratamento e disposição final de efluentes e resíduos industriais;
b) incineração de resíduos perigosos (líquidos e sólidos);
c) monitoramento ambiental (ar, solo, águas); e
d) consultoria em proteção ambiental.

continua

Desde a sua criação, a empresa adota o conceito de sistemas integrados de tratamento de efluentes e resíduos industriais e de monitoramento ambiental, práticas desenvolvidas nos mais modernos complexos industriais do mundo. A integração de sistemas assegura a sustentabilidade ambiental, graças à ecoeficiência: conservação de energia, uso racional de matérias-primas, redução de poluentes na fonte geradora e preservação de recursos hídricos naturais. Tal integração também proporciona significativa economia de escala e maior segurança ambiental, em comparação com os complexos industriais mais antigos que ainda adotam sistemas individuais de proteção ambiental.

Influência das variáveis ambientais

As variáveis ambientais mais influentes são as de ordem legal. Como pertence ao setor econômico de prestação de serviços de proteção ambiental, a empresa tem que observar rigorosamente toda a legislação ambiental das esferas federal, estadual e municipal.

Outra variável ambiental importante é a tecnológica, uma vez que a empresa necessita de constante renovação tecnológica nas áreas de tratamento de efluentes líquidos, processamento de resíduos sólidos, incineração de resíduos, monitoramento do ar, gerenciamento de águas subterrâneas e disposição oceânica de efluentes líquidos.

Estratégias e cultura interna

O ser humano é considerado o maior valor que a empresa possui, tendo em vista o aprimoramento contínuo da gestão ambiental e empresarial. Considerada uma das melhores referências internacionais em proteção ambiental, a Serviços de Engenharia Ambiental Ltda. também se destaca no plano nacional por adotar estratégias visando a:

a) aprimorar continuamente o desempenho empresarial e ambiental;

b) valorizar o ser humano nos diversos projetos de gestão de pessoas;

c) assegurar aos empregados um ambiente de trabalho que proporcione melhor qualidade de vida, graças ao respeito e à confiança mútuos;

d) oferecer condições propícias ao desenvolvimento profissional de seus empregados, buscando o estado da arte em todas as disciplinas da gestão empresarial.

Modelo de organização

A empresa adota a tradicional estrutura funcional e verticalizada, com um conselho de administração, uma diretoria executiva um nível gerencial ajustado aos processos existentes. Existem grupos multifuncionais para desenvolver pro-

continua

jetos e programas corporativos cuja complexidade requer a participação de profissionais das diversas áreas. Os líderes das equipes de trabalho estão diretamente subordinados aos chefes de departamento. As funções de recursos humanos são descentralizadas, ou seja, a responsabilidade pela gestão das pessoas cabe primeiramente aos líderes de equipe e à própria gerência dos setores onde estão lotados os empregados. Existe uma assessoria de recursos humanos, vinculada diretamente ao diretor superintendente, que trata das questões trabalhistas e da obtenção de mão de obra no mercado.

Figura 56
Estrutura organizacional

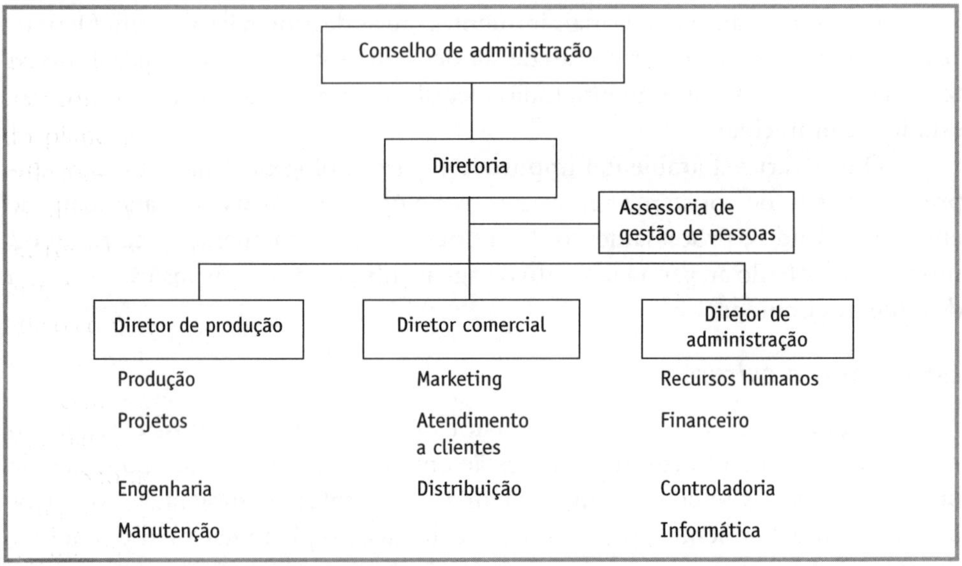

```
                    Conselho de administração
                              |
                          Diretoria
                              |───────── Assessoria de
                              |          gestão de pessoas
        ┌─────────────────────┼─────────────────────┐
  Diretor de produção    Diretor comercial    Diretor de
                                              administração

  Produção              Marketing             Recursos humanos
  Projetos              Atendimento           Financeiro
                        a clientes
  Engenharia            Distribuição          Controladoria
  Manutenção                                  Informática
```

Organização do trabalho e planejamento da gestão de pessoas

A Serviços de Engenharia Ambiental Ltda. conta com 10 equipes de autogerenciamento diretamente subordinadas à gerência de divisão. Por se tratar de empresa prestadora de serviços na área de meio ambiente, seus empregados estão cientes da importância das questões ligadas à higiene e à segurança do trabalho.

O plano de carreira por habilidades possibilita aos empregados ascenderem gradativamente numa carreira previamente definida. A certificação das habilidades é condição necessária para que o empregado esteja apto a executá-las dentro dos padrões de segurança e qualidade requeridos. Qualquer empregado da Serviços de Engenharia Ambiental Ltda. tem autoridade para interromper um processo que não atenda aos requisitos estipulados. Os técnicos têm sua autonomia viabilizada pelos programas de capacitação e reciclagem, estando aptos a tomar as decisões necessárias em cooperação com as demais áreas.

continua

Remuneração e desempenho

A política de remuneração e reconhecimento da Serviços de Engenharia Ambiental Ltda. baseia-se num programa de produtividade em que se utilizam procedimentos de *benchmarking* para fins de comparação com as melhores práticas do mercado, principalmente aquelas adotadas no seu setor econômico.

Educação e treinamento do pessoal

Como já foi dito, o desenvolvimento das pessoas é preocupação maior da alta administração. Por isso, o treinamento das equipes é constante. Os empregados participam de programas de instrução na área de higiene e segurança no trabalho. Os técnicos buscam a certificação visando não só a ascender em suas carreiras, mas também a habilitar-se às novas oportunidades oferecidas pelo mercado.

O desempenho é aferido através da avaliação 360° ou avaliação de desempenho global. A utilização de indicadores é prática comum em todos os segmentos da organização, e o *benchmarking* é permanente.

Premissa didática (o estudo de um caso permite relacioná-lo com os temas abordados nos capítulos precedentes): a) enfatizar a ideia de que o modelo de gestão de pessoas depende do tipo de empresa em questão; b) diagnosticar um modelo de gestão de pessoas em função do setor econômico ou ramo de negócios da empresa; c) propor uma reflexão sobre a atuação de uma empresa prestadora de serviços em face das exigências dos contratantes.

Questões:
1. Fazer um diagnóstico da Serviços de Engenharia Ambiental Ltda., enumerando os seus pontos positivos e negativos.
2. Comentar a sua estrutura organizacional, dizendo se os atuais processos de trabalho são suficientes para continuar atendendo à demanda do mercado e se o foco da organização está voltado para as necessidades dos clientes.
3. As exigências crescentes dos vários níveis de governo e da sociedade em geral seriam atendidas por uma eventual reação proativa da empresa?

Capítulo 11

Clima organizacional e motivação

Clima organizacional

Entende-se por clima organizacional a qualidade ou propriedade do ambiente institucional que:

a) é percebida ou experimentada pelos membros da organização;
b) influencia o comportamento dos mesmos.

É o ambiente interno em que convivem os membros da organização, estando portanto relacionado com o seu grau de motivação e satisfação. É influenciado pelo conjunto de crenças e valores que regem as relações entre essas pessoas, determinando o que é "bom" ou "ruim" para elas e para a organização como um todo. Assim, o clima organizacional é favorável quando possibilita a satisfação das necessidades pessoais, e desfavorável quando frustra essas necessidades.

Segundo Oliveira (1994), tal clima jamais é algo claramente definido. Ao contrário, é difuso, incorpóreo, como uma espécie de fantasma que se manifesta no dia a dia das organizações, numa confusa trama de ações, reações e sentimentos jamais explicitados. O clima também já foi comparado a um perfume cujo cheiro se pode sentir mesmo sem conhecer os seus ingredientes, embora não seja impossível identificar alguns deles.

Algumas empresas, como HP, Ford e Americel, concedem a seus empregados outros benefícios além daqueles tradicionais, como vale-alimentação, seguro de vida e assistência médica. Além de contribuírem para a melhoria do clima organizacional, tais benefícios inovadores podem constituir-se numa eficaz estratégia de recrutamento, seleção e retenção de talentos.

Katz e Kahn afirmam que o clima organizacional deriva dos seguintes fatores:

a) normas e valores do sistema formal;
b) reinterpretação dos mesmos pelo sistema informal;

c) história das disputas internas e externas da organização;
d) perfil das pessoas atraídas e selecionadas;
e) processos de trabalho;
f) comunicação interna; e
g) percepção dos fatos.

Oliveira (1994) observa que, devido à diversidade interpessoal e interdepartamental, existem vários climas internos manifestando-se concomitantemente na organização. A realização de pesquisas junto aos funcionários, no intuito de avaliar seu perfil socioeconômico e seu grau de motivação, satisfação e integração, pode trazer subsídios para a análise das diferentes subculturas normalmente presentes na maioria das organizações. Segundo Fernandes (1998), a motivação do quadro de pessoal é fundamental, pois os recursos humanos existentes na organização devem sentir-se apoiados e seguros. Daí a importância, como assinala Deming (1990), de eliminar o medo para que as pessoas possam desenvolver suas habilidades e contribuir com novas ideias. As pesquisas internas são úteis, portanto, na medida em que permitem identificar as providências necessárias à melhoria do clima organizacional e, logo, à obtenção de um nível adequado de competitividade e qualidade total.

Assim, tomando por base os critérios do prêmio Nacional da Qualidade (2000), sugerimos que a pesquisa leve em conta os seguintes fatores relacionados ao clima organizacional:

a) *liderança*: liderança da alta direção, valores da instituição referentes à qualidade, gestão para a qualidade, responsabilidade comunitária;
b) *informação e análise*: abrangência dos dados sobre qualidade, comparações com a concorrência e referenciais de excelência, análise dos dados sobre qualidade;
c) *planejamento estratégico para a qualidade*: metas e planos para a qualidade;
d) *gestão das pessoas*: envolvimento dos funcionários, educação e treinamento em qualidade, avaliação e reconhecimento do desempenho dos empregados, bem-estar e moral do pessoal;
e) *garantia da qualidade de produtos e serviços*: projeto e penetração no mercado de produtos e serviços, controle da qualidade de processos, melhoria contínua de processos, avaliação da qualidade, documentação, qualidade do processo do negócio e dos serviços de apoio, qualidade dos fornecedores;
f) *resultados obtidos quanto à qualidade*: de produtos e serviços, do processo do negócio, de operações e serviços de apoio, de fornecedores;
g) *satisfação do cliente*: identificação das exigências e expectativas do cliente, gestão do relacionamento com os clientes, padrões de serviços

aos clientes, compromisso com os clientes, atendimento de reclamações visando à melhoria da qualidade, determinação da satisfação do cliente, resultados relativos à satisfação dos clientes, comparação da satisfação dos clientes.

A instrumentalização desses tipos de pesquisa requer uma abordagem qualitativa através de entrevistas em profundidade com o pessoal dos diferentes níveis hierárquicos da pirâmide organizacional, conforme amostra significativa definida para a instituição.

Enquanto a cultura organizacional se mantém durante toda a existência de uma empresa ou, pelo menos, durante parte dela, apontando os caminhos a serem seguidos em determinadas etapas, o clima organizacional se modifica conjunturalmente. Os "momentos" por que passam as organizações em face das dificuldades do mercado e das muitas crises que o país atravessa, a adoção de modernas tecnologias que dispensam pessoas, a contenção nas políticas de salários e benefícios, o aumento de exigências aos empregados, todos esses são fatores que podem alterar o clima de uma organização e comprometer seus resultados.

Assim, o clima organizacional pode ser definido como:

> O grau de satisfação demonstrado pelos membros de uma organização na qual a motivação é fator fundamental para a realização dos trabalhos.

A maioria das organizações se preocupa em aferir periodicamente o seu "clima", pois sabe que, dependendo de como este se apresenta, o trabalho pode ficar prejudicado, as relações interpessoais comprometidas e os resultados aquém das expectativas. A pesquisa de clima organizacional deve abordar:

a) entendimento da missão;
b) crenças e valores;
c) chefia e liderança;
d) relações interpessoais;
e) salários e benefícios.

A avaliação desses elementos deve ser vista como um importante instrumento estratégico para o planejamento eficaz das organizações. A pesquisa de clima busca fornecer informações sobre a atitude do público interno com relação à organização, suas expectativas, sua integração num determinado contexto. Entenda-se aqui *atitude* em sua acepção técnica, envolvendo os aspectos cognitivos, afetivos e comportamentais do indivíduo.

Quanto à estrutura e à gestão da organização, ambas devem ser compatíveis não só com a missão e os objetivos organizacionais, mas também com a cultura organizacional e os recursos humanos disponíveis. Portanto, o estudo do clima organizacional é também um instrumento de avaliação do modelo de gestão e da política de desenvolvimento organizacional, além de proporcionar subsídios para a área de marketing da empresa.

Podemos estabelecer o seguinte rol de objetivos para uma pesquisa de clima organizacional:

a) estudar a cultura organizacional da empresa;
b) avaliar a imagem que os empregados fazem da empresa, de sua missão e de seus objetivos;
c) medir o grau de satisfação dos empregados com os diferentes aspectos da organização;
d) analisar os padrões de motivação e satisfação, bem como as necessidades e expectativas dos empregados;
e) verificar se existe integração entre os objetivos dos empregados e os objetivos da organização;
f) verificar se existe correlação entre a satisfação na organização e a oferta do composto de benefícios e serviços;
g) verificar o nível de integração entre as áreas/departamentos;
i) estudar as relações funcionais entre os empregados;
j) analisar os padrões de produtividade;
l) medir o grau de envolvimento dos empregados com suas tarefas e responsabilidades, com os clientes e com os agentes internos e externos.

O trabalho pode ser dividido em três fases. A *primeira fase* consiste em avaliar o público interno da organização em seus diversos aspectos, de modo exploratório e qualitativo, utilizando roteiros preestabelecidos para entrevistas em profundidade e reuniões de grupo.

A *segunda fase* visa a analisar de modo integrado os elementos levantados na fase exploratória anterior, através de pesquisa quantitativa utilizando instrumentos específicos que permitam responder prontamente aos quesitos formulados.

Na *terceira fase*, os dados obtidos nas fases anteriores servem para elaborar um diagnóstico geral dos problemas estruturais e de recursos humanos, avaliando todos os aspectos relativos ao público interno e auxiliando no planejamento de futuras ações que possibilitem otimizar a administração da organização. Os resultados deverão ser analisados por profissionais da área de ciências humanas, que apontarão os pontos fortes e fracos do clima organizacional e apresentarão soluções para cada problema identificado.

Endomarketing

O endomarketing ou marketing interno é uma nova disciplina que atua na fronteira entre o marketing e a administração de pessoal, procurando orientar as ações de marketing para a própria organização. Trata-se de um esforço planejado, contínuo e sistemático da organização para educar, treinar e desenvolver os seus empregados, visando a engajá-los na qualidade total e no objetivo comum de satisfazer os clientes.

Ao implementar um programa de endomarketing, a organização passa a utilizar internamente o instrumental que os profissionais de marketing utilizam para identificar e satisfazer as necessidades dos clientes. Ou seja, nesse caso, os empregados são vistos como clientes internos.

Segundo Mattos (1998), o objetivo principal do endomarketing é fazer com que todos trabalhem sintonizados com o objetivo final da organização (a satisfação do cliente), pois daí é que resultará a sinergia organizacional. Marketing inteligente, qualidade e preços de padrão mundial deixaram de ser diferenciais. É preciso fazer com que as pessoas se identifiquem com a marca escolhida, e para isso é fundamental que os colaboradores gostem de trabalhar na organização, pois, assim como a marca, eles constituem um ativo muito valioso. Deles emanam a criatividade e o talento. É neles que se concentra o principal recurso para a criação de riquezas: o conhecimento. Assim, todos os setores devem estar integrados em função dos objetivos organizacionais. Mas essa coesão interna só será possível se todo funcionário for valorizado como profissional e como pessoa. Só assim ele realmente se comprometerá com os objetivos traçados.

A relação entre a empresa e o funcionário deve ser uma relação de troca. A empresa precisa corresponder às expectativas de seu colaborador para que este corresponda às expectativas da empresa. É uma espécie de mercado interno, no qual o funcionário assume o papel de cliente. Portanto, é fundamental conhecer seus desejos e dar-lhe condições de satisfazê-los.

É preciso mantê-lo sempre informado, motivado e confiante. É imprescindível dizer-lhe que o seu trabalho, seja qual for, é importante para alcançar os resultados globais planejados. Também é preciso que ele saiba que a sinergia entre todos os setores da companhia é fator essencial para sua eficiência. E o que é mais importante: ele deve sentir-se constantemente valorizado, pois sua carreira e seu sucesso andam de mãos dadas com os interesses da organização.

Mattos (1998) destaca os pontos essenciais para a implantação de um programa de endomarketing:

❑ Desconcentração da autoridade

O endomarketing pressupõe a redistribuição de tarefas e responsabilidades, a redefinição do papel de cada um dentro da organização e a descentralização do processo decisório em prol do objetivo maior que é a estratégia global da empresa. Pressupõe, igualmente, a delegação de responsabilidades e o achatamento da pirâmide hierárquica. Numa estrutura tradicional, as decisões estão concentradas nas mãos de poucas pessoas: as que compõem a alta gerência da empresa e que na grande maioria das vezes estão bem longe do público e de suas necessidades imediatas. O principal executivo é visto como alguém onisciente e capaz de tomar todas as decisões. Mas a realidade não é bem assim.

❏ Revisão das estratégias de treinamento

O treinamento deve contribuir não só para o crescimento profissional do colaborador, mas também para o seu desenvolvimento pessoal. Além disso, deve ser visto como uma oportunidade de engajá-lo nos objetivos da empresa.

Com a ampliação do conceito de treinamento através do endomarketing, outro recurso já utilizado pelas empresas também ganha uma nova dimensão: os programas de integração. Para criar um ambiente interno mais competitivo, a empresa deve dedicar especial atenção à integração de novos funcionários, além de promover, através de projetos específicos, maior integração entre as diversas áreas da companhia. O novo empregado deve saber qual é o seu papel na companhia e qual a sua contribuição para a estratégia empresarial. Não basta dizer-lhe qual é o seu trabalho e como deve realizá-lo. É preciso que ele conheça o contexto no qual está inserido. Entre outras coisas, ele precisa saber para quem está realizando determinado trabalho e por que ele é importante. Precisa saber também que ele faz parte de uma equipe, e que é o somatório dos esforços individuais que garante a conquista dos objetivos traçados.

❏ Processos de seleção

Tais processos não devem procurar apenas examinar a capacidade técnica de um candidato. É fundamental observar sua aptidão para o trabalho em equipe, sua disposição para assumir responsabilidades e sua capacidade de iniciativa e liderança.

Numa empresa orientada para o cliente, o processo de seleção deve merecer atenção toda especial. Assim como o treinamento, a seleção também é uma ótima oportunidade para "vender" a empresa a um potencial cliente (interno). Além de encontrar o candidato certo, o profissional incumbido da seleção deve saber vender-lhe a ideia da empresa, mostrar-lhe seus objetivos, seus valores e seu nível de excelência.

❏ Motivação e valorização dos colaboradores

Somente o indivíduo motivado estará disposto a se comprometer com os objetivos da empresa. E é este o principal objetivo de um programa de motivação: comprometer o funcionário com as causas e objetivos da empresa, visando a integrá-lo à cultura organizacional.

❑ Sistema de comunicação interna

Para que um programa de endomarketing tenha êxito, é fundamental criar um sistema de comunicação interna através do qual a alta gerência possa compartilhar com os funcionários os valores e objetivos da organização. É preciso haver comunicação. A comunicação interna deve ser sinônimo de diálogo. Ser capaz de ouvir com atenção é saber valorizar o indivíduo. Além disso, só um sistema continuamente retroalimentado poderá criar um ambiente favorável ao intercâmbio de informações e conhecimento, armas tão importantes para se alcançar vantagem competitiva.

Para ser eficiente, a comunicação interna deve ser clara e precisa. Devem-se abordar assuntos que sejam do interesse do colaborador, usando sempre uma linguagem que lhe seja familiar. Um comunicado institucional jamais deve ser dúbio, pois sua finalidade é eliminar ruídos. O responsável pela comunicação interna deve estar sempre atento às novas descobertas tecnológicas, pois elas poderão transformar-se em importantes aliadas no processo de comunicação, principalmente agora que as empresas estão cada vez mais transnacionais.

Motivação

Motivar os empregados é certamente uma difícil missão para os gestores em geral. O processo motivacional é demasiado complexo para ser explicado por uma única teoria. Além das conhecidas abordagens clássicas, têm surgido outras que podem ajudar a compreender melhor o tema. Certamente não há uma fórmula para se obter a motivação e o comprometimento.

Todavia, um fator que parece revestir-se de grande importância é a qualidade da liderança exercida. Segundo Kondo (1994), os líderes devem ter um sonho, uma visão capaz de motivar a si próprios e sua equipe. Para Robbins e Finley (1997), o gerente deve incentivar a criatividade e nunca se acomodar, buscando sempre a evolução. A motivação resultaria da difusão de uma visão comum, um pensamento que possa "arder na mente e nos corações da equipe", dando-lhe uma razão de ser.

Vianna (1997) entende que o líder deve estar sempre procurando conhecer os fatores de motivação de sua equipe. Para tanto, deve indagar das aspirações de seus colaboradores e verificar se a organização tem sido capaz de satisfazê-las. De fato, é difícil imaginar que alguém possa perseguir com afinco os objetivos de uma organização que não lhe dê condições de realizar seus sonhos e seus objetivos pessoais.

Weiss (1991) propõe como meio de obter motivação o chamado "contrato psicológico", uma espécie de acordo não explícito para mediar a relação entre supervisor e subordinado. Tal acordo deve conter três "cláusulas" fundamentais: expectativas mútuas, responsabilidades mútuas e consequências mútuas do sucesso ou do fracasso.

Segundo Weil (1993) – um dos expoentes da abordagem holística da administração, que visa a resgatar a dimensão humana das organizações a partir de um enfoque integrado dos fatores individuais, sociais e ecológicos –, o homem aceita cada vez menos ser tratado como mera peça de uma engrenagem. Ele quer saber *por que* e *para quem* trabalha. Portanto, só aceitará trabalhar em empresas que cultivem valores construtivos e que lhe permitam realizar o seu pleno potencial como ser humano.

Moscovici (1993), também da linha holística, aponta a necessidade de resgatar a identificação entre o trabalhador e os resultados de seu esforço. Para ela, os modernos processos de produção tiraram do indivíduo a alegria encontrada nos antigos artesãos, que viam seu produto final acabado e dele podiam se orgulhar. Hoje, cada um fazendo uma parte do trabalho, perdeu-se de vista o todo.

Toledo (1996) também adota uma postura humanista, de cunho holístico. A seu ver, para alcançar a excelência, os gerentes precisam aprender a ver as pessoas em suas verdadeiras dimensões. É preciso amá-las tanto pelas suas riquezas quanto por suas promessas intrínsecas. É preciso ouvi-las, respeitá-las e fazer parceria com elas. Não faz sentido, de acordo com essa visão, manter relações de trabalho frias e utilitaristas, pois estas são incapazes de favorecer o alto desempenho.

Matos (1995), seguindo a mesma linha de Toledo, considera que é preciso discutir melhor o amor nas relações humanas, inclusive no contexto das organizações. A valorização humana deve ser vista como o objetivo principal das empresas. A satisfação dos clientes só se torna possível com empregados satisfeitos. As empresas nascem para realizar projetos que visam a suprir necessidades humanas, e isso exige sentido de equipe, solidariedade e sinergia. A produtividade e o lucro são consequências naturais da redescoberta do prazer do trabalho, do resgate da essência humana das organizações.

Byham e Cox (1992) destacam a inadequação dos sistemas e rotinas de trabalho adotados pela maioria das organizações, os quais favorecem a desmotivação, e não o entusiasmo pelo trabalho. Um dos personagens de seu livro *Sapp*, João Pontes, declara adotar três "regras de aço": nunca pedir ajuda; nunca deixar que alguém perceba que você não está dando conta do recado sozinho; e nunca conversar com alguém sobre uma coisa importante, a não ser que não tenha outra escolha. Os autores propõem combater atitudes desse tipo, encontradas em ambientes empresariais por eles chamados de SAPP – sombra, abatimento, pessimismo e prostração. Tais ambientes retiram das pessoas a responsabilidade, a autoridade, a identidade, a energia e o poder. O ambiente proposto é o ZAPP – zênite, ânimo, persistência e poder.

Pires (1996) aponta o estresse como um dos grandes inimigos da motivação e da produtividade. A seu ver, há uma grande distância entre os desejos e a realidade da maioria das pessoas, e a tensão e a ansiedade daí decorrentes dificultam a realização profissional. Frequentemente, estamos num lugar mas desejamos estar em outro; fazemos uma coisa e sonhamos com outra. Assim, não nos concentramos naquilo que fazemos, não vivemos. Portanto, é preciso que as organizações criem condições para a realização pessoal de seus membros, pois só assim eles poderão reduzir seus níveis de ansiedade e estresse.

Motta (1991) defende a participação como meio eficaz de gerar motivação. A seu ver, é preciso acabar com a repressão organizacional, que produz funcionários alienados, amedrontados e submissos. A participação mobiliza a inteligência da empresa e valoriza o potencial das pessoas, permitindo-lhes expressar suas ideias e emoções, desenvolver relações pessoais e organizacionais mais autênticas e tornar-se profissionais mais autônomos e competentes.

Valores pessoais e sua influência nas organizações

Os membros de uma organização são indivíduos dotados de uma escala própria de valores. Por mais que as empresas se esforcem para criar uma cultura corporativa favorável, o fato é que as pessoas têm crenças pessoais muito mais profundas do que qualquer credo organizacional, as quais não podem ser alteradas simplesmente com programas de mudança.

Para Lewis (1990), existem seis sistemas de valores cujas características apresentamos a seguir, mostrando também as consequências positivas e negativas que sua adoção pode trazer para as organizações. Porém, como assinala o autor, essa categorização não é estanque. O indivíduo, mesmo sendo mais propenso a adotar um desses sistemas, pode usar dois ou mais para construir seu próprio referencial de valores.

a) Autoridade

As pessoas que adotam esse sistema de valores costumam pautar seu comportamento pelo de outros a quem consideram "autoridades". O empregado que assim age é extremamente leal para com seus chefes, pois os vê não apenas como superiores hierárquicos, mas sobretudo como pessoas capacitadas a tomar as decisões mais acertadas. A obediência à autoridade costuma ser passiva, sem questionamentos. Se por um lado esse tipo de atitude convém à manutenção da disciplina corporativa, por outro impede a criatividade e induz ao conformismo.

b) Lógica

Alguns adotam a lógica como referencial básico de seus juízos de valor. Esse sistema de valoração procura julgar as ideias à luz da razão. É evidente que essa orientação não chega a ser um problema para nenhum profissional. Às vezes, porém, os que adotam esse sistema de valores acabam por deixar de lado outras dimensões do conhecimento igualmente relevantes, como a sabedoria, a sensibilidade social e a intuição.

c) Experiência sensorial

O sistema de valores baseado na experiência sensorial privilegia os conhecimentos derivados diretamente dos sentidos humanos: visão, audição, olfato, paladar e tato. Os que se orientam por esse sistema costumam ser profissionalmente muito motivados quando têm a oportunidade de travar um contato mais direto com a realidade, quando trabalham em atividades nas quais é possível perceber o produto final. Por outro lado, têm dificuldade de trabalhar com abstrações e não gostam de tarefas burocráticas, que deem a impressão de trabalho sem resultado.

d) Emoção

Segundo Lewis, esse é um sistema de valores que muitos adotam mas não são capazes de perceber ou admitir que o fazem. Ao contrário dos que se orientam pela autoridade ou a lógica, dificilmente alguém admite que privilegia a emoção em suas escolhas e julgamentos, pois essa palavra assumiu conotação pejorativa, representando o oposto da racionalidade desejável de uma pessoa adulta. Mas Lewis propõe um significado distinto: a faculdade de conhecer através do *feeling*. Os que possuem essa característica são mais receptivos a campanhas de mobilização que priorizem valores como união, coragem, desafios etc. Por outro lado, exigem atenção especial de seus superiores, pois tendem a perder o interesse pelo trabalho quando julgam estar vivenciando um relacionamento profissional frio e rotineiro.

e) Intuição

Lewis faz questão de estabelecer uma clara diferenciação entre "intuição" e "emoção" ou "instinto". Enquanto a emoção e o instinto estariam relacionados a sentimentos primários, a intuição seria a mais desenvolvida e poderosa forma de pensamento abstrato, capaz de sintetizar grandes quantidades de dados com velocidade extraordinária. O autor aponta diversas personalidades, como Isaac Newton e Keynes, que, mesmo conhecendo os poderes da observação direta e da lógica, admitiam que a forma mais criativa de solucionar problemas era a intuitiva.

Recentemente, surgiram várias teorias administrativas que estimulam o desenvolvimento da capacidade intuitiva, especialmente nos executivos. Embora seja muito útil, o maior problema da intuição, segundo Lewis, é que ela não é verbal. A partir do momento em que um *insight* é traduzido verbalmente, ele perde sua essência. Isso faz com que os indivíduos que adotam esse sistema de valores acabem por recorrer a outros, como a autoridade, a lógica, a experiência ou a emoção, quando têm que compartilhar suas ideias ou percepções. Do contrário, correm o risco de não se fazer entender com clareza e de ser vistos pelos subordinados como misteriosos ou mesmo irracionais.

f) Ciência

Para Lewis, "ciência" representa um amálgama de três diferentes elementos: experiência, intuição e lógica. O objetivo maior da ciência seria a busca do conhecimento que seja a chave de uma vida melhor. Mas a ciência acaba exercendo uma influência mais profunda: muitas vezes, imperceptivelmente, transforma-se num sistema específico de valores. Os que se orientam por esse sistema podem ver o mundo, por exemplo, pela ótica freudiana. Por um lado, terão certa facilidade para interpretar as situações e os problemas passíveis de serem solucionados por seu referencial teórico. Por outro lado, poderão cometer grandes equívocos, tentando enquadrar à força os fatos nesse referencial. Há um ditado que diz: "para quem só tem um martelo como instrumento, todo problema se parece com um prego". As "marteladas" equivocadas podem representar verdadeiros desastres.

Os seis diferentes sistemas identificados por Lewis ajudam a compreender que os valores não são crenças isoladas, e sim um conjunto de escolhas, um modo de encarar a vida, cujo fundamento não remete apenas à herança genética ou às experiências de vida de um indivíduo. Cada pessoa possui um sistema de valores próprio, no qual podem preponderar a razão, a intuição, a emoção, a experiência sensorial, a crença na autoridade ou o conhecimento científico.

Daí a importância, nas organizações, de se conhecer a fundo as pessoas que nelas trabalham, não apenas a partir das manifestações mais superficiais de seu comportamento, mas também dos valores que estão por trás do mesmo. As políticas de pessoal e o exercício da liderança devem considerar os impactos dos diversos sistemas de valor adotados.

Estudo de caso: Instituição de Ensino S/C

A empresa

A organização atua na área da educação, sendo legalmente constituída como entidade jurídica de direito privado e mantida por recursos próprios, provenientes das receitas dos cursos que ministra.

Políticas da instituição

São as seguintes:

a) atender às necessidades de seus clientes (empregadoras de mão de obra) formando profissionais de alto nível cujos conhecimentos sejam compatíveis com as exigências do mercado;
b) formar parceria com fornecedores, clientes e colaboradores, considerando que a qualidade é responsabilidade de todos;
c) buscar tecnologias e práticas inovadoras, visando à excelência do processo de ensino-aprendizagem;
d) criar, no âmbito da instituição, um clima de colaboração e confiança mútua, buscando o reconhecimento e a realização das pessoas;

continua

e) proporcionar aos colaboradores treinamento e os recursos necessários ao seu desenvolvimento e capacitação profissional.

Configuração organizacional

A configuração organizacional ainda é verticalizada, havendo um conselho deliberativo e fiscal, uma diretoria com três membros, oito departamentos e 25 setores, com tarefas distribuídas por natureza e afinidade. Entre esses setores, e subordinados à diretoria de administração, contam-se o Setor de Recursos Humanos e o Setor de Treinamento e Desenvolvimento para a gestão das relações entre a empresa e os empregados. São órgãos de *staff* a Auditoria Interna e a Assessoria da Qualidade.

Trata-se de uma estrutura organizacional do tipo hierárquico-tradicional, com funções verticalizadas. De forma combinada com essa organização departamentalizada, e para a execução de tarefas específicas a seu planejamento estratégico, a empresa utiliza estruturas formais de trabalho em equipe, inter ou intradepartamentais, temporárias ou permanentes, incluindo pessoas de níveis iguais ou diferentes e, eventualmente, clientes, fornecedores e revendedores comerciais.

Figura 57
Decisões e informações de gestão de pessoas

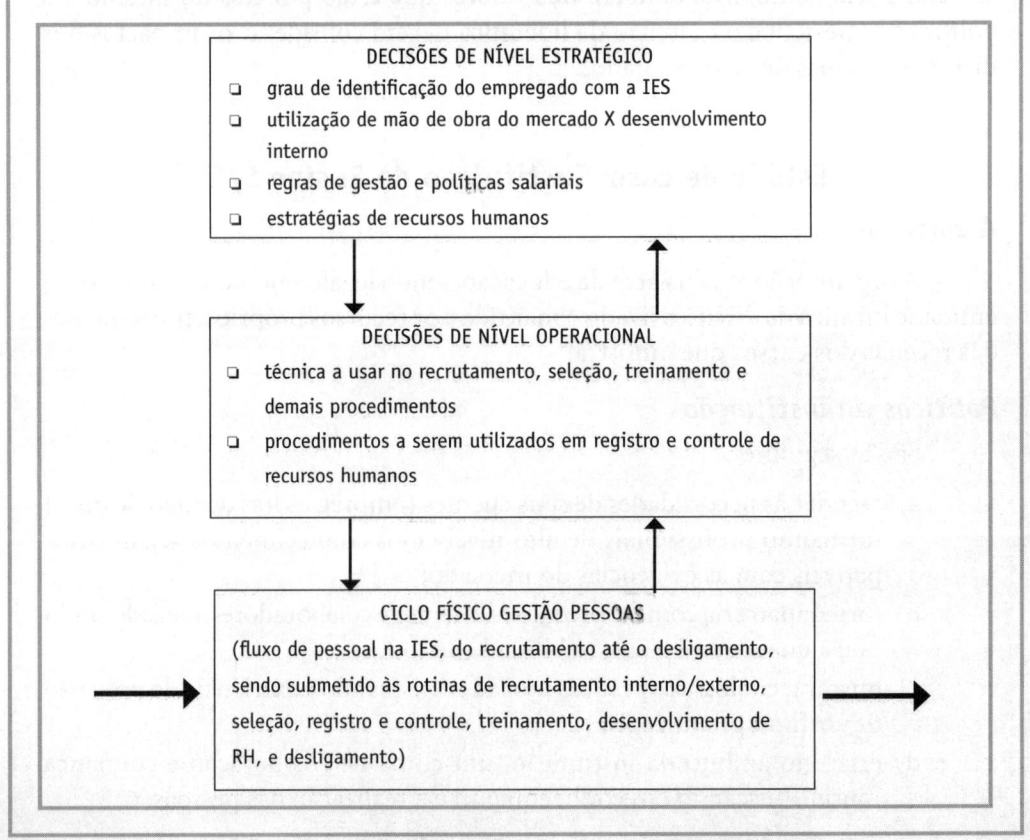

```
┌─────────────────────────────────────────────────┐
│          DECISÕES DE NÍVEL ESTRATÉGICO          │
│  ▫ grau de identificação do empregado com a IES │
│  ▫ utilização de mão de obra do mercado X       │
│    desenvolvimento interno                      │
│  ▫ regras de gestão e políticas salariais       │
│  ▫ estratégias de recursos humanos              │
└─────────────────────────────────────────────────┘
              ↓                    ↑
┌─────────────────────────────────────────────────┐
│          DECISÕES DE NÍVEL OPERACIONAL          │
│  ▫ técnica a usar no recrutamento, seleção,     │
│    treinamento e demais procedimentos           │
│  ▫ procedimentos a serem utilizados em registro │
│    e controle de recursos humanos               │
└─────────────────────────────────────────────────┘
              ↓                    ↑
┌─────────────────────────────────────────────────┐
│            CICLO FÍSICO GESTÃO PESSOAS          │
│  (fluxo de pessoal na IES, do recrutamento até  │
│  o desligamento, sendo submetido às rotinas de  │
│  recrutamento interno/externo, seleção,         │
│  registro e controle, treinamento,              │
│  desenvolvimento de RH, e desligamento)         │
└─────────────────────────────────────────────────┘
```

continua

Hierarquização das decisões de recursos humanos

A instituição possui três níveis de decisão nessa área, com um fluxo de informações de um nível para outro, começando pelas ações de mercado, passando pela contratação e manutenção do empregado, e concluindo com a aferição do trabalho.

Controle estratégico e operacional

Para fins de controle estratégico e operacional, a instituição adota os seguintes indicadores:

a) indicador candidato/vaga;
b) indicador faturamento/número de alunos;
c) indicador faturamento/número de funcionários;
d) indicador faturamento/número de professores;
e) número de profissionais formados/número de professores;
f) número de profissionais formados/número de funcionários;
g) custo operacional da instituição/número de profissionais formados;
h) número de profissionais formados/número de alunos ingressados;
i) número de horas-aula/número de professores;
j) número de créditos/número de alunos;
l) número de horas-aula/número de alunos;
m) número de alunos/número de disciplinas;
n) número de professores/número de disciplinas;
o) volume de receitas e mensalidades/custo operacional;
p) custo total anual/número de alunos;
q) valor da anuidade/custo total anual por aluno (segregado por curso/programa).

Processos sistêmicos

Desdobrando o modelo, especificamente na dimensão da configuração organizacional, agora com o detalhamento das entradas, dos processos internos da Instituição de Ensino S/C e das saídas, ter-se-ia uma ilustração simplificada de sua aplicação, conforme explicitado a seguir. Processos internos são os processos produtivos (essencialmente voltados para o cumprimento da missão) e os processos de apoio (suporte aos processos produtivos).

Estratégia de cargos e salários

O valor de remuneração da hora-aula, vigente em julho de 1999, era de R$22 para doutores; R$18 para mestres; R$15 para especialistas; e R$13 para professores

continua

Figura 58
Exemplo de Fluxo básico de uma IES

INSUMOS
Conhecimentos existentes (*professores*)
Perfil profissiográfico (*projeto pedagógico*)
Recursos materiais e tecnológicos
Recursos financeiros

Entradas físicas
ALUNOS

→

INSTITUIÇÃO DE ENSINO
Processos de apoio
❑ Contabilidade
❑ Finanças

Processos Produtivos
ENSINO
APRENDIZAGEM

→

SAÍDAS
Indivíduos mais bem instruídos para servirem a si mesmos e à sociedade, como agentes de produção, fomentadores da cultura, líderes e empreendedores.

Saídas físicas
PROFISSIONAIS FORMADOS

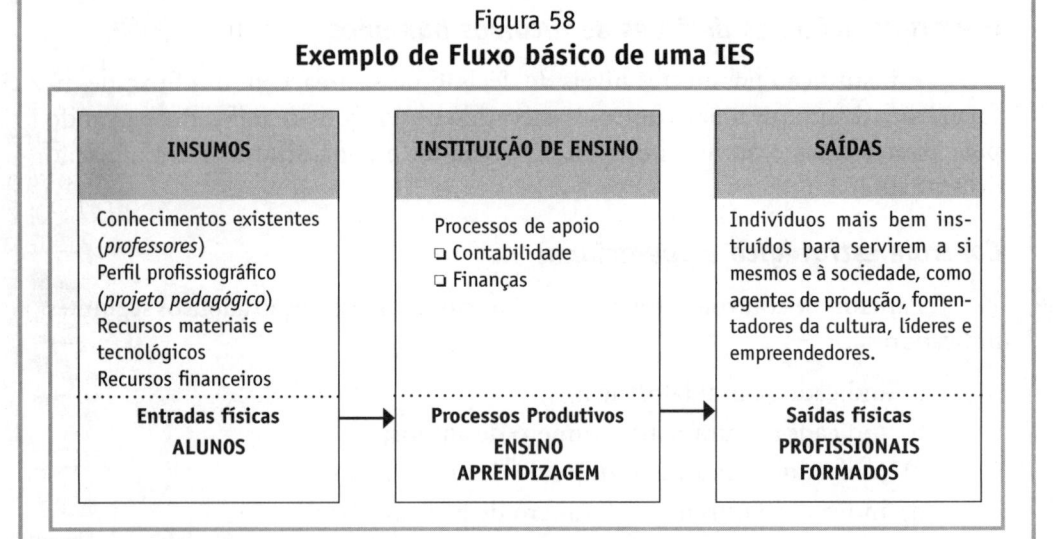

graduados. O plano de carreira docente regulamenta o processo de recrutamento, seleção, admissão, progressão horizontal, progressão vertical, ascensão funcional, promoção e dispensa dos professores, que estão sujeitos também às normas regimentais.

A remuneração mensal será calculada multiplicando-se a carga horária pelo valor da hora-aula. Será pago um adicional de 20% sob a forma de hora-atividade para o planejamento das atividades docentes.

As políticas de recursos humanos são implementadas através do plano de cargos e remuneração, destinado tanto ao pessoal docente quanto não docente. Seu objetivo é a valorização profissional e a motivação crescente. Os cargos são representativos da linha de atividade funcional, de acordo com a natureza, o grau de responsabilidades e a complexidade das funções previstas em sua estrutura organizacional. O plano, tal como foi concebido, define as atribuições e responsabilidades de todos os membros da organização formal, conforme estabelecido no estatuto e/ou regimento da instituição de ensino.

A estrutura de cargos do pessoal docente está constituída, na forma de tabela de cargos e salários, por três categorias, com três classes e cinco níveis. A cada categoria de docente estão associadas três classes, cada qual com cinco níveis salariais. Estes últimos são estabelecidos de forma progressiva, permitindo a progressão horizontal até o último degrau da escala. Essa progressão salarial é prefixada de acordo com a política salarial estabelecida pela entidade para diferenciar os salários de forma justa e profissional. A forma de mobilidade ao longo dos níveis (progressão horizontal) e entre classes diferentes (progressão vertical) está estabelecida no plano de carreira.

O corpo docente será formado por três categorias: professor doutor, professor mestre e professor especialista. Os requisitos mínimos para ingresso nas categorias docentes são:

continua

a) professor doutor – título de doutor na área em que irá atuar;
b) professor mestre – título de mestre na área em que irá atuar;
c) professor especialista – título de graduado, com experiência profissional comprovada e certificado de especialista, obtido em curso de pós-graduação.

A Instituição de Ensino S/C fixa anualmente, por coordenação/departamento, o número de cargos do magistério superior, no regime de tempo parcial (20 a 30 horas semanais) e no regime de tempo integral (40 horas semanais). A instituição poderá, se necessário, contratar professores em outros regimes e/ou em regime modular.

O pessoal docente de ensino superior da Instituição de Ensino S/C está sujeito à prestação de serviços semanais, dentro dos seguintes regimes:

a) regime de tempo parcial – de 20 a 30 horas semanais de trabalho, devendo o professor cumprir tarefas em sala de aula que requeiram pelo menos 70% do tempo contratual;
b) regime de tempo integral – 40 horas semanais de trabalho, devendo o professor cumprir tarefas em salas de aula que requeiram pelo menos 50% do tempo contratual;
c) outros regimes.

As horas de trabalho não utilizadas como carga didática do docente serão distribuídas entre preparo de aulas, assistência aos alunos, preparação e correção de provas e exames, pesquisas, reuniões, trabalhos práticos, programas de capacitação ou atividades de assessoria e extensão a serem desenvolvidas na instituição.

A mobilidade do pessoal nas categorias, faixas e classes previstas no plano de cargos e remuneração é viabilizada pelo plano de capacitação de recursos humanos descrito a seguir.

Planejamento de carreira

A Instituição de Ensino S/C adota uma política de recursos humanos que visa a valorizar os seus quadros docente e não docente. Parte-se do pressuposto de que os educadores, principalmente, necessitam de ambiente adequado para exercer sua missão de acumular e transmitir conhecimento, bem como de preparar e formar mão de obra de alto nível. Tal política tem como objetivos:

a) promover relações harmônicas entre os membros de sua comunidade acadêmica;
b) incentivar a criatividade e a participação de docentes e não docentes em todas as atividades da entidade;
c) apoiar a produção científica dos docentes;

continua

d) promover a permanente atualização dos padrões salariais de seu quadro de pessoal;
e) instituir elevados padrões éticos no desempenho profissional de docentes e não docentes.

Tais diretrizes são viabilizadas por um plano de carreira docente e um plano de cargos e salários para seu quadro técnico e administrativo. Os cargos ou funções do magistério superior da instituição são acessíveis a todos que satisfaçam os requisitos estabelecidos no plano de carreira. Tal plano determina que a contratação seja feita por concurso, de acordo com os critérios de competência profissional e os valores éticos e morais que norteiam a instituição. Estabelece, ainda, as diferentes formas de acesso a cada categoria docente, exigindo como titulação mínima a pós-graduação *lato sensu*. A contratação, por se tratar de instituição particular de ensino, será efetivada segundo a legislação trabalhista, com tempo de experiência predeterminado, após processo regular de recrutamento, seleção e admissão. Nenhum professor será contratado com jornada inferior a 12 horas. A progressão de um nível para outro se dará a título de adicional por tempo de serviço efetivo na carreira docente; em caráter permanente, a cada ano de interstício; ou por produtividade, a cada dois anos. Para fins de ascensão à categoria mais elevada, o critério é a titulação do docente, sendo automático o enquadramento no nível e classe correspondentes. A admissão, progressão e ascensão funcional de um professor serão efetivadas conforme as necessidades de pessoal e a viabilidade orçamentária.

Capacitação de recursos humanos

A instituição desenvolve programas de pós-graduação, próprios ou em convênio com outros estabelecimentos de ensino, visando a atualizar, aperfeiçoar ou capacitar professores e pessoal não docente. O plano de capacitação de recursos humanos deve ser operacionalizado em consonância com o disposto no plano de carreira docente.

Clima organizacional

A pesquisa do clima organizacional apresentou os seguintes índices de aprovação: benefícios (71%); espírito de equipe (73%); liderança (69,2%); reconhecimento e recompensa (51%); relação com o trabalho (76,7%); comunicação (57%); higiene e segurança (69,5%); remuneração (41,7%); treinamento e desenvolvimento (66,2%). Os resultados mostram de forma inequívoca que a organização tem relações de trabalho bastante satisfatórias, mas pode torná-las muito melhores.

Premissa didática (para fins de tomada de decisão, o estudo de caso auxilia o leitor em termos de objetividade, síntese e comunicação escrita): a) ilustrar a formulação

continua

de estratégias e políticas típicas de uma instituição do setor educacional; b) colocar os leitores em contato com o conceito de hierarquização de decisões relativas a gestão de pessoas; c) fazê-los "sentir" o ambiente interno e seus possíveis reflexos no clima organizacional; d) refletir sobre o grau de motivação das pessoas que trabalham na instituição.

Questões:

1. Identificar as vantagens da hierarquização das decisões de gestão de pessoas na instituição.
2. Sugerir outros indicadores de qualidade e de desempenho aplicáveis à Instituição de Ensino S/C.
3. Identificar a relação existente entre o grau de motivação e: a) o plano de cargos e salários; b) o plano de carreira; c) o plano de desenvolvimento e capacitação das pessoas; d) o regime de trabalho implantado; e) os benefícios concedidos.

Questões para reflexão sobre a parte II

1. Que vantagens competitivas podem influenciar na decisão de adotar a estrutura por processos?
2. Que diferenças pode haver entre a administração de recursos humanos e a gestão de pessoas?
3. Na nova configuração da estrutura por processos, a quem deve caber a gestão de pessoas no nível operacional?
4. Esquematize uma carreira para as atividades de compra de materiais.
5. O capítulo 8 sugere fatores para uma avaliação de desempenho. Tente incluir mais três e justifique-os.
6. Formule um plano de autodesenvolvimento.
7. Segundo as normas governamentais, que tipos de extintores deve haver nas dependências de uma fábrica de amônia/ureia?
8. Com base nas considerações feitas no capítulo 11, desenvolva um roteiro para entrevistas em profundidade a ser utilizado numa pesquisa de clima organizacional.

Posfácio

A razão de escrevermos este livro foi a constatação de que obras no contexto da realidade brasileira sobre *gestão* **de** *pessoas* são significativamente escassas. E sobre **gestão com pessoas**, praticamente inexistentes. E por que *gestão com pessoas* e não *gestão de pessoas* como sucedâneo natural da tradicional administração de recursos humanos? No cenário futuro, como será a economia e o mundo do trabalho com o advento do comércio eletrônico, com seu ambiente virtual? Quais serão as regras de relacionamento entre a organização e suas empresas fornecedoras e clientes? E no contexto interno das organizações, quais serão os reflexos de mutações organizacionais como teletrabalho, recrutamento online, portal corporativo na internet, treinamento virtual (*hi-tech*) e ensino a distância (*e-learning*) no comportamento das pessoas? Gestão do capital intelectual, de competências e do conhecimento, estratégias de remuneração centradas nas pessoas e novos conceitos que transformam a tradicional administração de recursos humanos exigiriam que tipo de mão de obra?

Se refletirmos sobre a evolução da ordem econômica mundial e a trajetória da teoria das organizações, podemos encontrar algumas explicações. É o que procuramos fazer ao longo desta obra e nas resenhas dos filmes, ilustrados no anexo. Dessa análise podemos constatar que as teorias evoluem para um contexto de maior valorização das pessoas. Mudanças organizacionais no âmbito da conjuntura econômica nacional têm provocado redefinições no modo de gerenciar a organização, com a participação direta dos seus colaboradores em diferentes níveis decisórios.

Ao longo da história econômica nada mudou mais, principalmente nos últimos séculos de vida humana, do que o universo do trabalho. A grande maioria das atividades empresariais atuais não existia há tempos atrás. O exemplo maior é o declínio das atividades da agricultura, que passaram a dar lugar aos agronegócios, com a aplicação de inovadores recursos tecnológicos (produtos geneticamente modificados, tratores, colheitadeiras, irrigação e outros equipamentos de mecanização) fazendo a produtividade da mão de obra crescer exponencialmente. A mecanização e a automação, entretanto, não constituem a maior mudança dos novos tempos. A grande transformação repousa no fato de ter sido criado um novo mundo do trabalho, a partir do surgimento das fábricas no século XVIII e, com elas, uma grande massa de empregos remunerados.

Vive-se, na realidade, uma transição gerencial que vem ocorrendo desde o surgimento do tradicional *departamento de pessoal* da década de 1950, passando pela *divisão de relações industriais* na década de 1960, à recente *administração de recursos humanos* dos anos 1990. Prevalece, ainda, na maioria das empresas o modelo organizacional vertical e compartimentado, no qual as várias áreas vivenciam o "seu negócio" e se comunicam através dos canais formais da hierarquia. Com isso, sua integração fica comprometida e o nível de responsabilidade dos gerentes reduzido aos limites dos seus setores. Por outro lado, a administração dos recursos humanos continua sendo responsabilidade de um órgão central específico, de onde emanam as diretrizes e recomendações que impõem à organização uma padronização de rotinas e orientação legal para os procedimentos das relações capital/trabalho.

Considera-se, indevidamente, o elemento humano como um recurso comparável aos de materiais e finanças. Esta fase, entretanto, está com os dias contados, pois a busca permanente da qualidade dos produtos e serviços é resultado do trabalho das pessoas que compõem as organizações. Tal busca exige o aprimoramento contínuo da capacidade de aprender e de continuar aprendendo e da ativa adaptação, com flexibilidade, às constantes mudanças das condições do trabalho em um mundo em constante mutação, altamente concorrencial, globalizado, competitivo e exigente, em termos de qualidade e de produtividade.

Este livro, embora não ofereça respostas a todas as indagações possíveis, propõe que as organizações sejam gerenciadas *com* as pessoas, como colaboradoras, e não apenas como uma mera peça na engrenagem corporativa. Migra-se, neste contexto, para uma nova perspectiva denominada nesta obra como *gestão* **com pessoas**. As pessoas que trabalham nas organizações passarão a ser consideradas muito mais do que simples recursos, pois delas dependerão os resultados da empresa. Elas são rotuladas de *empregados* por força da legislação trabalhista, mas, por outro lado, devem ser consideradas efetivas colaboradoras, que atuam nos diferentes níveis do processo decisório.

A *gestão com pessoas*, com o advento da estruturação das organizações por processos e o uso intensivo das tecnologias da informação, proporcionaria a eliminação das barreiras internas e os gestores seriam induzidos a assumir papéis de "donos" do negócio. Tais mudanças induzem ao surgimento de um novo modelo de gestão das organizações, baseado em um módulo central composto de pessoal estratégico e, fora deste núcleo, uma mão de obra não especializada que complementa aquela área essencial. O conjunto central dessa nova forma de gerenciar as empresas, composto por *executivos* e pessoal especializado, grupo que diminuiria cada vez mais, se constituiria de empregados em tempo integral, condição permanente e posição essencial para o futuro de longo prazo da organização. Usufruindo de uma maior segurança no emprego, boas perspectivas de promoção e de reciclagem, e de vantajosos benefícios, esse grupo deve atender à expectativa de ser adaptável, flexível e, se necessário, móvel, com o uso dos recursos do teletrabalho.

Complementando esse modelo de gestão da organização, pode-se ter dois grupos distintos de pessoas. O primeiro consistiria em empregados em tempo integral, com habilidades facilmente disponíveis no mercado de trabalho, como o pessoal das áreas de trabalho rotineiro e menos especializado. Com menos acesso a oportunidades de carreira, esse grupo tende a se caracterizar por uma alta taxa de rotatividade, o que torna as reduções da força de trabalho relativamente fáceis por desgaste natural. O segundo grupo ofereceria uma flexibilidade numérica ainda maior e incluiria empregados em tempo parcial, empregados casuais, pessoal com contrato por tempo determinado, temporários, estagiários e treinandos, tendo ainda menos segurança de emprego do que o primeiro grupo. A tendência dos mercados de trabalho, portanto, seria reduzir o número de trabalhadores próprios e empregar cada vez mais uma força de trabalho que entraria e seria desligada sem custos quando as coisas ficassem ruins para as organizações.

Tal evolução do conceito de posto de trabalho, com seu respectivo processo de recrutamento, contratação, classificação, remuneração e demais relações trabalhistas, afeta o conceito tradicional de qualificação. Neste modelo pós-taylorista, a noção de qualificação para um posto de trabalho ou para um emprego fixo está sendo substituída pela noção de competência profissional. Este novo paradigma permite concentrar a atenção muito mais na pessoa do que no posto de trabalho, possibilitando, em consequência, associar as qualidades requeridas dos indivíduos a diferentes formas de cooperação e de trabalho em equipe, para atender com eficiência e eficácia aos novos requisitos da vida profissional.

Instrumentos de gestão e princípios recentes relacionados à responsabilidade social corporativa, à tecnologia e sua influência sobre a natureza do trabalho foram tratados em tópicos específicos desta obra. A responsabilidade social e a governança corporativa ganham importância crucial como alternativa para minimizar riscos de futuros desastres corporativos como os da Parmalat, Enron, Arthur Andersen, órgãos governamentais e empresas da indústria do tabaco, entre outras. As empresas devem procurar, no futuro, adotar ações de governança corporativa para preservar em bom conceito o seu relacionamento com seus acionistas, investidores e a comunidade em geral. A própria Organização para a Cooperação e o Desenvolvimento Econômico (OCDE) recomenda que as organizações, públicas e privadas, adotem princípios focados na transparência de suas ações. O balanço social está nesse contexto de transparência e disseminação de informações junto aos diferentes públicos das empresas, e sua utilização, embora ainda pequena, vem aumentando ano a ano.

O Instituto Ethos de Responsabilidade Social sugere um padrão de balanço social, que explicita os impactos da atividade da empresa na sociedade e evidencia o relacionamento com os seus diferentes públicos. O modelo do Instituto Ethos considera, ainda, a apresentação do modelo de relatório sugerido pelo Ibase (descrição dos projetos sociais e detalhamento de programas ou parcerias). Publicado de forma independente, o padrão sugerido pelo Instituto Brasileiro de Análises Sociais e Econômicas (Ibase) é uma alternativa de evidenciação das atividades empresariais através de balanço social. A revista *Exame* através de seu *Guia Exame de Boa Cidadania Corporativa* e *Guia Exame as Melhores Empresas para Você Trabalhar* (2004) estabelece um *ranking* anual das empresas-modelo em responsabilidade social. A proposta deste *ranking* é servir de referência para as organizações atuarem com o apoio direto de seus colaboradores, tendo em vista um mercado cada vez mais sofisticado, exigente e competitivo.

O balanço social pode gerar, ainda, informações relacionadas ao processo decisório da organização. Um de seus públicos, dos mais importantes, é o interno, ou clientes internos, responsável pelo clima organizacional, pela produtividade e, portanto, pela melhoria dos resultados econômicos da organização.

```
+   Foco em evidenciação externa

    ┌─────────────────────────┬─────────────────────────┐
    │   Bancos                │   Cimento               │
    │   Financeiras           │   Papel e celulose      │
    │   Hospitais             │   Petroquímica          │
    │   Serviços              │   Siderurgia            │
    ├─────────────────────────┼─────────────────────────┤
    │   Comércio varejista    │   Construção civil      │
    │   Comércio atacadista   │   Transporte            │
    │   ONGs                  │   Bens manufaturados    │
    └─────────────────────────┴─────────────────────────┘

-   ────────────────────────────────────────────────▶  +
               Foco em clima organizacional
```

A ênfase em termos de clima organizacional, conforme ilustrado, tende a ser maior quanto menor for a qualidade de vida no trabalho da organização. Ou seja, a atenção a ser dispensada ao clima organizacional é crítica naquelas empresas com alto emprego de mão de obra não qualificada ou cujas atividades são exercidas normalmente em condições insalubres. Indústrias como as de cimento, petroquímica, siderúrgica, de papel e celulose, de construção civil e de produção de bens manufaturados, embora com certa automação, apresentam condições de trabalho que exigem alta atenção em termos de ambiente organizacional e qualidade de vida no trabalho. Por outro lado, empresas comerciais varejistas e atacadistas e outras organizações de atividades essencialmente administrativas e burocráticas podem ter menor ênfase em termos de investimento em sua ambiência interna. Tal abordagem deve traduzir, portanto, a maior ou menor ênfase que se deve dar às estratégias de responsabilidade social corporativa relacionadas ao ambiente interno (clima organizacional, qualidade de vida e imagem institucional perante os seus colaboradores), em função da natureza do trabalho exercido pela organização.

Já o foco na divulgação externa das atividades tende a ser maior naquelas empresas com maior probabilidade de impactos ambientais e de danos econômico-financeiros à comunidade (em função da natureza de suas atividades). É o caso das indústrias de cimento, petroquímica, siderúrgica e de papel e celulose, normalmente de alto risco ambiental. A maior atenção com a responsabilidade social corporativa junto aos seus diferentes públicos, de acordo com a proposta metodológica desta obra, deve ocorrer de forma diferenciada em face da natureza das atividades exercidas pelas diferentes organizações.

Fatores como porte da organização e estágio de maturidade influenciam, também, a escolha das estratégias de responsabilidade social corporativa a serem adotadas. Micro e pequenas empresas normalmente têm baixa exigência em termos de responsabilidade social em relação ao meio externo bem como, internamente, ao clima organizacional e à qualidade de vida no trabalho. De forma equivalente, organizações com estágio de desenvolvimento consolidado e com posicionamento estratégico estabilizado necessitam pouco investimento em ações de responsabilidade social corporativa, principalmente em relação à evidenciação externa.

A *gestão com pessoas* neste novo contexto empresarial surge para tornar a relação entre o capital e o trabalho compatível com os objetivos e estratégias das organizações, e a mais produtiva e menos conflituosa possível. O perfil dos gestores passa a ser ajustado a uma nova realidade e a administração da organização passa a ser exercida *com* as pessoas, como exigência dos novos paradigmas empresariais. Foi dessa constatação que surgiu a proposta apresentada neste livro, de diagnóstico das organizações no contexto brasileiro para alinhamento estratégico da *gestão com pessoas* ao processo decisório. A partir do atual estado da arte das diferentes teorias de administração, extraíram-se os conceitos que permitiram analisar e caracterizar as organizações. A análise das diferentes teorias possibilitou enfocar as organizações nacionais sob diferentes perspectivas e dimensões, para daí estabelecer estratégias diferenciadas de *gestão com pessoas*.

É nesse novo cenário que esta obra propôs um modelo de *gestão com pessoas* que levou em conta a existência de decisões estratégicas e operacionais no âmbito das organizações. Esta hierarquização das decisões procurou estabelecer uma forma metodológica de alinhar aquelas decisões estratégicas relacionadas à *gestão com pessoas* com as estratégias de negócios da organização. Outro aspecto inovador, também, foi enfocar as empresas de maneira distinta, em função do setor econômico ao qual pertencem, para daí estabelecer estratégias de *gestão com pessoas* diferenciadas em função do tipo de organização que estiver sendo tratado. Procurou-se explicitar os diferentes tipos de organizações no contexto da economia nacional, por meio de sua análise sistemática, em vez de uma mera interpretação intuitiva do universo empresarial. Tais elementos foram consolidados dentro dos contornos de um modelo de diagnóstico estratégico, entre outros possíveis de serem concebidos, no contexto das organizações. Essa análise considerou as diferentes organizações segundo seu ramo de negócio, merecedoras, portanto, de um tratamento diferenciado em termos de gestão com pessoas, em face do contexto empresarial próprio a cada tipo de organização.

Alguns filmes, constantes do anexo, outro aspecto inovador introduzido pelos autores, sintetizam a importância do planejamento em *gestão com pessoas* com ética e responsabilidade social corporativa. O trabalho em equipe, além de outros aspectos conceituais detalhados neste livro, foi destacado, na forma de metáfora, como característica fundamental para a melhoria do processo decisório em ambientes empresariais de alto desempenho. As histórias e casos dos filmes sugeridos fazem uma analogia com a capacidade de as pessoas se unirem, como uma força de trabalho coesa, para tomar decisões e solucionar problemas organizacionais.

Bibliografia

Balanço anual. *Gazeta Mercantil*. São Paulo, *24*(24), jul. 2000.

Byham, William C. & Cox, Jeff. Zapp. *O poder da energização – como melhorar a produtividade e a satisfação dos funcionários*. 16 ed. Rio de Janeiro, Campus, 1992.

Celinski, L. *Guia para diagnóstico em administração de recursos humanos; roteiros e instrumentos*. Petrópolis, Vozes, 1995.

Deming, W. E. *Qualidade: a revolução da administração*. Rio de Janeiro, Marques Saraiva, 1990.

Flannery, T. P.; Hofrichter, D. & Platten, P. E. *Pessoas, desempenho e salários*. São Paulo, Futura, 1998.

FPNQ (Fundação para o Prêmio Nacional da Qualidade). *Critérios de excelência do Prêmio Nacional da Qualidade — PNQ*. São Paulo, 2000.

Galbraith, J. R. & Lawler III, E. F. *Organização para competir no futuro*. São Paulo, Makron Books, 1995.

Gates, B. *A empresa na velocidade do pensamento*. São Paulo, Companhia das Letras, 1999.

Gestão Plus. São Paulo, Gestão & RH, 2000. (Vários números.)

Hall, R. H. *Organizações: cultura e processos*. Rio de Janeiro, Prentice-Hall do Brasil, 1984.

Handy, C. *Tempo de mudanças*. São Paulo, Saraiva, 1996.

Katz, D. & Kahn, R. L. *The social organizations*. New York, John Wiley, 1978.

Kondo, Yoshio. *Motivação humana: um fator-chave para o gerenciamento*. 2 ed. São Paulo, Gente, 1994.

Lewis, Hunter. *A question of values: six ways we make the choices that chapers lives*. San Francisco, Harper, 1990.

Matos, Francisco Gomes de. *A empresa feliz*. São Paulo, Makron Books, 1995.

Mattos, Débora. Endomarketing: conquistando vantagens competitivas. Rio de Janeiro, UFRJ, 1998. (Monografia.)

Mello, A. *Teletrabalho (telework): o trabalho em qualquer lugar e a qualquer hora...* Rio de Janeiro, Qualitymark, ABRH-Nacional, 1999.

Moreira, D. *A potencialização do capital humano*. São Paulo, Makron Books, 1998.

Morgan, G. *Imagens da organização*. São Paulo, Atlas, 1996.

Moscovici, Fela. *Renascença organizacional*. 3 ed. Rio de Janeiro, José Olympio, 1993.

Motta, Paulo Roberto. Administração para o desenvolvimento: a disciplina em busca da relevância. *Revista de Administração Pública*. Rio de Janeiro, FGV, *6*(3):39-53, jul./set. 1972.

_____. *Gestão contemporânea – a ciência e a arte de ser dirigente*. Rio de Janeiro, Record, 1991.

Oliveira, Marco Antônio. *Pesquisas de clima interno*. São Paulo, Nobel, 1994.

O que motiva os empregados. *HSM Management*. São Paulo, Savana, *1*(1), mar./abr. 1997.

Orlickas, E. *Consultoria interna de recursos humanos*. São Paulo, Makron Books, 1998.

Peters, T. *O ciclo da inovação*. São Paulo, Campus, 1998.

Picarelli, Vicente Filho & Wood Jr., Thomaz. *Remuneração estratégica – a nova vantagem competitiva*. São Paulo, Atlas, 1996.

Pires, Wanderley Ribeiro. *Qualidade de vida*. 2 ed. 1996.

Pnud (Programa das Nações Unidas para o Desenvolvimento). *Desenvolvimento humano e condições de vida: indicadores brasileiros*. Brasília, Ipea, Fundação João Pinheiro, Fibge, 1998. (Coleção Desenvolvimento Humano.)

Pontes, B. R. *Avaliação de desempenho: uma abordagem sistêmica*. Rio de Janeiro, Livros Técnicos e Científicos, s.d.

Promover é o único caminho? *HSM Management*. São Paulo, Savana, 1(1), mar./abr. 1997.

Resende, nio. *Cargos, salários e carreira; novos paradigmas conceituais e práticos*. São Paulo, Summus, 1991.

RH em Síntese. São Paulo, Gestão & RH, 2000. (Vários números.)

Robbins, Harvey & Finley, Michael. *Por que as equipes não funcionam: o que não deu certo e como torná-las criativas*. Rio de Janeiro, Campus, 1997.

Semler, R. *Virando a própria mesa*. São Paulo, Best Seller, 1996.

Souza, Agamenom Rocha & Ferreira, Victor Cláudio Paradela. *Introdução à administração: uma iniciação ao mundo das organizações*. Rio de Janeiro, Pontal, 2000.

Tachizawa, T. *Estratégia empresarial: tendências e desafios*. São Paulo, Makron Books, 2000.

―――― & Andrade, R. O. B. *Gestão de instituições de ensino*. Rio de Janeiro, FGV, 2000. (Coleção FGV Prática.)

―――― & Mendes, G. *Como fazer monografia na prática*. 5 ed. rev. e ampl. Rio de Janeiro, FGV, 2000. (Coleção FGV Prática.)

―――― & Scaico, O. *Organização flexível: qualidade na gestão por processos*. São Paulo, Atlas, 1997.

Tapscott, D. *Economia digital*. São Paulo, Makron Books, 1997.

Toledo, Flávio de. *Recursos humanos e globalização*. São Paulo, FTA, 1996.

Trope, Alberto. *Organização virtual: impactos do teletrabalho nas organizações*. Rio de Janeiro, Qualitymark, 1999.

Vianna, Marco Aurélio F. *Trabalhar para quê? A motivação profissional nas equipes realizadoras*. São Paulo, Gente, 1997.

Weil, Pierre. *Organizações e tecnologia para o próximo milênio – a nova cultura organizacional holística*. 3 ed. Rio de Janeiro, Rosa dos Ventos, 1993.

Weiss, Donald. *Motivação e resultados; como obter o melhor de sua equipe*. São Paulo, Nobel, 1991.

Zimpeck, Beverly Glen. *Administração de salários*. São Paulo, Atlas, 1997.

Sites úteis

Editoras e livrarias online

www.amazon.com
www.barnesandnoble.com
www.borders.com
www.cortezeditora.com.br
www.edfutura.com.br
www.editora.fgv.br
www.livcultura.com.br
www.saraiva.com.br
www.shoppingcultural.com.br
www.siciliano.com.br
www.submarino.com.br

Recolocação de pessoal

Bancos de curriculum vitae

RH *online* (banco de currículos):
www.rhol.com.br
RH superior (banco de currículos de profissionais com curso superior):
www.domain.com.br/vitecno/curriculum
Job Center (banco de currículos especializados em profissionais do mercado de internet; possibilita saber rapidamente as tecnologias que um determinado emprego requer ou as tecnologias específicas em que cada candidato deve ter experiência):
www.infnet.com.br/job/
Curriculum online:
www.curriculum.com.br

Colocação e recolocação de pessoal

www.benvegnu.com.br
www.laertecordeiro.com.br
www.lensminarelli.com.br
www.saadfellipelli.com.br
www.wp.com/garcez
www.visualbyte.com.br/gente/gente/htm

CIEE (Centro de Integração Empresa Escola):
   www.ciee.org.br
Contato para seleção e recolocação de executivos:
   www.arsa.com/contacto

Consultoria e serviços em RH

   www.stiebler.com.br
   www.originet.com.br./astrein
   www.netds.com.br/coaching
   www.class.com.br/boog
   www.rhplus.com.br
   www.interpsic.com.br
   www.ahkbrasil.com/rolberg.htm
   www.rhplus.com.br
RH Center NetLink (espaço institucional de serviços na área de recursos humanos):
   www.netlink.com.br/rhcenter

Revistas e publicações especializadas

Guia RH e revista *RH em Síntese*:
   www.quattro.com.br/rhsintese
Info – Exame Informática:
   www.uol.com/info
   www.infoexame.com.br
   www2.uol.com.br/exame
Gazeta Mercantil:
   www.gazetamercantil.com.br
   www.bancodenoticias.com.br

Revistas na internet

   www.mantelmedia.com
   www.blochplanet.com.br/conecta/index.htm
   www.canalweb.com.br
   www.eab.com.br
   www.ediouro.com.br/business
   www.ediouro.com.br/internet.br
   www.embratel.net.br/infoserv/quattro/garrett
   www.quattro.com.br/garrett
   www.quattro.com.br/rhsintese

Anexo

Resenhas de filmes ilustrativos

- A conquista do paraíso: Colombo
- A história de uma fraude: o caso Enron
- A firma
- Apolo 13: do desastre ao triunfo
- A queda do Império Romano
- A rede
- Até o limite da honra
- Ameaça virtual
- Beijos de chocolate
- Chocolate
- Com o dinheiro dos outros
- Do que as mulheres gostam
- Doze homens e uma sentença
- Erin Brockovich
- Esquentando o Alasca
- Henry Ford's America
- Mauá: o imperador e o rei
- Mestre dos mares: o lado mais distante do mundo
- Monstros S.A.
- O amor é contagioso
- O dia depois de amanhã
- O informante
- O gladiador
- O náufrago
- O sucesso a qualquer preço
- O último samurai
- Piratas da informática
- Presente de grego
- Tempos modernos
- Troia
- Tucker: um homem e seu sonho
- Uma linda mulher
- Uma mulher de classe
- Wall Street: poder e cobiça

Os filmes, como estratégia didática, devem ser trabalhados como um processo, em vez de serem utilizados como simples resposta a um determinado assunto-aula.

As histórias e casos apresentados nos filmes fazem uma analogia com a capacidade de as pessoas se unirem, como uma força de trabalho coesa, para tomar decisões e solucionar problemas. No contexto desses filmes projeta-se a ideia de que a qualidade de vida é fundamental e que a concorrência e competição por si sós não são mais sustentáveis no âmbito das organizações. As pessoas são colocadas para trabalhar febrilmente nas organizações ou nos empreendimentos, pressionadas pela busca da eficiência, na forma de redução do tempo despendido nas atividades. A produtividade e a preocupação em diminuir o tempo são enfatizadas em alguns filmes, em detrimento da qualidade de vida, sem levar em conta a degradação ambiental e as questões de ética e responsabilidade social (que devem ser internalizadas no plano estratégico).

O fator temporal, por exemplo, é ilustrado em cores fortíssimas no reingresso da espaçonave Apolo 13 na atmosfera terrestre, quando poucos minutos sem comunicação separam a vida da morte de todos os seus ocupantes. A questão do planejamento é outro aspecto subjacente a todos os filmes, que despertam reflexões sobre a necessária mudança nas prioridades das organizações, com a eliminação das atividades causadoras de pressão sobre o ser humano e a adoção de outros valores, como a ética, a qualidade de vida, o desenvolvimento sustentável, projetos comunitários e maior interação entre as pessoas. É clara a metáfora de que o comportamento do ser humano é função direta do seu meio ambiente. Daí a necessidade de uma coexistência pacífica entre o indivíduo e os contextos interno e externo das organizações, nos quais ele deve obter os resultados exigidos pelo planejamento estratégico.

São filmes positiva ou negativamente relacionados com um novo contexto econômico e caracterizados por uma rígida postura dos clientes exigindo que as organizações sejam éticas, tenham uma boa imagem institucional no mercado e atuem de forma socialmente responsável. A tecnologia pela tecnologia é destacada com uma reflexão: "a tecnologia é a resposta, mas qual foi a pergunta?" O trabalho em equipe é tratado metaforicamente, como uma característica fundamental para a melhoria do clima organizacional nos ambientes empresariais de alto desempenho.

Os filmes apresentados não chegam a constituir uma lista dos melhores ou de sucessos de bilheteria, mas certamente constituem referência para empresários e executivos extraírem princípios aplicáveis ao seu dia a dia nas organizações. São conceitos de gestão empresarial, baseados em enredos de filmes, reais ou fictícios, que podem fazer parte integrante, inclusive, de programas de MBA e de currículos das escolas de administração. O leitor, adotando-os como referência, pode descortinar um universo de filmes sobre os mais variados temas relacionados ao mundo corporativo.

A conquista do paraíso: Colombo, com Gérard Depardieu

CONCEITOS-CHAVE: liderança; clima organizacional; planejamento de carreira; recrutamento e seleção; treinamento de integração; trabalho em equipe.

Este filme sintetiza a aventura de Cristóvão Colombo (Gérard Depardieu) no descobrimento das Américas, evidenciando as questões do planejamento (e as incertezas da pioneira viagem oceânica) e da alocação de pessoas para sua execução (recrutamento da tripulação dos navios da frota comandada por Colombo). Conta a história desse navegador genovês que atravessou o Atlântico pela primeira vez, em busca de novas terras, expandindo o domínio espanhol para as Américas.

Na primeira expedição, Colombo divide a direção com dois outros navegadores experientes, mas provoca, com isso, problemas de comunicação entre líder e liderados. Colombo esconde, mesmo dos colegas de hierarquia, detalhe muito importante para o sucesso da *missão*: a duração da viagem. Esse procedimento cria um clima de insegurança conforme o tempo vai passando. As relações informais crescem e aparece certo descrédito quanto à realização do objetivo da missão, que é chegar ao continente. Colombo mantém-se a distância, não exercendo uma liderança participativa, o que, além de provocar desmotivação nos tripulantes, denota autoritarismo, próprio da rigidez na hierarquia dos modelos fordista e taylorista (que desconsideram as necessidades psicológicas dos homens subordinados).

Durante uma revolta, Colombo mostra-se incapaz de gerenciar os recursos humanos disponíveis e apela novamente para o modelo fordista, que oferece recompensas materiais e sociais para manter a autoridade. Acusa, inclusive, um dos seus comandados de estar insuflando os outros. De certo modo, a primeira expedição fracassa, pois não atinge o objetivo a que se propôs: encontrar e trazer riquezas para a Espanha. Ou seja, o objetivo econômico não pôde ser atingido.

Na segunda expedição, a escolha dos participantes lembra conceitos de gestão de pessoas ainda praticados em muitas empresas conservadoras, no que se refere a recrutamento e seleção. Embora a força de trabalho tenha sido adequadamente selecionada, visando o objetivo de construção e colonização no suposto Mundo Novo, Colombo teve um comportamento autoritário, designando para os mais importantes cargos seus dois irmãos, totalmente despreparados para as funções. Isso comprometeu o alcance dos objetivos da missão, além de retratar a insegurança de Colombo, gerando um clima de revolta entre os nobres, que na época detinham o poder e conhecimento para governar. Nesse episódio, fica ressaltada a inabilidade de Colombo para administrar, pois ele desconsiderava princípios básicos de liderança para lidar com os seus recursos humanos, em face do medo que tinha de perder o poder.

Colombo, após o cumprimento do objetivo inicial, não planejou a etapa subsequente, que era a administração dos domínios conquistados. Durante o período de colonização houve diversos incidentes de insubordinação que ele não soube controlar e que culminaram com a revolta de alguns homens. Mesmo como vice-rei, Colombo foi incapaz de governar as ilhas, pois, quando não conseguia alcançar os objetivos econômicos (recolher e enviar riquezas para o reino espanhol), determinava que os nativos pagassem impostos mensais em ouro, evidenciando a cruel exploração dos índios e até onde alguns administradores são capazes de ir para se manter no poder.

Em resumo, o exemplo de Colombo nesse filme é o de um péssimo líder e administrador, que não soube gerenciar os recursos humanos para atingir os objetivos propostos. É uma lição sobre administração e sobre o que não deve ser a liderança exercida por gestores e executivos no contexto das organizações de alto desempenho.

A história de uma fraude: o caso Enron

Conceitos-chave: planejamento de carreira; recrutamento e seleção; treinamento de integração; estratégias de cargos e salários; clima organizacional; globalização e internacionalização dos mercados; escola das relações humanas; governança corporativa; ética e responsabilidade social.

O filme ilustra a administração de recursos humanos na forma tradicional. Uma das empresas de energia líderes dos EUA, a Enron, mantinha-se no topo graças aos lucros inflados artificialmente, o que fazia com que suas ações fossem progressivamente valorizadas na bolsa de valores de Wall Street. Com isso, o patrimônio da empresa estava sempre acima da média do mercado, permitindo que acionistas, diretores e empregados tivessem sua riqueza pessoal aumentada constantemente, o que fez com que o ex-presidente da Enron, Kenneth Lay, se entusiasmasse com a organização desde o primeiro dia de sua vida de "enronita".

A Enron selecionava seus funcionários entre os melhores formandos em economia e administração das melhores escolas de negócios dos EUA e da Inglaterra (Harvard Business School e London School of Economics). Esse procedimento permitia que a indicação (QI) de pessoas influentes ligadas aos principais gestores da organização fosse o fator decisivo na escolha dos futuros colaboradores. A admissão de Kenneth foi um exemplo. Ele passou por um treinamento de integração que tornava o recém-admitido empolgado com a empresa, fazendo-o vestir a camisa da empresa, um processo que levava a pessoa a "enronizar-se".

A remuneração era baseada em um salário fixo mais um bônus (as ações da empresa eram concedidas ao final de cada fechamento de balanço), calculado em função da produtividade e, primordialmente, dos negócios que cada colaborador fechava. Isso provocava competição entre os funcionários, que valorizavam seus ganhos financeiros em detrimento de um bom ambiente de trabalho.

A avaliação de desempenho e carreira de cada colaborador girava em torno do "Formulário de Revisão", uma maneira de verificar a performance individual para fins de promoção e ascensão profissional.

Para que os negócios virtuais da Enron continuassem em sua permanente escalada de valorização no mercado acionário, tornava-se necessário que o presidente e o diretor financeiro "negociassem" com políticos influentes do país, com a mídia formadora de opinião e, principalmente, com a Arthur Andersen & Auditores Associados, uma das maiores firmas de auditoria do mundo, para que avalizasse e desse credibilidade a seus balanços manipulados, por meio dos quais a Enron inflava artificialmente sua projeção de lucros.

Com a revelação da fraude empresarial, pela Comissão Nacional de Fiscalização da Bolsa de Valores, a Enron fechou suas portas, colocando na rua milhares de pessoas que confiaram na organização e nela depositaram suas economias e futuro profissional.

Esse filme mostra (na forma de antimodelo) dramaticamente como não deve ser todo o ciclo de gestão: desde recrutamento, seleção, contratação, treinamento e estratégias de remuneração salarial, passando por crenças, valores e clima organizacional, até o desligamento de pessoas da organização.

A firma, com Gene Hackman e Tom Cruise

> CONCEITOS-CHAVE: clima organizacional; planejamento de carreira; recrutamento e seleção; treinamento de integração; gestão de empresas; serviços especializados; abordagem política e cultural das organizações; ética e responsabilidade social.

O filme conta a história de um brilhante e ambicioso advogado (Tom Cruise), recém-formado pela mais conceituada faculdade de direito do país. Enfatiza os processos de recrutamento e seleção de colaboradores das empresas, principalmente aqueles de alto nível. O advogado emprega-se em uma pequena, mas próspera firma de advocacia. A liderança exercida pelo diretor-presidente, principal gestor desse escritório de advocacia, é do tipo paternalista, que objetiva transformar a firma em uma grande família para seus empregados. Ou seja, a empresa é controlada, informalmente, pelos seus principais gestores, visando transformá-la em uma irmandade composta pelos seus empregados, satisfeitos e submissos.

Os problemas domésticos e familiares dos funcionários são objeto de aparente preocupação do diretor-presidente e demais sócios-diretores do escritório de advocacia. De forma natural, mesmo sem estar consciente, o presidente da firma adota, na prática, a abordagem das relações humanas, desenvolvida no início do século XX por Elton Mayo na fábrica de Hawthorne da Western Electric, em Chicago, EUA. Este é um enfoque conservador, ainda presente na administração de recursos humanos das organizações empresariais.

Da noite para o dia, o advogado e sua esposa passam a ter um altíssimo estilo de vida que jamais sonharam. Nesse momento vêm à tona os negócios ilícitos encobertos pelas atividades legalmente desenvolvidas pela empresa. Mais de 30% do volume total do faturamento da firma são provenientes de atividades ilícitas.

O agora experiente advogado enfrenta forças que não se detêm diante de nada para proteger os interesses da firma. Ele sofre uma crise de identidade e decide atentar para as questões éticas e de responsabilidade social corporativa, convergentes com sua escala de valores.

Passagens do filme mostrando o controle paternalista exercido pela diretoria da firma sobre a família do personagem evidenciam o poder manipulador dessa prática. Esse controle acabou se transformando em uma verdadeira invasão de privacidade, chegando ao extremo de um sutil monitoramento através de câmeras e grampos telefônicos na própria residência do casal.

Havia uma preocupação em passar um conceito de trabalho em uma grande família tanto internamente, junto aos colaboradores, quanto no plano externo, para promover institucionalmente uma imagem de organização socialmente responsável. A preocupação dos dirigentes da firma era demonstrar aos colaboradores e clientes algo que não existia. Ou seja, que imperava no escritório de advocacia um saudável ambiente organizacional de uma equipe que trabalhava com ética e responsabilidade social corporativa.

É uma lição de que as empresas com maior reconhecimento pela comunidade são aquelas que têm bom relacionamento com seus diferentes públicos e, principalmente, com seus colaboradores. Isso inclui a qualidade na divulgação de informações, a política de remuneração de dividendos e o retorno satisfatório para os acionistas, além da transparência dos relatórios de atividades empresariais e dos balanços financeiros.

Apolo 13: do desastre ao triunfo, com Tom Hanks

> CONCEITOS-CHAVE: liderança; inovação tecnológica e métodos de trabalho; planejamento corporativo; trabalho em equipe; treinamento.

Esse filme mostra que um empreendimento, qualquer que seja a área de atividade, necessita de planejamento cuidadoso para ser bem-sucedido. A falta de padronização de certos componentes dos equipamentos de bordo da espaçonave Apolo 13 quase leva ao insucesso da empreitada. Nesse momento Gene Kranz (Ed Harris), encarregado das operações da missão na base em Houston, ordena: "Cavalheiros, sugiro que vocês inventem uma maneira de enfiar um poste quadrado num buraco redondo, e rápido".

A deficiência do planejamento central, a cargo da Agência Nacional de Administração Aeroespacial (Nasa), resultou em risco e incerteza para a missão. Essa falta de planejamento é compensada pela engenhosidade e administração contingencial levada a cabo pelos tripulantes da espaçonave e pela equipe em terra. A frase que virou símbolo do filme — "O fracasso não é uma opção" — passou a ser parte da explicitação de missão de grandes organizações empresariais. Os astronautas e a equipe da missão em terra deram um exemplo de liderança, sensata e profissional, durante a crise vivida pela missão espacial.

Kranz e Jim Lovell (Tom Hanks), comandante da missão lunar da Apollo em 1970, não podem ser considerados pessoas fora do comum. São indivíduos confrontados com um problema crítico, que só poderia ser resolvido com trabalho em equipe, perseverança e gestão equilibrada. Lovell, no decorrer da missão, coordena uma equipe submetida ao estresse mais catastrófico possível. Fica evidente o papel da comunicação na liderança: Kranz e Lovell suprimem as discussões inúteis, nunca passam adiante informações incompletas ou alarmistas e mantêm uma comunicação verbal constante entre os homens em terra e os homens no espaço. Com isso, eles conservam o máximo de controle numa situação caótica e inspiram confiança nas duas equipes. É a lição que se pode extrair do episódio: para obterem a lealdade e o comprometimento de seus subordinados, os executivos precisam, antes de mais nada, conquistar a confiança deles.

O filme, enfim, enfatiza o fator humano como centro das organizações (escola das relações humanas). Evidencia, ainda, o conflito entre o homem e a tecnologia. E a tecnologia e seus efeitos sociais entendidos não como fato recente, mas como algo que existe desde tempos imemoriais. A sucessão, no tempo, de artefatos mais e mais elaborados forma uma trama única com centenas de milhares de anos, desde a infância da humanidade. Cada sociedade ao longo da história não apenas dominou e aplicou seu próprio conjunto de conhecimentos tecnológicos, mas também foi, em grande medida, caracterizada por eles. Historicamente recentes são os usos e aplicações sistemáticos e intencionais da tecnologia em si. As principais linhas de desenvolvimento tecnológico contribuem decisivamente para a configuração da atual realidade social e econômica. A microeletrônica, como uma dessas linhas, desenvolveu os *chips*, que possibilitaram o surgimento de uma infinidade de novos produtos, entre os quais o computador pessoal, provocando a mais significativa transformação nos métodos de trabalho.

O potencial transformador da microeletrônica, por meio da união com outras linhas de desenvolvimento tecnológico — a convergência tecnológica —, resultou na criação de ramos inteiramente novos e extremamente poderosos. A microeletrônica aliada à mecânica, por exemplo, gerou a mecatrônica, impulsionando a automação para o aumento da produtividade industrial, como sucedâneo das soluções de eficiência tayloristas. A telemática, fruto da convergência das telecomunicações com a informática e outras mídias digitais, possibilitou o surgimento da internet como revolucionário instrumento de trabalho. Dessa maneira, novos sistemas de produção industrial que dispensam a participação direta da mão de obra, além de outros avanços tecnológicos aplicados nas organizações, caracterizam a atual era do conhecimento, em que o indivíduo é o personagem central. Nesse cenário não mais futurístico de viagens espaciais, quando avançados recursos tecnológicos falham, o ser humano, devidamente capacitado em termos de competências e habilidades adquiridas em longos períodos de treinamento, consegue superar tais deficiências.

A queda do Império Romano, com Omar Sharif, Christopher Plummer, Sthephen Boyd e Sofia Loren

> CONCEITOS-CHAVE: estratégias de negócios e de gestão com pessoas; planejamento corporativo; liderança; administração pública; escola clássica; abordagem das relações humanas.

Em 180 d.C., o Império Romano se estendia das terras do Egito e do Norte da África até a atual Grã-Bretanha e o Oriente Médio. A região dos bárbaros, ao norte, a Pérsia, a leste, e o Oceano Atlântico, a oeste, eram suas fronteiras geográficas. Roma, o mundo ocidental da época, queria agora conquistar "as fronteiras humanas" baseadas na cidadania e tolerância religiosa das regiões conquistadas. Os povos das diferentes nações conquistadas podiam se tornar cidadãos romanos e, mesmo, legionários, recebendo soldos (daí o surgimento da palavra *soldado*).

Às vésperas de completar o décimo século romano, o próprio imperador, com doença terminal, escolhe seu sucessor, relegando Commodus (Christopher Plummer), seu filho, em favor de Livius (Stephen Boyd). Embora esse processo tenha ocorrido há quase 2.000 anos, ele é atual, pois eventos semelhantes ocorrem nos dias de hoje.

Livius é o responsável pelas estratégias empregadas na guerra contra os bárbaros do norte. Enquanto estes atacavam como um bando de guerreiros, os soldados romanos formavam um exército organizado, que atuava coordenadamente, de acordo com estratégias premeditadas. As divisões romanas eram constituídas da cavalaria, da infantaria, das bigas e dos lanceiros, todos em formações específicas, de acordo com a evolução da batalha. As legiões distribuíam diferentes cargos, organizados em carreiras para fins de promoção, para cada grupo de soldados. Assim, os romanos frequentemente derrotavam seus adversários desorganizados.

Como uma organização moderna, o exército romano tinha objetivos, estratégias, logística (apoio militar, infraestrutura, equipamentos, tecnologia e treinamento permanente). Os centuriões eram profissionais treinados de geração em geração, altamente disciplinados. A divisão de tarefas e os princípios do taylorismo eram nitidamente visíveis na organização militar do exército romano.

Quando o imperador é assassinado, em vez de Livius, é Commodus quem assume. Destruído por dentro, pela desorganização de seus dirigentes, o Império Romano desmorona em um processo lento, mas inexorável, que leva dezenas de anos. A intervenção de Commodus e suas decisões não planejadas aceleram tal destruição. Contrariaram um princípio apregoado por Sun Tzu há 2.500 anos, de que a arte da guerra é uma questão de vida ou morte, um caminho tanto para a segurança quanto para a ruína, e, portanto, em nenhuma circunstância deve ser negligenciada. Ainda segundo os princípios de Sun Tzu, a decadência do Império Romano se deu pela falta de harmonia no Estado: sem harmonia no exército, não pode haver batalha vitoriosa.

Esse filósofo, cujos ensinamentos são intensamente utilizados pelos empresários e executivos de hoje, prescrevia, ainda, que o verdadeiro objetivo da guerra é a paz. Como em *O príncipe* (Maquiavel) e o *Livro dos cinco círculos* (Miyamoto Musashi), as verdades de *A arte da guerra*, de Sun Tzu, podem mostrar o caminho da vitória em toda espécie de conflitos comerciais, batalhas em salas de diretoria e na luta diária pela sobrevivência.

Roma, no entanto, deixou um legado de princípios organizacionais, culturais, de engenharia e arquitetura, sistemas legais e políticos, para exércitos e impérios de outras épocas, como o persa e o macedônico e, mais recentemente, os impérios modernos ocidentais (britânico e americano). Em termos de teoria das organizações, sua abordagem foi o que recentemente se convencionou chamar como escola clássica. Tal escola mostra como criar uma organização que, de forma eficiente, atinja os seus objetivos. São os princípios posteriormente explicitados por Taylor, que se concentrou na análise do trabalho, por Fayol, que estabeleceu reflexões sobre a administração e controle, e por Weber, que analisou o contexto social e os princípios que fundamentam as organizações.

A rede, com Sandra Bullock e Jeremy Northan

> CONCEITOS-CHAVE: tecnologias da informação; influência das inovações tecnológicas; convergência tecnológica; invasão de privacidade; ética e responsabilidade social.

Este drama torna presente algo que é ainda tratado como futurologia. A personagem central do filme, Angela Bennett (Sandra Bullock), analista de sistemas em uma grande empresa de desenvolvimento de software, tem sua identidade deletada da base de dados do sistema federal de informações sobre os cidadãos do país por um grupo vinculado ao alto escalão do governo. Esse grupo pretende obter a cópia do software de segurança das bases de dados oficiais e, para isso, atribui a Angela a identidade de Ruth Marx, possuidora de extensa ficha criminal e que, por isso, é perseguida pela polícia.

A manipulação da identidade das pessoas passou a ser uma realidade concreta graças à digitalização de documentos como carteiras de identidade e habilitação, fichas médicas e cartão de seguridade social, que são armazenados em bancos de dados federais. As inovadoras tecnologias da informação colocam em risco as liberdades individuais, possibilitando a interceptação de telefonemas e o rastreamento de pessoas e mensagens de e-mail. Satélites, câmeras, *chips* e outras parafernálias eletrônicas se tornaram instrumentos de controle da vida das pessoas.

O filme mostra como o ser humano perde cada vez mais privacidade com a convergência das novas tecnologias da informação e das comunicações. Aborda, ainda, os aspectos tecnológicos e humanos que interferem no comportamento social dos usuários dessas tecnologias. A privacidade é facilmente violentada e destruída: as pessoas têm sua vida investigada e suas informações utilizadas sem a devida permissão e, até, com objetivos escusos. A internet é um poderoso instrumento tanto de divulgação de fatos reais quanto de difamação, corrupção e destruição de empresas e pessoas.

O filme torna evidente que as organizações devem adotar algum tipo de política de proteção das informações pessoais, tanto de clientes quanto de funcionários e da comunidade em geral, alinhada com suas estratégias de negócios. É uma lição de ética e responsabilidade social, mostrando que a tecnologia auxilia o ser humano, mas pode, também, corromper o princípio constitucional do direito à privacidade. E essa tecnologia que traz impactos positivos no trabalho, no emprego e na renda das pessoas pode, também, produzir efeitos indesejáveis, acentuando a desigualdade entre países criadores e detentores de tecnologia e outros simples compradores e usuários de patentes e produtos tecnologicamente avançados. Dessa forma, é importante conhecer e destacar os campos e limites de geração, difusão, domínio, transferência, aplicação e reprodução de tecnologia. É isto que fará a diferença neste século do conhecimento.

Até o limite da honra, com Demi Moore

> Conceitos-chave: trabalho em equipe; estratégia; liderança; treinamento e desenvolvimento de pessoal; administração científica; escola clássica.

O filme conta a história de uma oficial da Inteligência Militar, a tenente Jordan O'Neil (Demi Moore), que, após pressão de uma senadora de ideias aparentemente feministas, torna-se a primeira mulher em um grupo de elite da Marinha americana (Navy Seals). Na verdade, os oficiais do alto comando, inclusive a própria senadora que a indicou, torcem pelo seu fracasso. Ou seja, a indicação dessa oficial foi um subterfúgio para negociações políticas escusas praticadas no submundo governamental de Washington.

Além da severidade do comandante dos Navy Seals, a tenente se depara com o preconceito e a hostilidade de todos os seus companheiros de treinamento.

O filme mostra a importância do treinamento para que uma organização militar atinja seus objetivos (que têm correlação direta com os objetivos corporativos das organizações empresariais). O programa de treinamento seguia o estilo espartano de preparação para a guerra (Esparta foi a pioneira do treinamento, com disciplina e estratégias predefinidas) e, tradicionalmente, pouquíssimos de seus participantes conseguiam chegar até o final.

O filme aborda dramaticamente a importância do trabalho em equipe em diversas cenas e, em contraponto, mostra o que acontece quando não há cooperação. Em uma cena, o comandante em chefe, ao enfrentar a falta de colaboração em uma missão militar durante o treinamento, declara: "Lembrem-se sempre de que vocês formam uma equipe!" Em outra cena, a tenente O'Neil serve de apoio para que os componentes de seu grupo ultrapassem uma barreira, mas, no momento em que ela precisa de ajuda para concluir o exercício, um membro de sua equipe não lhe dá a mão, literalmente, colocando tudo a perder no resultado da avaliação desse módulo de treinamento.

No decorrer do treinamento, a tenente O'Neil sofre discriminação dos demais colegas da unidade e tem de provar que pode suportar semanas de tortura física e emocional. Poucos acreditavam que ela teria êxito. Enfim, surpreendendo a todos, ela consegue concluir seu programa de treinamento e o coloca em prática numa missão de resgate de um satélite e da tropa de *marines* no Oriente Médio, salvando a vida de seu próprio comandante.

As questões de liderança, trabalho em equipe, ética e responsabilidade social são enfatizadas numa verdadeira lição de administração.

Ameaça virtual, com Tim Robbins e Ryan Philippe

CONCEITOS-CHAVE: tecnologias da informação; ética; responsabilidade social corporativa.

Gary Winston (Tim Robbins) acumula as funções de *chief executive officer* (CEO) e *chief information officer* (CIO) da Nurv, uma empresa de desenvolvimento de software no Vale do Silício, Califórnia, EUA.

A Nurv monopoliza o mercado de software, particularmente o de sistemas operacionais de microcomputadores comercializados ao redor do mundo. A empresa é uma imagem da Microsoft, cujo sistema operacional Windows rivaliza com o sistema aberto Linux, que tem seu desenvolvedor também representado na história. Preocupada em manter a imagem de empresa com responsabilidade social corporativa, já que atua em um mercado francamente monopolístico e oligopolístico, a Nurv procura canalizar parte de seu faturamento multimilionário para projetos culturais, musicais e artísticos.

A empresa desenvolve em caráter prioritário um novo sistema operacional, o Sinapse e, para tanto, necessita dos melhores programadores e analistas do mercado mundial. Por meio de seu sistema de gerenciamento de banco de dados de talentos, seleciona os 20 profissionais mais competentes do mercado, convidando Milo Hoffman (Ryan Philippe) e Teddy Chin (Yee Jee Tso), que estão nesta conceituada lista dos profissionais competentes, capazes de fazer decolar e cumprir o cronograma de desenvolvimento do Sinapse.

A contratação de Milo é feita ao vivo, em plena sessão de videoconferência internacional, enquanto Teddy resolve seguir outros caminhos. O Sinapse na prática enfrenta problemas quase intransponíveis de compatibilidade com a infraestrutura de hardware disponível no mercado, mas resolve a complicadíssima questão da convergência tecnológica de todas as mídias do mercado e utiliza um sistema de comunicação baseado em 240 satélites.

Gary é constantemente acusado de clonar e se apossar de programas desenvolvidos pelos seus concorrentes diretos, quando não os consegue comprar por vias legais.

No primeiro dia de Nurv, Milo é apresentado aos demais colegas de trabalho e passa por rigoroso treinamento de integração de funcionários recém-admitidos. Na sede da empresa, com 21 edifícios e escritórios panorâmicos, recebe seu *kit* de treinamento e sua estação de trabalho e aguarda o tutor-conselheiro (cada funcionário recém-admitido tem seu tutor). Para surpresa geral, o tutor de Milo é o próprio Gary Winston (que nunca havia sido conselheiro de ninguém), o que demonstra a importância atribuída ao novo funcionário.

Gary ministra a palestra de integração com grande eloquência e entusiasmo, transmitindo os valores e crenças da Nurv, o que motiva todos os recém-admitidos a "vestir a camisa" da empresa. No discurso, que lembra o estilo de Steve Jobs à frente da Apple, Gary diz que não há limites para a realização pessoal e profissional dos funcionários e que qualquer garoto poderia tirá-lo do negócio. Pede a todos criatividade e genialidade em suas novas tarefas.

Milo tem a função de desenvolver a interface do sistema Sinapse e encontra muitas dificuldades técnicas a superar. No entanto, Gary o municia sempre de soluções nos momentos mais críticos. Dessa maneira, Milo sempre recebe "sugestões tecnológicas" provenientes de programas "prontos", dados por Gary para agilizar as etapas mais críticas de desenvolvimento, e consegue cumprir seus prazos, mas percebe que sua vida, como a de todos na Nurv, é permanentemente monitorada. Sua vida privada não existe mais e a vida profissional se resume a ser um mero instrumento para que a Nurv atinja seu propósito de monopolizar o mercado.

O filme evidencia a influência das tecnologias da informação sobre a motivação e o desempenho das pessoas na organização.

Pode-se enquadrar como *estratégico* o desenvolvimento do sistema operacional Sinapse e como *operacional* a preservação do clima organizacional, o que não é observado na organização retratada no filme (os funcionários são relegados a segundo plano e considerados meros números de prontuário). Embora operacionais, tais decisões afetam diretamente o nível das decisões estratégicas e, consequentemente, a obtenção dos resultados corporativos almejados.

Beijos de chocolate, com Jason Alexander e Nia Peeples

> CONCEITOS-CHAVE: empreendedorismo; gestão de micro e pequenas empresas; criação de novos negócios; marketing; atendimento ao cliente.

Bernie Fishbine (Jason Alexander) costumava frequentar diariamente a *bonbonnière* da vizinhança, para comprar seu confeito predileto, o *beijo de chocolate*. Lá ele conheceu Theresa Garabaldi (Nia Peeples), uma jovem estudante de psicologia, cursando o último ano de faculdade.

Bernie possuía um negócio próprio, uma loja de calçados (Sapataria Fishbine) herdada de seu pai. Theresa trabalhava durante o dia em um grande magazine (C&U), no setor de crédito e cobrança e, à noite, atuava como pianista de um restaurante italiano. A Sapataria Fishbine, por falta de motivação de seu proprietário (Bernie não era um empreendedor nato) para promover a expansão do negócio, permanecia na mesma situação de quando foi herdada. Por outro lado, o magazine C&U apresentava um faturamento significativo e constante, mas tinha problema em cobrar as prestações de suas vendas a crédito. O restaurante italiano vivia em franca expansão, pois promovia um atendimento personalizado e familiar aos frequentadores (em sua grande maioria pertencentes à colônia ítalo-americana).

Bernie, entusiasmado com Theresa, altera totalmente seu estilo de vida, passando a fazer dieta e exercícios e deixando de chegar diariamente em casa em horário marcado, de almoço e jantar. Essa mudança de hábito afeta a todos, e Bernie acaba perdendo bastante peso.

No entanto, Theresa tinha por Bernie um interesse meramente acadêmico, pois desenvolvia um tema para seu trabalho de conclusão de curso, intitulado "Estudo psicológico: o caso de um indivíduo do sexo masculino obeso", cujo personagem central era o próprio Bernie! O rapaz, que acabou se apaixonando por Theresa, certo dia descobre a razão do interesse da moça, quando, inadvertidamente, tem acesso a algumas páginas da monografia, e, com isso, termina seu relacionamento. Porém, no decorrer do seu trabalho de graduação, Theresa acaba se apaixonando, de verdade, por Bernie, o que gera múltiplos conflitos de relacionamento envolvendo a família do casal.

O filme, além do relacionamento desses dois jovens, ilustra as atividades normalmente desenvolvidas em empresas do setor comercial varejista (sapataria, *bonbonnière*, magazine). Esse setor econômico normalmente congrega pequenas empresas, e nenhuma, isoladamente, domina o mercado. Não existem barreiras à entrada de novos concorrentes e o setor, por conta disto, torna-se extremamente competitivo. O filme mostra, ainda, uma empresa de prestação de serviços (restaurante italiano), que se caracteriza pela produção de múltiplos serviços personalizados.

Chocolate, com Juliette Binoche e Carrie-Ann Moss

> CONCEITOS-CHAVE: liderança, trabalho em equipe, empreendedorismo; gestão de micro e pequenas empresas; criação de novos negócios; marketing; atendimento ao cliente.

Chocolate é um filme que conta a história de Vianne (Juliette Binoche), uma empreendedora típica, que chega a uma tranquila vila do interior da França. Ela é descendente de índia (ascendência materna maia), por isso conhece algumas receitas de chocolate que são consideradas mágicas, pois trazem felicidade e tentações, segundo a mística maia. Resolve abrir uma *bonbonnière*, um empreendimento muito arriscado, pois a vila é pequena, tradicional e muito religiosa.

Logo que chega ao lugarejo, Vianne aluga uma loja velha e abandonada e começa a pintá-la e consertá-la. Ela usa a estratégia inicial de não revelar o ramo do negócio que será aberto, despertando a curiosidade e o interesse de todos os moradores. Vianne é uma mulher de negócios e tem muito talento, pois, como empreendedora nata, tem boas ideias e é muito boa estrategista.

Sua loja, por conta do conservadorismo local, não é bem-vista. Além disso, a *bonbonnière* foi aberta durante a Quaresma, demonstrando que Vianne não tinha medo de ser diferente e desafiar a religiosidade do povo.

O fator significativo para seu sucesso foi o tratamento dispensado aos clientes. Vianne foi além da qualidade de seus produtos, pois os chocolates, apesar de serem excepcionais, não tinham venda garantida porque as pessoas tinham medo de comprá-los por acreditar que estariam pecando fazendo isso durante a Quaresma (influência das variáveis sociais e culturais). Vianne demonstra um grande caráter empreendedor, eis que vende produtos novos (chocolates com diferencial competitivo pelas suas receitas inéditas e exóticas), que superam as expectativas dos clientes. Ela os conquista e se torna amiga deles. Vianne não discrimina ninguém e considera todos os transeuntes e ocasionais frequentadores da loja clientes em potencial. Não perdendo oportunidade de fazer sua chocolataria ir para a frente, ela tem uma significativa variedade de produtos e, assim, consegue atender aos mais variados gostos da população local.

Vianne tem como empecilho o prefeito, o conde De Reynaud, que tenta fazer com que as pessoas fiquem contra ela. Mas a empreendedora usa diferentes estratégias para ganhar a confiança e o respeito dele. Ela não "entra no jogo do prefeito", evitando falar mal dele ou destruir sua imagem, como ele tenta fazer com ela.

Quando Vianne pensa em ir embora, as pessoas de seu círculo de relacionamento resolvem se reunir e tentam ajudá-la, reanimando-a, para que não desista. Ela persiste e, por fim, transforma sua loja em um empreendimento vitorioso. Vianne fideliza seus clientes e se torna, finalmente, amiga do prefeito, que era seu maior inimigo.

Este filme mostra como uma pessoa que tem espírito de liderança e empreendedorismo consegue êxito em seu negócio. Como negociante típica, Vianne tem produtos novos que são rejeitados no começo, mas, com as estratégias empresariais implementadas, consegue se firmar no mercado. Vianne obtém respeito e torna-se querida na comunidade. Ela evita trabalhar sozinha, pois sabe que ter pessoas ao seu lado é bom e pode ajudar em situações difíceis. O filme é uma verdadeira lição de empreendedorismo, trabalho em equipe, liderança e gestão de micro e pequenas empresas.

Com o dinheiro dos outros, com Danny DeVito e Gregory Peck

CONCEITOS-CHAVE: liderança; tecnologia e natureza do trabalho; finanças; globalização e internacionalização dos mercados; ética e responsabilidade social.

O filme conta a história da New England Wire & Telegraph (NEW&T), empresa do estado de Rhode Island (EUA) liderada por Andrew Jorgenson, seu presidente (Gregory Peck). A empresa vive uma certa crise econômica, apesar da momentânea subida das ações na bolsa de valores. Isto atrai a atenção do megainvestidor Lawrence Garfield (Danny DeVito), cujo escritório de empreendimentos e investimentos em Wall Street, centro financeiro de Nova York, vive em busca de oportunidades de negócios (investimentos, aquisições, fusões, cisões, incorporações e vendas de empresas). Enquanto a empresa de Garfield ocupa um moderno escritório horizontal aberto, a NEW&T é uma fábrica obsoleta de fios elétricos (os novos produtos à base de fibra ótica lhe fazem concorrência direta), com equipamentos ultrapassados.

A NEW&T detém o controle de outras empresas locais, fabricantes de fios, adesivos e outros produtos equivalentes. Apesar de defasada tecnologicamente, a companhia não tem dívidas e não sofre ações e processos do Conselho de Fiscalização do Meio Ambiente, tão comuns a outras empresas desse setor.

Garfield faz a proposta de compra da empresa para assumir seu controle acionário. Diante da recusa do presidente da NEW&T, decide comprar as ações no mercado, chegando a deter 12% do total acionário. Os diretores da NEW&T resolvem se proteger contratando uma advogada, que recomenda transferir a empresa para outro estado (Delaware). Os diretores da NEW&T, com um total de 30% das ações (inclusive empregados que têm participação acionária), ainda mantêm a companhia sob seu controle. A advogada procura Garfield, e propõe um acordo para que ele não compre ações por um determinado período de carência, mantendo a situação acionária inalterada. Nesse período a NEW&T procura adquirir ações para reverter a tendência de perda do controle, fazendo empréstimos bancários. Tal decisão é contrária à filosofia de seu presidente, que sempre adotou a estratégia de trabalhar apenas com recursos financeiros próprios.

A advogada entra com uma ação na justiça (baseada em provas circunstanciais levantadas na internet) contra a Garfield, que, por sua vez, se defende com uma equipe de 17 advogados. O juiz concede ganho de causa à NEW&T, o que provoca a interrupção nas transações com as ações em bolsa. A partir daí, ambos os lados tentam atingir seus respectivos objetivos (de compra ou de preservação do controle da empresa). Garfield investe US$13 milhões na NEW&T, com o objetivo de a revender por US$35 milhões. Sofre a resistência de Jorgenson, que não quer prejudicar seus empregados e a comunidade local, nem tampouco beneficiar um atravessador/especulador capitalista.

A assembleia anual dos acionistas pode decidir sobre a transação de acordo com a proposta de Jorgenson, que confia em uma decisão favorável. Garfield concorda com a proposta, pois pode conseguir fechar em meses um negócio que levaria anos.

Em seu longo discurso na assembleia geral de acionistas, Jorgenson fala sobre o risco da mudança do controle acionário para um especulador da era pós-industrial que não constrói nada, "pois Garfield atua como um simples atravessador financeiro

(...), investidor de negócios de hambúrgueres, com empresa estruturada apenas com advogados, sem construir nada, e que sacrifica os empregos, não valorizando os sócios. Segundo o *Wall Street Journal* a Garfield valoriza o dinheiro e não as pessoas (...). Uma companhia vale mais que o preço de suas ações (...). A nossa empresa se importa com as pessoas e sobreviveu à recessão, à guerra e a várias vicissitudes". Jorgenson continua seu discurso dizendo que o país vive um novo mundo dos negócios onde tudo está mudando, com o fim daquele universo de solidariedade em que um ajuda o outro: "Todos têm orgulho do que foi construído, mas hoje há o medo disso não representar mais nada".

Lawrence Garfield também faz seu discurso de impacto, enfatizando que "a NEW&T já está morta (...) fibras óticas e tecnologias inovadoras semelhantes provocam a obsolescência dos fios e cabos de cobre elétricos (...). Os chicotes fabricados pela NEW&T não têm mais mercado, mesmo que fossem os melhores produtos do mundo. A velocidade com que surgem as tecnologias inovadoras trouxe consigo problemas graves a serem enfrentados em relação à produção, ao trabalho, à economia e à qualidade de vida das pessoas. A NEW&T não é mais produtiva porque se preocupa com os empregados apenas paternalisticamente, não os considerando como talentos que podem produzir mais com menores custos (...). As ações valem hoje menos do que valiam há 10 anos (...) e o objetivo dos acionistas da empresa é ganhar dinheiro! Não importa o que o empreendimento faça e produza (...). E mesmo que eu, Garfield, seja chamado de o liquidador de empresas, pelo menos comigo o acionista terá dinheiro no bolso".

Com esse discurso Garfield sensibiliza os acionistas a votarem nele e acaba assumindo o controle acionário.

O filme é uma verdadeira lição sobre ética e responsabilidade social corporativa. Ele aborda, de forma didática, a estratégia financeira de uma empresa em trabalhar apenas com capital próprio sem recorrer a endividamento externo para financiar seu capital de giro.

Do que as mulheres gostam, com Mel Gibson e Helen Hunt

CONCEITOS-CHAVE: marketing; comportamento do consumidor; segmentação de mercado; foco no cliente; clima organizacional; gestão de empresa de serviços especializados; trabalho em equipe.

Nick Marshall (Mel Gibson), personagem central do filme, é um displicente diretor de criação de uma agência de publicidade em Nova York que vive grave crise econômico-financeira. A diretoria acaba por contratar uma renomada publicitária, Darcy McGuire (Helen Hunt) para substituir Marshall, que é rebaixado, passando a ser um simples *staffer* da nova diretora de criação.

Essa conceituada profissional é "roubada" da maior agência publicitária do país, reconhecida pelo mercado como a que mais "entende" da alma e do universo femininos. Ela dispõe de informações confidenciais que podem proporcionar à nova agência vantagens competitivas, capacitando-a para a formação de estratégias de marketing e para a conquista de clientes. A diretora recém-contratada, com suas ideias femininas, procura implementar uma nova filosofia às campanhas publicitárias veiculadas. Até então a agência, que "vendia" 0% ao público feminino, era conhecida no mercado por "saber" vender apenas produtos ao consumidor masculino.

Com essa mudança de filosofia, a agência consegue uma nova conta: nada mais, nada menos do que a poderosa Nike, fabricante mundial de calçados esportivos. A Nike enfrentava na época a concorrência da Reebok International, segunda maior fabricante de calçados atléticos nos EUA, que adotava como estratégia a venda de tênis para adolescentes urbanos, com o objetivo de subtrair vendas de sua concorrente de maior porte.

Nos bastidores da agência, Marshall sabota o trabalho da diretora de criação e acaba aparecendo como o mentor das ideias que originalmente haviam sido criadas por ela, o que eleva seu *status* na empresa. Marshall leva a fama pelo negócio que "salvaria" a agência de publicidade da falência. Esta valorização "indevida" ocorre paralelamente à perda de imagem da nova diretora de criação, que havia sido contratada exatamente para executar a tarefa de Marshall na campanha da Nike (empresa com fama de ter a alma mais feminina do mundo corporativo).

Esse êxito inesperado ocorre devido a uma nova habilidade demonstrada por Marshall: saber ler a alma feminina. Tal competência, surgida da noite para o dia, é provocada por um violento choque elétrico que faz Marshall "ouvir" os pensamentos das mulheres. Dessa maneira, ele consegue penetrar no mais íntimo segredo das mulheres e de todo o universo feminino, inclusive os pensamentos da diretora de criação, capitalizando suas ideias no desenvolvimento da campanha para a Nike. McGuire é demitida e, posteriormente, readmitida após Marshall confessar que as ideias originais eram dela. Nessa oportunidade o diretor-presidente da agência convoca Marshall para promovê-lo a um cargo superior, quando então, surpreendentemente, ele declara que o mérito não era dele, e sim fruto de um trabalho de equipe!

O filme explicita conceitos de trabalho em equipe, marketing, atendimento a clientes, segmentação de mercado, comportamento do consumidor e gestão de empresas de serviços especializados.

Doze homens e uma sentença, com Henry Fonda

CONCEITOS-CHAVE: liderança; gestão com pessoas; negociação empresarial; ética e responsabilidade social.

Em uma tarde quente e abafada, um júri composto de 12 pessoas está fechado numa sala sufocante. A missão do grupo é decidir sobre a culpa de um acusado de assassinato, com base em evidências aparentemente simples e conclusivas. Os membros do grupo, exceto o jurado nº 8 (Henry Fonda, personagem central do filme), imediatamente votam pela alternativa mais óbvia. O jurado nº 8 tem uma dúvida que não o deixa tranquilo. O que fazer? Com calma, mas de maneira decidida, ele lança essa dúvida sobre a mesa.

A questão em pauta é a culpa ou a inocência de um adolescente acusado de assassinar o pai. Os jurados têm personalidades e posturas conflitantes. Entre todos, o jurado nº 8 é o único que compreende a gravidade da questão e deplora a pressa em assegurar a condenação do rapaz. Mas, em lugar de puxar o cavalo com força na direção certa, ele recorre a outra estratégia para convencer os outros daquilo que pensa. Faz perguntas sem respostas predeterminadas, usa um raciocínio sofisticado e até mesmo ouve com paciência. O jurado nº 8 raramente diz algo mais intransigente do que "Não sei" ou "É possível". No entanto, consegue transformar uma reunião apática e burocrática num encontro repleto de dinamismo e paixão. Sua atuação serve de modelo para líderes empresariais que querem conquistar uma plateia hostil e diversificada sem recorrer a posturas autocráticas.

O filme é paradigmático em termos de responsabilidade social, decisões baseadas em fatos, relacionamento interpessoal em ambiente competitivo e inteligência emocional aplicada ao cenário de negócios, nos níveis estratégico e operacional. É uma verdadeira lição de como conduzir uma negociação, reunião empresarial ou, simplesmente, preservar sua imagem profissional no dia a dia de uma organização.

Erin Brockovich, com Julia Roberts e Albert Finney

> Conceitos-chave: gestão ambiental; gestão de empresa de serviços especializados; alianças estratégicas; parcerias; negociação empresarial; ética e responsabilidade social.

Erin Brockovich (Julia Roberts), uma mulher desempregada e com três filhos, consegue emprego com o advogado (Albert Finney) que a defendeu em uma causa de acidente de trânsito. Ao buscar informações acerca de um caso imobiliário de uma família contra a Pacific Gas & Electric Company (PGE), uma multinacional do ramo petroquímico, Erin descobre que a empresa contaminou as reservas hídricas de toda uma localidade. Determinada a encarar uma luta contra um poderoso adversário, que nenhuma firma de advocacia havia ousado antes, ela obtém êxito.

A grande empresa, causadora do impacto ambiental, realizara seminários para sensibilização da comunidade local a respeito da instalação de uma unidade fabril na região. E acabara convencendo todos os moradores de que a operação industrial da nova planta produtiva da empresa era segura. Porém, anos mais tarde, a água contaminada com cromo acaba causando sérios problemas de saúde aos moradores da comunidade, tais como câncer, abortos, doenças respiratórias e outras anomalias.

As famílias da região são convencidas por Erin a processar a PGE, com base em um conjunto de provas que consegue reunir. O porte assustador do processo multimilionário faz com que a pequena firma do advogado (empresa de prestação de serviços especializados, conforme conceitos explicitados nesta obra) se alie a um grande escritório de advocacia em uma verdadeira parceria de duas empresas de serviços equivalentes. O escritório de advocacia consegue uma importante vitória contra uma grande corporação.

O filme evidencia características e estratégias genéricas, normalmente presentes em uma empresa prestadora de serviços especializados. É uma verdadeira lição de alianças estratégicas, negociação empresarial, gestão ambiental, ética e responsabilidade social.

Esquentando o Alasca, com Russell Crowe e Burt Reynolds

CONCEITOS-CHAVE: trabalho em equipe; liderança; estratégia; treinamento; clima organizacional; marketing.

Um jogador de hóquei (Russell Crowe) vive como delegado de polícia de uma pequena comunidade do Alasca (Mistery). Torna-se treinador do time local, uma equipe amadora, para enfrentar os profissionais do New York Rangers.

O filme mostra a trajetória de uma turma de rapazes (um bando de esquimós), que esquiam no lago congelado de Mistery e acabam formando a equipe de hóquei no gelo. De uma hora para outra, a cidade se transforma em uma comunidade de negócios, com a invasão de uma multidão de empresas patrocinadoras. Os moradores da cidade criam um estádio profissional e transformam a pequena localidade em uma verdadeira cidade civilizada.

A comunidade, recém-saída de uma crise provocada pela remoção de uma multinacional que pretendia se instalar na região, necessitava de um significativo evento econômico como esse jogo, para ressuscitar a localidade. O prefeito vislumbra a possibilidade de incrementar o turismo a partir da publicidade em torno do jogo e da promoção da cidade em escala nacional.

Após um processo judicial na corte de Nova York para resolver o impasse causado pelo cancelamento do jogo, este é confirmado. O juiz da cidade (Burt Reynolds) e o delegado (Crowe) formam a dupla de treinador e capitão para o jogo programado.

Treinamento constante, intensivo e com um objetivo predefinido é uma das lições do filme. A estratégia adotada para vencer o jogo contra a equipe dos Rangers faz uma analogia com as estratégias empresariais para superar a concorrência. O dia do jogo transforma-se em um megaevento de expressão nacional. A estratégia para o jogo começa a ser usada desde o início do cerimonial, quando o xerife consegue que o cantor, além do hino nacional americano, cante também o hino canadense com extrema lentidão. Os jogadores do New York Rangers ficam semicongelados, e o pré-aquecimento realizado no vestiário é perdido. O jogo, portanto, começa com vantagem para o time de amadores locais. Ao longo da partida a equipe de Mistery observa uma rígida estratégia, conquistando a vitória parcial no primeiro tempo.

A estratégia consiste em explorar os pontos fortes e fracos identificados tanto no próprio time quanto no adversário. É o princípio de *Sun Tzu* quando prescrevia que "se você conhece o inimigo e conhece a si mesmo não precisa temer o resultado de cem batalhas. Se você se conhece mas não conhece o inimigo, para cada vitória ganha sofrerá também uma derrota. Se você não conhece nem o inimigo nem a si mesmo, perderá todas as batalhas". É a ciência dos pontos fortes e fracos, na qual, segundo Sun Tzu, o impacto do seu exército pode ser semelhante a uma pedra de moinho chocando-se contra um ovo.

O carisma do treinador-juiz, que estabelece as estratégias executadas em campo pela equipe liderada pelo capitão-delegado, consegue superar os adversários no jogo, embora com vantagens alternadas para cada lado. A motivação, induzida pelas palavras de ordem do capitão-delegado, faz a diferença no resultado final. Embora perdendo o jogo, o time de Mistery é aclamado pela mídia e pelo próprio New York Rangers, sendo reconhecido nacionalmente, dados o desnível entre os times e seu desempenho surpreendente.

O filme oferece uma verdadeira lição de administração e gestão de negócios.

Henry Ford's America

> CONCEITOS-CHAVE: administração científica; escola clássica; fordismo; taylorismo; linha de produção, *supply--chain management*; gestão da qualidade; qualidade de vida no trabalho; clima organizacional.

Em 1905, os financiadores de Henry Ford, em sua nova companhia, a Ford Motor Co., insistiam que a melhor maneira de se obter o máximo de lucratividade era construir um automóvel para os ricos. Mas Ford era de origem modesta, vindo da região rural do país, e acreditava que os trabalhadores que construíam os carros deveriam também poder possuir um. Em vez de dar ouvidos aos investidores, Ford acabou comprando sua parte do negócio. Esse foi o primeiro grande passo de uma cruzada que o tornaria o pai da indústria americana do século XX. Quando o modelo *T*, na cor preta (seu marketing era *produzir carros de qualquer cor... desde que fossem pretos!*), foi lançado em 1908, ele se transformou no automóvel do homem comum, elegante em sua simplicidade e uma verdadeira máquina de sonho, não só para os engenheiros, mas para os homens de marketing.

Ford criou a produção industrial em série, mas o que realmente lhe interessava era o consumo em massa. Quando deixou a fazenda da família, aos 16 anos, e caminhou 13km para conseguir seu primeiro emprego em uma loja de máquinas em Detroit, apenas dois em cada oito americanos viviam nas cidades. Durante a II Guerra Mundial, esse número dobrou, e o *T* foi, em parte, responsável pela mudança. Havia um grande fluxo de trabalhadores dirigindo-se a Detroit em busca de empregos. E, se esses operários iam trabalhar em uma das fábricas de Ford, acabavam comprando seus carros.

O empresário lançaria as bases sobre as quais floresceria a classe média americana, ao abrir condições de crédito para que todos pudessem comprar seus carros. Primeiro Ford financiou seus próprios empregados, depois, estendeu esse crédito aos consumidores em geral. Assim, todos poderiam comprar um automóvel e a empresa, consequentemente, aumentaria suas vendas e participação no mercado. O modelo de crédito desenhado por Ford chegou à construção civil e, depois, ao comércio. Tanto que hoje não apenas nos EUA, mas em todo o mundo, um cartão de crédito é a identidade nº 1 de um consumidor.

Formou-se, assim, um circulo virtuoso, do qual Ford era o dono. Quando, em 1927, a produção do modelo *T* foi interrompida, mais de 15 milhões de automóveis já tinham sido vendidos, ou metade da produção mundial da época. Só a linha de montagem da companhia levava a revolução industrial americana aos céus. Em vez de utilizar operários para montarem juntos o carro inteiro, Ford organizou equipes que adicionavam partes separadas a cada unidade do veículo em fabricação, que passava por uma esteira. Sua maior inovação foi a linha de produção. Ford, ao observar que os açougueiros ficavam em postos fixos, cortando as carnes que se moviam em esteiras, concluiu que *se cada montador permanecesse fixo em uma função, o automóvel ganharia forma mais rapidamente, economizando incontáveis horas de trabalho*. Mandou construir trilhos, por onde os carros em montagem pudessem ser movidos, em vez de os operários ficarem indo e vindo pela fábrica. Depois percebeu que os carros poderiam ficar no alto, para facilitar o trabalho e, como nos açougues, a linha de produção ganhou guinchos e trilhos no final, para testar a suspensão, com automóveis saindo rapidamente dos galpões para as ruas, em grande quantidade.

Com postos fixos no trabalho, o salário incrementado foi instituído, assim como a especialização da mão de obra. Cada trabalhador passou a ter um papel definido. Assim, era possível verificar a origem de qualquer problema que surgisse. Ou seja, as responsabilidades podiam ser fixadas a cada posto de trabalho/cargo/operário.

Quando a enorme fábrica de Ford em Highland Park começou a funcionar a pleno vapor, sua esteira transportadora, a mais rápida do mundo, conseguia produzir um carro a cada 93 minutos (quanto maior a velocidade, maior a exigência e pressão por rapidez e eficiência dos operários dispostos ao longo da linha de montagem).

No mesmo ano, Henry Ford chocou o mundo com o que provavelmente foi seu maior legado para a posteridade: o sistema de salário mínimo de US$5 por dia. Na época, o salário mínimo na indústria automobilística era de US$2,34 por uma jornada de trabalho de nove horas. Ford não apenas dobrou esse valor como diminuiu uma hora da jornada (a jornada de oito horas e a semana de 40 horas virariam as condições de trabalho da época, transformando-se em bandeiras de sindicatos das Américas do Norte e do Sul).

O *Wall Street Journal* chamou o plano de "crime econômico" e seus críticos se referiam ao *fordismo* com o mesmo tom de escárnio (os empresários mais críticos eram das áreas de mineração e siderurgia, exatamente os fornecedores da montadora de automóveis). O que esses críticos não viam é que, pelo fato de Henry Ford ter diminuído o custo de cada automóvel, os salários não eram mais um ônus e tornavam o produto acessível a um maior número de consumidores (sua resposta à mídia era "se você corta os salários, simplesmente está cortando o número de seus consumidores").

No fim dos anos 1920, a companhia controlava seringais no Brasil, uma frota de navios, uma estrada de ferro, 16 minas de carvão e milhares de quilômetros quadrados de florestas (conceito de integração vertical, em que uma empresa controla suas próprias fontes de suprimento de matérias-primas). A gigantesca fábrica de River Rouge era uma verdadeira metrópole onde trabalhavam 100 mil homens.

De certa forma, Ford se tornou um prisioneiro do seu próprio sucesso. Ele se voltou contra alguns de seus melhores engenheiros, quando eles adotaram mudanças no *design* ou promoveram planos que Ford não aprovava. Ele também se opunha violentamente aos sindicatos. Apenas em 1941, quando teve de enfrentar uma greve geral, permitiu que o sindicato do setor automotivo, o United Auto Workers, se organizasse em uma de suas montadoras.

O filme evidencia, didaticamente, os conceitos da escola clássica e da administração científica. Mostra, ainda, conceitos de linha de produção, cadeia produtiva, qualidade de vida no trabalho e clima organizacional.

Mauá: o imperador e o rei, com Paulo Betti e Malu Mader

>CONCEITOS-CHAVE: estratégias; negociação empresarial; macroeconomia; finanças; ética e responsabilidade social.

Este filme traz a saga de Irineu Evangelista de Souza, desde seu nascimento até a sua morte, como barão e visconde de Mauá, um dos homens mais ricos do Brasil. Sua riqueza chegava a ser maior do que o orçamento do Império, tanto em termos monetários quanto em terras, que incluíam latifúndios em plena floresta amazônica. Para designar a influência econômica poderosa do personagem, dizia-se na época que no Brasil havia o imperador (dom Pedro) e o rei (barão de Mauá).

Aos nove anos, Mauá prestava pequenos serviços no armazém do sr. Pereira de Almeida, e aos 15 já ocupava o cargo mais importante da empresa. Um banqueiro e investidor escocês com casa bancária no país, impressionado com sua sagacidade, contratou-o para trabalhar em sua firma, para deixá-lo, aos 22 anos, à frente dos negócios. Aos 30 anos, Mauá casou-se com sua sobrinha e logo após construiu a primeira indústria brasileira: o primeiro de uma série de empreendimentos, que lhe valeram os títulos de nobreza, enquanto seu poder despertava a oposição, tanto da Corte quanto de capitalistas ingleses. Os confrontos, que culminaram com uma falência humilhante, não foram suficientes para abater a ousadia e tenacidade desse empreendedor, que aos 60 anos ainda se recuperou, saldando todas as suas dívidas.

A economia do Brasil imperial, nação eminentemente agrícola, era movimentada às custas da escravidão e da nobreza. Mauá combateu a escravidão e seus empreendimentos conseguiram prosperar sem a utilização da mão de obra escrava, servindo de referência para a época.

O filme ressalta a influência do governo brasileiro taxando as importações inglesas e criando uma lei de incentivo à instalação de indústrias no Brasil. Mostra como a Guerra do Paraguai e as transações cambiais, financeiras e industriais com a Inglaterra, entre outros fatores, contribuíram para a internacionalização da economia brasileira. É dessa época a abertura de um banco brasileiro no Uruguai.

Outro aspecto tratado em cores dramáticas é o valor que era dado à capacidade de honrar compromissos financeiros, em detrimento da própria vida humana. Um devedor se suicida porque não poderia pagar suas dívidas junto à Casa Comercial Pereira de Almeida, e isso lhe traria grande desonra. A ética é enfatizada como um valor a ser preservado.

São dessa época a abolição da escravatura, a elaboração de um inovador código comercial, a construção da primeira ferrovia, a introdução da iluminação pública a gás e da indústria têxtil, entre outros empreendimentos. Tais iniciativas, além do progresso econômico, trouxeram os primeiros impactos ambientais ao país. Até a Amazônia sofreu tal influência, com o funcionamento da Companhia de Navegação da Amazônia.

O filme põe em evidência manobras especulativas no mercado financeiro, confrontando-as com as questões éticas, de parceria e de responsabilidade social corporativa que devem prevalecer nas atividades empresariais.

Mestre dos mares: o lado mais distante do mundo, com Russell Crowe

> CONCEITOS-CHAVE: trabalho em equipe; liderança; planejamento; estratégias; gestão empresarial; treinamento e desenvolvimento de pessoal.

Nas batalhas, o determinado capitão Jack Aubrey (Russell Crowe) se mostra tão forte quanto o mastro de madeira brasileira de seu navio, o *HMS Surprise*. Nos momentos de calmaria, ele toca Mozart ao lado de seu amigo, o naturalista e médico da tripulação Stephen Maturin. Navegador competentíssimo, grande estrategista de guerra e comandante que mistura austeridade, humor e justiça em doses absolutamente proporcionais, Aubrey também sabe muito bem colocar uma muralha entre ele e seu amigo quando se trata de exercer autoridade e a determinação necessária ao papel de líder junto à sua equipe — mesmo que isso não seja para o bem imediato de todos, mas que, ao final, o risco tenha se transformado em sucesso.

A influência do capitão se traduz no conceito de Sun Tzu sobre a utilidade de um exército: uma poderosa tropa de um milhão de homens, por exemplo, depende de um só homem. Esta é a influência do espírito!

Maturin, ao contrário, guarda a conduta centrada dos cientistas. Como naturalista, está mais interessado em suas pesquisas nas ilhas Galápagos do que nas emoções da guerra. Embora não negue bravura nos momentos cruciais, até quando é obrigado a retirar uma bala do próprio corpo. Sobre essa plataforma de sentimentos desconexos, que acabam se misturando nos alicerces de uma amizade sólida, evidenciam-se dois personagens cuja masculinidade nunca é questionada. São conversas de cúmplices, de gente que começa a enxergar as mudanças radicais na civilização, em contrapartida à alegria rude dos marinheiros.

O filme é uma lição de administração e gestão empresarial quando fazemos analogia com o comando e a liderança da tripulação do *HMS Surprise*. Nas áreas de educação corporativa e desenvolvimento, aborda o processo de aprendizado dos marinheiros em seu treinamento diário exigido pelo trabalho no navio, que conduz ao domínio de uma determinada tecnologia. Na época, era perfeitamente aceitável que as técnicas de produção mais elaboradas fossem transmitidas com as limitações impostas pelas corporações que as dominavam e que estabeleciam critérios fortemente restritivos em termos da admissão de aprendizes, o que tornava a formação profissional bastante lenta e totalmente sujeita ao controle pessoal do mestre encarregado de ministrá-la.

Monstros S.A.

> CONCEITOS-CHAVE: gestão da qualidade; indicadores de desempenho; gestão com pessoas.

Passado em Monstrópolis, uma próspera cidade industrial onde residem monstros de todos os tamanhos e formas, o filme segue as hilárias peripécias de James P. Sullivan (conhecido como "Sulley") e seu companheiro de trabalho e melhor amigo, com quem divide um apartamento, Mike Wazowski. Ambos trabalham na Monstros S.A., a maior fábrica de processamento de gritos do mundo dos monstros, onde Sulley é o assustador de crianças nº 1 e Mike é seu assistente ranzinza.

A principal fonte de energia do mundo dos monstros provém da coleta dos gritos das crianças. Na Monstros S.A., uma elite de assustadores recebe treinamento para recolher esse precioso recurso natural. Para complicar as coisas, os monstros acreditam que as crianças são tóxicas e, por isso, qualquer contato com elas é expressamente proibido. Quando uma menininha (chamada Bu) segue por acaso Sulley de volta ao mundo dos monstros, ele descobre que sua carreira está ameaçada e sua vida transforma-se num completo caos. Com a ajuda de Mike, ele planeja corrigir seu erro, mas o trio acaba envolvido numa série de situações cada vez mais complicadas e numa conspiração que vai muito além de tudo que jamais poderiam imaginar. Ou seja, fazem um planejamento cuidadoso que, entretanto, parte de um pressuposto incorreto e as ações de implementação ocorrem de maneira descuidada.

A Monstros S.A. funciona como uma espécie de Volkswagen de Monstrópolis. É gigantesca, dá oportunidade de trabalho para quase toda a população, possui equipamentos altamente avançados, muitos robôs e contribui significativamente para a economia local. A empresa tem as melhores refinarias e pesquisas na área tecnológica; entretanto, a cidade está em racionamento de energia com constantes apagões pré-programados. A Monstros S.A. investe pesado em marketing, com propagandas por toda a cidade e o *slogan* "no susto e no grito nós fazemos bonito". Há uma permanente preocupação com os estagiários para que se aperfeiçoem e se transformem em modelos de empregados. Os empregados amam a organização e, no dia a dia de sua rotina de trabalho, procuram, através de competições, ultrapassar as metas estabelecidas no plano estratégico da empresa. O funcionário-assustador de crianças do mês com melhor desempenho no cumprimento das metas é congratulado pelo presidente e admirado por todos os demais colaboradores. Fixar e alcançar metas torna-se algo obsessivo e desumano que degrada o clima organizacional. Esse ambiente organizacional extremamente competitivo acaba provocando o grande acidente de trabalho que transforma radicalmente a organização.

O que parece ser um exemplo de boa organização, devido à ganância de alguns de seus funcionários, começa a falir, e só mentes com ideias inovadoras conseguirão tornar a empresa moderna, lucrativa e com ampla visão para o futuro.

Este filme mostra que o planejamento é fundamental dentro de qualquer organização e que cabe a todos os funcionários, desde o presidente até o operário, agir visando atingir as metas estabelecidas. Esse é um importante fator que decidirá o sucesso ou o fracasso da empresa.

Outro aspecto enfatizado no filme é o uso de indicadores de desempenho e de qualidade como métricas de controle, mas sem preocupação excessiva com metas quantitativas intrínsecas. Ou seja, o "controle pelo controle", conforme preceituado por Deming (1990), o pioneiro da gestão da qualidade total (*total quality control* – TQM).

O amor é contagioso, com Robin Williams

> CONCEITOS-CHAVE: trabalho em equipe; qualidade de vida no trabalho; clima organizacional; empreendedorismo; administração hospitalar; gestão de instituições de ensino; liderança.

História verídica de Patch Adams (personagem vivido por Robin Williams), um estudante de medicina que não parece, não age nem pensa como qualquer médico que você jamais conheceu, este filme descreve a vida de um profissional da saúde e, principalmente, a organização de um hospital típico.

Para Patch, o humor é o melhor remédio e ele está disposto a quase tudo para que seus pacientes riam, até mesmo a colocar em risco sua própria carreira. Enfrenta uma instituição médica que tem suas leis e regulamentos autocráticos e que não permite desvios de conduta como a "felicidade excessiva" de Patch. Ele trata seus pacientes como gente e os chama pelo próprio nome, e não pelo de sua doença, como fazem os demais médicos.

Patch cria uma clínica para pessoas carentes, cujo corpo técnico é integrado por médicos e enfermeiros voluntários. Ele sabe lidar com gente. Pratica a medicina tradicional e, ao mesmo tempo, cuida do aspecto emocional do doente, procurando eliminar a distância entre médico e paciente. Busca melhorar a qualidade de vida ao seu redor e compartilhar seus encargos profissionais com colaboradores e pacientes. Seu empreendimento se transformou num consagrado hospital de grande porte.

O dr. Adams há décadas transforma os quartos de hospital que visita em um verdadeiro picadeiro. Sua especialidade é animar pacientes com brincadeiras para reduzir o sofrimento deles. Serviu de inspiração para o surgimento de vários grupos de doutores da alegria, espalhados pelo mundo, inclusive no Brasil. Sua filosofia é evitar que o paciente seja tratado como cliente de loja, como um mero número de prontuário, e que o papel do médico seja apenas prescrever remédios ou realizar alguma intervenção cirúrgica.

O filme retrata a ausência de preocupação, por parte da direção dos hospitais tradicionais, com o aspecto da qualidade no processo de atendimento médico-hospitalar. Esse fator é tão importante que no Brasil, atualmente, muitos hospitais adotam instrumentos de avaliação equivalentes ao sistema ISO para *acreditação hospitalar* segundo padrões de qualidade especificados pela Organização Nacional de Acreditação.

O dia depois de amanhã, de Roland Emmerich, com Dennis Quaid

CONCEITOS-CHAVE: ética; gestão ambiental; responsabilidade social; globalização; inovação tecnológica; administração pública.

O filme é um legítimo representante da atávica atração do ser humano pelo imaginário da aniquilação da própria espécie. Jack Hall (Dennis Quaid), personagem central, é o climatologista cuja voz se ergue solitária contra o poder constituído.

Se o aquecimento global prosseguir no ritmo atual, a massa de água despejada nos mares pelo derretimento das calotas polares irá alterar o fluxo das correntes oceânicas, trazendo uma nova era glacial em questão de décadas. O filme retrata essa situação-limite em cores fortes: pedras de gelo matam transeuntes em Tóquio, uma nevasca instaura o caos em Nova Delhi, uma onda de frio siberiano varre a Inglaterra e tornados devastam Los Angeles. De uma estação meteorológica na Escócia vem o aviso de que as previsões de Hall se confirmaram: a temperatura nas águas do Atlântico Norte está caindo vários graus a cada dia. É o início de uma hecatombe.

O filme combina os dramas humanos de praxe com o suspense da escalada do cataclismo, como na sequência cheia de presságios, em que o céu de Nova York se cobre de pássaros em migração para o sul, em pleno verão. É em Nova York que ocorre um maremoto que primeiro provoca uma inundação e depois deixa a cidade sob o gelo. Presos na biblioteca municipal, o filho do cientista (Jake Gyllenhaal) e seus amigos chegam à conclusão de que nada queima tão bem quanto livros sobre lei fiscal. Enquanto isso, milhares de americanos tentam cruzar ilegalmente a fronteira para o ainda quente México, mas só passam depois que os EUA concordam em perdoar a dívida externa da América Latina.

A história, embora ficção, toca num assunto atual para todos os países do mundo, que é o aquecimento global. Quando Jack Hall apresenta o relatório contendo sua tese de mudança drástica no clima para o vice-presidente americano, a reação deste é de escárnio e má-fé. A economia é ainda mais frágil que o clima, diz o vice-presidente, e não há chance de que sua administração venha a assinar o Protocolo de Kyoto, que controla a emissão de gases associados ao efeito estufa. Estes dados são reais: o aquecimento global e a renitência americana em preveni-lo. E o filme é uma verdadeira lição de gestão ambiental, ética e responsabilidade social corporativa.

O informante, com Al Pacino, Russel Crowe e Christopher Plummer

> CONCEITOS-CHAVE: ética; responsabilidade social; gestão com pessoas; inovação tecnológica; administração pública.

O filme conta a história de Jeffrey Wigand (Russel Crowe), vice-presidente de pesquisa da Brown & Williamson, terceira maior produtora de cigarros dos EUA, cujos lucros, assim como os de outras indústrias do setor, elevados provinham da venda desse produto antiético. Anteriormente havia sido executivo da Johnson & Johnson, Pfizer e Union Carbide na área de pesquisa e desenvolvimento (P&D).

Após mais de três anos no cargo, Wigand é demitido sem justa causa (o motivo alegado foi a falta de habilidade em comunicação) e obrigado a assinar um acordo de confidencialidade para preservar os segredos de P&D da companhia. Nessa ocasião conhece Lowell Bergman, da CBS (uma das maiores redes de televisão do país), produtor do programa *60 minutes*, que o estimula a revelar segredos desse cartel de empresas extremamente coeso na defesa de um produto danoso à saúde pública. O contato entre ambos surge quando Bergman começa a investigar um relatório de prevenção de incêndios da Philip Morris (maior fabricante do setor, que recolhe em impostos cerca de 75% de seu faturamento) que lhe "cai nas mãos".

Apesar de o cigarro conter nicotina, cientificamente comprovada como prejudicial ao ser humano, os sete presidentes das organizações do setor depõem no Congresso afirmando o contrário. Fica evidente o poder econômico e o *lobby* político desse ramo de negócios cuja atuação sempre evita processos indenizatórios contra suas empresas, diferentemente daquelas de outros setores (como a GM e Ford, mostradas no filme, que enfrentam processos e ações indenizatórias por conta de acidentes provocados pelos seus carros).

Apesar de seu excelente currículo e alto preparo técnico, Wigand não consegue colocação no mercado (termina por trabalhar como professor em colégio de nível médio), pois sua empregabilidade fica comprometida pelo fato de ser um ex-executivo da indústria de tabaco. Depois que falar sobre a "manipulação da nicotina" em entrevista à CBS e depor como testemunha em tribunal de júri no maior processo de saúde pública do país, passa a sofrer pressões financeiras e psicológicas. Essa situação revela os bastidores dos processos de fusão de empresas (aquisição da CBS pela Westinghouse Co.) e da indústria de comunicação do país (redes de televisão e os jornais de maior circulação como *Wall Street Journal* e o *New York Times*), bem como o conflito entre o papel do homem de negócios (executivos e empresários) e a função técnica de homem de notícias (Bergman), presente em qualquer tipo de organização.

O filme destaca, ainda, a importância da transparência das atividades empresariais, que devem ser éticas e com responsabilidade social, e a informação como um ativo de valor estratégico, que deve ser transformado em conhecimento por meio da reflexão.

O gladiador, com Russell Crowe e Rex Harris

CONCEITOS-CHAVE: trabalho em equipe; estratégias; liderança; treinamento e desenvolvimento de pessoal; administração científica; escola clássica.

O filme enfatiza a implementação de estratégias militares, a partir das quais nasceram as estratégias empresariais. Coloca em evidência, ainda, os meandros do poder político que influenciam as decisões do alto comando de uma organização (no caso, o Império Romano). As estratégias das legiões romanas (que atuam em grupo, com liderança e disciplina) na guerra contra os valentes, mas desordenados povos bárbaros do Norte da Europa guardam perfeita analogia com o mundo empresarial dos tempos atuais.

Como um vitorioso general do exército romano, Maximus (Russell Crowe)[1] é escolhido pelo imperador Marcus Aurelius (Rex Harris), de idade já avançada, para sucedê-lo. Commodus, seu filho biológico, trama contra o pai e assume o trono. A partir desse momento o general, fiel guardião do imperador assassinado, é condenado e acaba sendo banido definitivamente do exército romano.

Como escravo, Maximus torna-se gladiador e retorna para lutar nas arenas de Roma. O filme retrata as estratégias de sobrevivência de um pequeno grupo de gladiadores que, na arena, combate um numeroso destacamento de um preparado exército profissional romano, remunerado pelo seu trabalho. A desproporcional diferença de forças entre os dois grupos é somente explicada pela intenção dos organizadores da contenda, os ministros do império, em massacrar o pequeno contingente de gladiadores-escravos. É a reprodução da lendária Batalha de Cartago em pleno Coliseu, na qual o exército romano derrota o cartaginês. Em menor número, mas com uma estratégia articulada sob a liderança do general-gladiador, o motivado (luta pela sobrevivência) grupo de gladiadores, através de movimentos sincronizados arduamente simulados em um permanente programa de treinamento, consegue vencer o poderoso e equipado exército romano.

Em plena arena do Coliseu Romano, o general-gladiador lidera seu grupo, baseado no trabalho em equipe, evidente quando dá a voz de comando: "Se trabalharmos juntos... se ficarmos juntos, sobreviveremos!". É o triunfo da liderança

---

[1] Apesar de *O gladiador* (2000) ser um *remake* de *A queda do Império Romano* (1964), os personagens dos generais têm nomes diferentes (sobre as diferenças entre as duas versões, ver artigo em <www.allaboutstephenboyd.com/gladiator.htm>).

de Maximus e seu coeso grupo de gladiadores sobre a numerosa e treinada legião do exército romano.

Foi o trabalho em equipe que, outrora, levou esse mesmo exército romano à vitória contra os povos do Norte, quando, comandados pelo general Maximus, seus soldados o seguiram sob a voz de comando: "Mantenham-se comigo em ordem unida". Este é o líder apregoado por Sun Tzu como um guerreiro hábil que torna a derrota impossível e não perde a ocasião de aniquilar o inimigo. É o chefe consumado que cultiva a *lei moral* e adere estritamente ao *método* e à *disciplina*: portanto, está em seu poder controlar o sucesso. Os conceitos da escola das relações humanas são assim, positiva ou negativamente, evidenciados no filme.

A situação do filme tem paralelo com o mundo dos negócios, onde o trabalho em equipe, as estratégias empresariais, o poder e a cultura organizacional se fazem presentes na cotidiana "arena" das organizações dos tempos atuais.

O náufrago, com Tom Hanks e Helen Hunt

>CONCEITOS-CHAVE: qualidade de vida no trabalho; clima organizacional; planejamento de carreira; recrutamento e seleção; treinamento e desenvolvimento de pessoal; planejamento corporativo.

Chuck Noland (Tom Hanks) é um engenheiro de sistemas da FedEx (Federal Express), empresa de entregas expressas de encomendas. É extremamente preocupado com o tempo das entregas, age como um escravo do relógio. Esta obsessão pela eficiência no trabalho torna-o excessivamente autoritário com os entregadores. Em busca da eliminação do tempo ocioso, ele não se preocupa com as condições de serviço de seus colaboradores, mas apenas com o prazo da entrega, que deve ser o menor possível.

Noland grita muito com seus colaboradores para tentar fixar a ideia da agilidade nas entregas, independentemente da existência de qualquer obstáculo. Utiliza um vocabulário muito vulgar para expressar seus pensamentos em plena rotina de trabalho. Enfim, seu objetivo principal é ser implacável com os demais colaboradores da empresa, buscando a superação do tempo.

Noland preocupa-se mais com o trabalho do que com a família, fato que ficou marcado no Natal, quando preferiu viajar para realizar uma entrega da FedEx a passar a festa com a família. Ele encarna o estereótipo capitalista que coloca a produtividade como prioridade absoluta em sua escala de valores, quando comparada a qualquer outro aspecto de sua vida pessoal.

Como não passariam o Natal juntos, a namorada, Kelly (Helen Hunt), o presenteia com um relógio de bolso com uma foto dela. A viagem foi fatal. O avião cai, e todos os tripulantes morrem, exceto Noland. Ele foi muito rápido. Ao perceber que o avião poderia cair em alto-mar, agarrou-se a um bote salva-vidas. Distanciou-se rapidamente do local do acidente e, assim que acordou, estava em uma ilha. Com ele restaram apenas o bote salva-vidas, o presente de natal da namorada, um *bip* e as roupas do corpo. As encomendas que estavam no avião foram trazidas à ilha pelo mar e Noland as recolheu e guardou, demonstrando seu comprometimento com o trabalho.

Sozinho, teve de mudar os costumeiros hábitos da cidade grande para poder sobreviver. Poucos dias depois do acidente, Noland encontrou o corpo de um dos pilotos. Aproveitou seus sapatos e uma lanterna, depois o enterrou na ilha. Há algum tempo na ilha, começa a se desesperar e abre as encomendas que o mar trouxe. No meio dos pacotes, encontra uma bola de vôlei, que se torna seu amigo Wilson, um par de patins, que serve de faca; fitas de vídeo e um vestido que utiliza como rede de pescar.

Persistência e criatividade são a marca maior de Noland na ilha. Quatro anos se passam e, muitos quilos mais magro, Noland decide se arriscar em alto-mar. Constrói uma jangada e parte Pacífico Sul adentro. Depois de tempestades e desafios superados, um navio o resgata.

A FedEx, em seu retorno, o homenageia pelos desafios que superou. Sua namorada está casada e tem uma filha. Noland continua a trabalhar na FedEx, mas tem de reconstruir e recomeçar sua vida.

O filme evidencia a importância da qualidade de vida no trabalho, do clima organizacional, da ética e responsabilidade social corporativa. Enfatiza a importância de as organizações estimularem seus colaboradores a equilibrar suas vidas pessoal e profissional. Para atingir a plena capacidade de trabalho, o ser humano precisa estar centrado e harmonizado, utilizando plenamente todas as suas faculdades e todo o seu potencial. Atualmente talvez este seja o maior desafio para as pessoas, e cada um deve encontrar seu caminho, pois as possibilidades são infinitas: cabe ao indivíduo a responsabilidade por suas escolhas. Às organizações, no entanto, compete estruturar e gerenciar programas e ações que levem seus colaboradores a se conscientizar dessa necessidade.

O sucesso a qualquer preço, com Al Pacino e Alec Baldwin

Conceitos-chave: clima organizacional; gestão com pessoas; ética e responsabilidade social; marketing.

O filme conta a história de um grupo de vendedores imobiliários (Al Pacino, Jack Lemmon e Ed Harris, entre outros) que luta para salvar seu emprego e algum resquício de dignidade numa organização que se esforça para humilhá-los. Os donos da empresa nunca aparecem no escritório conservador e taciturno, onde se passa a maior parte da ação do filme. Em lugar disso, enviam para representá-los um "almofadinha" elegante, Blake (Alec Baldwin), que censura os funcionários, já desmoralizados, num discurso arrasador. "Você está vendo este relógio?", pergunta a um dos corretores imobiliários, "Este relógio custou mais do que seu carro. Ganhei US$970 mil no ano passado. É isso que eu sou. E você? Você não é nada." Não satisfeito em demolir o moral e a lealdade organizacional, o porta-voz dos proprietários segue em frente, incumbindo John Williamson (Kevin Spacey) de coordenar os vendedores. Williamson nunca foi vendedor e é extremamente inexperiente para exercer uma gerência de vendas, que exige de seu ocupante a coordenação de um grupo de funcionários antigos e experientes. Por isso, não recebe o reconhecimento de seus colaboradores.

    Blake joga por terra o trabalho de equipe e o espírito de coleguismo ao anunciar um concurso de vendas. O primeiro prêmio é um carro último tipo. O segundo, um conjunto de facas para churrasco. O terceiro prêmio é a demissão. Os vendedores mergulham numa espiral descendente de desespero, mentiras e crime. A história projeta uma visão amarga, cínica e, em última instância, trágica da empresa americana. Serve de alerta às empresas que tratam seus colaboradores com afagos extras quando produzem bem e com pancadas quando não o fazem. Se o executivo não consegue administrar pessoas sem ameaçá-las, não sabe motivar sem intimidar, vai acabar perdendo em todas as frentes. Os gestores, enfim, interessados em trabalhar com colaboradores motivados e engajados com os objetivos da empresa, devem analisar criteriosamente os atos dos diretores e gerentes retratados na película e fazer exatamente o contrário!

O último samurai, com Tom Cruise

CONCEITOS-CHAVE: trabalho em equipe; treinamento e desenvolvimento de pessoal; estratégias; logística; influência da inovação e das tecnologias sobre as pessoas.

    O filme conta a história de um traumatizado veterano da Guerra Civil americana (Tom Cruise), que vai ao Japão treinar as tropas do imperador para derrotar os últimos samurais do país.

    O capitão Nathan Algren (Cruise), um sobrevivente da sangrenta batalha de Little Big Horn, afoga a culpa por ter massacrado os índios com doses amplas de dissolução, cinismo e uísque, que financia participando de feiras como garoto-propaganda dos rifles Winchester. Oficial capaz e talentoso, Algren é contratado, junto com outros americanos, para treinar o primeiro exército regular do Japão no uso de armas táticas convencionais.

    O Japão encontra-se no período do imperador Meiji, que modernizou o país com ferrovias e indústrias, promulgando uma Constituição e desmantelando o sistema feudal que vigorara até então. Muitos dos samurais, a elite feudal, se juntam ao regime Meiji, enquanto outros se organizam num sem-número de rebeliões. Sufocar a revolta liderada pelo samurai Katsumoto é justamente a primeira missão do regimento comandado por Algren. O resultado em batalha é desastroso.

A batalha vencida pelos samurais equipados com espadas contra um exército mais numeroso e mais bem-equipado evidencia a importância do fator tempo no contexto das estratégias de guerra (que geraram as estratégias empresariais dos dias de hoje). O tempo (por exemplo, estar adiante do adversário) para Sun Tzu vale mais que a superioridade numérica ou os cálculos mais perfeitos com relação à logística envolvida.

Algren é feito prisioneiro por Katsumoto, que vê nele uma ferocidade e um abandono intrigantes. Confinado numa aldeia nas montanhas durante o inverno, o americano passa por uma desintoxicação física, no caso do álcool, e também espiritual. Os princípios do *Bushido* — o código samurai (coragem, honestidade, cortesia, honra, compaixão, lealdade e sinceridade) — e a atenção das pessoas da aldeia são a cura para os seus males de alma. À medida que adere a esses princípios e aprende a manejar a espada samurai, Algren deixa de ser um pária diante dos guerreiros e aos seus próprios olhos. Em retribuição a esse reencontro com a sua honradez, o soldado toma o partido dos revoltosos numa batalha contra o exército do imperador.

O filme enfatiza, em especial na grande batalha final, em que a morte dos cavalos reproduz as cenas finais de *Kagemusha* e ganha um sentido semelhante, um lamento por uma era que se foi e pela guerra como a morte do belo e a negação da vida. Quando projeta as imagens de uma metralhadora ceifando um batalhão de samurais, a película cria condições para interpretar uma realidade de nossos tempos: a tecnologia supera a massa de indivíduos mal-equipados. No enredo, os americanos são pouco mais do que mercenários, que se aproveitam da onda de ocidentalização que tomou conta do Japão a partir de 1868, para inundar o país de armamentos e consultores militares. A analogia com a ação dos EUA no Iraque nos anos 1980 e 2000 é surpreendentemente semelhante.

Piratas da informática, com Noah Wyle e Anthony Michael Hall

CONCEITOS-CHAVE: tecnologias da informação; marketing; clima organizacional; gestão com pessoas; estratégia salarial; ética e responsabilidade social corporativa.

Filme sobre Bill Gates (Anthony Michael Hall) e Steve Jobs (Noah Wyle), mostrando o início da era da computação pessoal. O site da TNT — emissora a cabo que transmitiu o filme — ficou congestionado com e-mails cheios de questões sobre a história, dirigidos a Steve Wozniak, co-fundador da Apple juntamente com Steve Jobs; e fóruns de debate se espalharam pela rede, com discussões acaloradas entre "pecezeiros" (usuários de microcomputadores — PCs — com sistema Windows) e "macmaníacos" (usuários de micros com sistema Macintosh). A verdade é que ninguém que usa um computador, no trabalho ou em casa, consegue ficar indiferente à história de dois jovens visionários, cada um genial e oportunista à sua maneira, que iniciaram a transformação do mundo empresarial dos dias de hoje e, principalmente, a sucessão de eventos que mudaram a relação com esse mesmo mundo.

Para ambos os empreendedores, que criaram suas empresas nos fundos de garagens (Jobs e Wozniak montavam microcomputadores e Gates e Paul Allen codificavam programas), ao mesmo tempo que frequentavam a universidade, informação e informática significam poder. Esse talvez seja o grande mérito do filme dirigido por Martin Burke. Adotando uma narrativa que combina ficção e documentário, *Piratas da informática* começa no momento em que Steve Jobs retorna à Apple, após um longo e tenebroso inverno, em 1997. Em seu discurso durante a Macworld Expo, Jobs diz: "Nossos anos de disputa acabaram. Agora vamos trabalhar juntos". Atrás dele, num enorme telão *hi-tech*, surge uma imagem de Bill Gates, que sorri. O diretor do filme, Martin Burke, leva o público de volta no tempo até 1984, durante a filmagem do comercial de TV de lançamento do Macintosh — que, por sinal, era baseado em *1984*, obra de George Orwell, fazendo uma relação um tanto quanto simplória entre o Grande Irmão de Orwell e o megamilionário Gates.

É nesse ponto que Steve Wozniak entra na trama, dando o ar de credibilidade ao filme. Os depoimentos de Wozniak (ator Joey Slotnick) são uma das âncoras emocionais, na medida em que revelam as relações mais íntimas de Jobs com as pessoas à sua volta. Bem pesquisado, o filme mostra detalhes interessantes que caracterizam os macmaníacos mais antigos, como a belíssima motocicleta BMW estacionada no saguão da Apple para inspirar os funcionários. Jobs se referia a ela como arte sobre rodas: "Deve-se apreciá-la, não pilotá-la", assim como utilizava, para melhorar o clima organizacional, uma bandeira de pirata tremulando no prédio da equipe que bolou o Macintosh. Esses eram símbolos das crenças e valores compartilhados por Jobs e sua equipe próxima. Jobs promovia uma concorrência entre seus colaboradores (considerados a elite da empresa), que participavam do desenvolvimento dos sistemas Macintosh e Lisa.

Por outro lado Bill Gates adotava um comportamento corporativo oposto, menos autocrático e mais aberto. Estimulava a formação de alianças e parcerias até com aparentes concorrentes. Este comportamento pode ser resumido em duas de suas frases prediletas: "Bons artistas copiam e grandes artistas roubam", parafraseando Van Gogh, e "Mantenha seus amigos próximo e seus inimigos mais próximo ainda". Isso explica sua ousadia em procurar a IBM (conhecida como Big Blue), a Apple e outras grandes empresas de hardware e software para propor aparentes parcerias absurdas.

Uma das melhores sequências do filme nasce de um dos vários pseudo-testemunhos de Steve Ballmer, atual presidente da Microsoft, sobre como Gates convenceu a IBM a assumir o controle total sobre o sistema operacional dos PCs (na época o DOS, que precedeu o Windows). Na década de 1980, Gates propõe e a IBM aceita a oferta de um sistema operacional (venda de uma promessa de sistema operacional que o próprio Gates ainda não tinha, o que fez com que Gates o comprasse de um fornecedor terceirizado) para os micros que facilitaria o funcionamento físico do hardware. Equivocadamente, um executivo da IBM diz: "É o hardware que vende, não o software". A indiferença das grandes empresas em relação aos micros, por focarem essencialmente os *mainframes*, foi uma das razões do fracasso da Big Blue, e da ascensão da Microsoft e de outras emergentes empresas de software.

Essa falta de visão estratégica da IBM se repete no caso da Xerox, envolvendo seu departamento de pesquisa e desenvolvimento de Palo Alto, que havia criado a interface gráfica e o *mouse*. Mas a diretoria da Xerox não levou a ideia a sério e convidou Steve Jobs para conhecer as novas tecnologias. E Jobs dela se apossou, incorporando-a em seu sistema operacional. Essa tecnologia, por sua vez, é clonada por Bill Gates, dando origem ao sistema Windows e à gigante Microsoft dos dias de hoje.

Os personagens do filme são extremamente atuais. E suas decisões ainda estão causando impactos nos dias de hoje, com mudanças e inovações tecnológicas que estão longe de terminar. Outra lição positiva é a estratégia salarial de pagamento dos colaboradores da Microsoft na forma de participação acionária na empresa, transformando-os em "sócios" da gigante da informática.

Presente de grego, com Diane Keaton

> CONCEITOS-CHAVE: empreendedorismo; gestão de micro e pequenas empresas; marketing; gestão com pessoas.

O filme conta a história de uma executiva (Diane Keaton), J. C. Wiatt, em vias de ser promovida a sócia de um escritório de consultoria empresarial (Sloane & Curtis Co.), cuja vida é completamente mudada quando "herda" um bebê de um parente distante. J. C. primeiro rejeita sua nova situação, depois tenta contemporizar as atividade de mãe e de executiva, mas acaba pedindo demissão e resolve se mudar para uma pequena comunidade rural no estado de Vermont.

Lá J. C. cria um alimento para bebês com as maçãs que colhe em seu quintal. O "Gourmet Bebê do Campo", como denominou sua invenção, é um sucesso com sua filha e os outros bebês, e ela o industrializa, tornando-se uma pequena empreendedora na comunidade.

Com sua experiência profissional, faz uma pequena pesquisa de campo (além de levantamento de dados demográficos na biblioteca) para identificar o comportamento do consumidor local. Cria uma diversificada linha de produtos e elabora um catálogo de vendas. O pequeno empreendimento faz sucesso e atrai a atenção de grandes empresas do setor alimentício. Com isso surgem propostas de venda intermediadas pelo seu antigo escritório de consultoria de Nova York.

O filme evidencia o processo de recrutamento e seleção das empresas ocidentais que privilegiam o diploma em escolas de primeira linha (a personagem central do filme era formada em Harvard). Mostra uma verdadeira lição de empreendedorismo e, acima de tudo, um exemplo de superação de uma situação profissional adversa. Enfoca questões de ética, dilemas e conflitos pessoais fazendo aflorar os naturais problemas de relacionamento humano. Aborda, ainda, aspectos da criação de novos negócios e gestão de micro e pequenas empresas.

Tempos modernos, com Charlie Chaplin

CONCEITOS-CHAVE: administração científica; escola clássica; taylorismo; fordismo; clima organizacional; linha de produção.

Este filme mostra como funcionavam as empresas industriais de antigamente. As pessoas eram tratadas como meros recursos a serem alocados ao processo produtivo. Os funcionários não podiam pensar nem, tampouco, expressar a sua opinião ou alguma ideia. Eles apenas tinham de ser eficientes nas tarefas designadas pelo órgão de planejamento central. Deviam produzir sempre a mesma coisa, programada pelo plano de produção, sem se preocupar com a qualidade do produto nem se poderiam fazê-lo melhor.

O filme mostra uma linha de montagem típica do taylorismo, como método de produção adotado por Henry Ford quando da criação do seu império automobilístico, que perdura até hoje. Evidencia o lado negativo dos conceitos da escola clássica criada por Taylor, centrada no conceito de que o empregado a serviço de uma organização, para ser eficiente, não precisa pensar. Ilustra a correria do mundo moderno, em que o tempo controla e serve de referência maior para as pessoas.

Cada um, no entanto, pode ou não aceitar essa escalada de robotização, como é o caso do personagem central do filme, que procura desesperadamente se livrar do mundo-máquina.

A busca por melhores condições de trabalho entre empregados e empregadores se ampliou em decorrência das mudanças na sociedade pós-industrial. As novas tecnologias que geram o desemprego estrutural (eliminação de postos de trabalho) e os efeitos da internacionalização dos mercados intensificaram a concorrência e a pressão por maior produtividade da mão de obra.

O filme mostra a desumanização do cotidiano em uma fábrica que se tornou o embrião de programas de qualidade de vida no trabalho atualmente praticados por muitas organizações. Focaliza, ainda, a importância do planejamento de recursos humanos, como um processo da cadeia produtiva de uma organização, apoiado na motivação e no desempenho das pessoas que dela fazem parte.

Troia, com Brad Pitt

Conceitos-chave: liderança; trabalho em equipe; treinamento e desenvolvimento de pessoal; logística; estratégias; alianças e parcerias.

Esta superprodução cinematográfica reconta o clássico episódio imortalizado na *Ilíada* de Homero, sobre a guerra de 10 anos entre gregos e troianos. É uma história de heroísmo e derrota vergonhosa, com uma armada de mil navios, gigantescos exércitos, egos imensos, paixões vulcânicas e destruição de uma civilização. A lendária guerra começou por volta de 1200 a.C. quando Paris (Orlando Bloom), príncipe de Troia e irmão de Heitor, sequestra Helena (Diane Kruger), mulher de Menelau (Brendan Gleeson), o brutal rei de Esparta. A partir daí ocorre uma aliança das principais potências do mundo antigo ao redor do mar Egeu, capitaneadas por Atenas (do rei Agamenon), contra a cidade-Estado de Troia.

Dentro da cidade sitiada, o velho rei Príamo (Peter O'Toole) conta com a proteção das maciças muralhas da cidade, de seu filho Heitor e do deus Apolo para garantir a segurança de seu povo. A guerra de Troia espelha tal pensamento milenar.

O filme destaca conceitos de recursos humanos, estratégias militares que têm analogia com estratégias empresariais e a questão da liderança corporativa. A história também pode ser interpretada do ponto de vista econômico: tudo foi uma trama de Zeus para diminuir a população da Terra, que, no entender do deus, já estava esgotando seus recursos naturais e materiais para sustentar o mundo grego. Daí para envolver uma linda mulher (Helena) e dois líderes políticos (Menelau de Esparta e Príamo de Troia) foi um passo. Estava assim composta a receita para deflagrar uma guerra e desencadear um grande genocídio.

A organização das tropas de ambos os lados evidencia a especialização dominante nos exércitos da época e que prevalece até os dias de hoje. Troia, Atenas e, principalmente, Esparta se destacavam por terem exércitos com funções perfeitamente delimitadas (lanceiros, cavaleiros, arqueiros, pessoal da infantaria e carros de combate/bigas) e por um rigoroso e constante treinamento de seus homens. A logística de apoio às linhas de frente (soldados) compreendia o suprimento de armas, equipamentos, navios e alimentos. As estratégias e o modo de organização dessa época também influenciaram as legiões do Império Romano.

Dali para os dias de hoje foi uma evolução natural. As atuais organizações militares e empresariais ainda adotam estratégias corporativas, de divisão de funções de seus funcionários, que muito lembram aqueles dias de Troia, Grécia e Esparta. A escola clássica, o taylorismo e fordismo ainda se fazem presentes no atual mundo dos negócios.

Os conceitos da escola das relações humanas podem ser identificados no gerenciamento dos exércitos. As legiões militares em que os homens eram tratados com respeito e honra tinham melhor desempenho do que aquelas lideradas de forma autocrática e desumana. Essa questão da forma de liderar as equipes de trabalho, na verdade, atingia todos os níveis de comando, desde o general-rei até o soldado mais simples. As disputas entre o general-rei Agamenom, que liderava o exército grego, e Aquiles criaram uma baixa no moral da tropa e quase provocaram a derrota dos exércitos gregos.

O governante esclarecido, segundo Sun Tzu, situa seus planos muito à frente; o bom general melhora seus recursos. Comanda seus soldados com autoridade, os mantém juntos pela boa-fé e os torna serviçais com recompensas. Se a fé diminuir, haverá separação; se as recompensas forem deficientes, as ordens não serão respeitadas. No filme, percebe-se a total ausência de responsabilidade social perante as vidas humanas de cidadãos e soldados, tanto da parte de Príamo, envolvendo seus pacatos cidadãos e soldados que viviam em paz e jogando-os em uma guerra catastrófica, quanto da parte de Agamenom e Menelau, que mandam seus guerreiros para a morte em uma guerra sem uma nobre causa.

Embora Troia tenha sido destruída, não se pode dizer que os gregos foram os vencedores. No final da guerra todos saem perdendo, gregos e troianos. Segundo Sun Tzu, em *A arte da guerra*, nenhum dirigente deve travar batalhas desnecessariamente, pois um reino que tenha sido destruído jamais poderá tornar a existir.

Tucker: um homem e seu sonho, com Jeff Bridges

> CONCEITOS-CHAVE: empreendedorismo; oligopólio; finanças; trabalho em equipe; *supply-chain management*; inovação e tecnologia; logística; gestão da qualidade; responsabilidade social; cadeia produtiva.

O filme relata a história de um empreendedor (Jeff Bridge), que cria uma empresa do setor automotivo. Em sua jornada empresarial encontra-se face a face com decisões relacionadas à gestão com pessoas, à cadeia produtiva e às demais ações empresariais de níveis estratégico (logística, desenvolvimento de novos fornecedores, pesquisa e desenvolvimento e ações de marketing) e operacional (atividades de chão de fábrica, por exemplo).

As principais decisões estratégicas enfrentadas pelo gestor da empresa Tucker são conseguir capital, anunciar o carro na mídia, buscar financiamento, construir o protótipo em curto espaço de tempo, vender ações e enfrentar a concorrência. A situação evidencia as influências *econômicas* (poder econômico cartelizado em três empresas de porte que dominavam o setor), *legais* (o governo exerce forte controle nas empresas do setor automobilístico) e *sociais* (comportamento do consumidor e do mercado que levava em conta não só o carro, mas, principalmente, a imagem da empresa).

Outras estratégias relacionadas à gestão são exemplificadas no filme: produto delineado com base na qualidade e segurança; mapeamento do mercado para identificar a localização de seus potenciais clientes; controle contábil; investimento em publicidade; produção em série. As principais decisões nessa empresa, portanto, poderiam ser classificadas em *estratégicas* (aquelas diretamente relacionadas à missão e obtenção de melhores resultados econômicos) e *operacionais* (relativas ao dia a dia da empresa). As decisões estratégicas diriam respeito a questões como pesquisa e desenvolvimento do produto, tecnologia de produção e obtenção de capital de giro. As decisões operacionais, por outro lado, seriam aquelas inerentes ao recrutamento e seleção de pessoal, à alocação dos espaços físicos no chão de fábrica e às compras de insumos produtivos.

No recrutamento, seleção e contratação de um ex-executivo de uma grande empresa automobilística fica evidente a preocupação de Tucker em disseminar, em alto conceito, seu empreendimento e, portanto, "vender" uma imagem de maior credibilidade da organização junto aos seus acionistas.

Outras atitudes relacionadas à gestão com pessoas estão presentes nessa história, como saber ouvir os colaboradores e dar chance a novas ideias. O candidato a um cargo de projetista, no dia de sua entrevista com Tucker, mostrou um desenho de sua autoria, com melhorias no carro planejado, e conquistou um emprego na nova empresa.

Todos os colaboradores eram tratados com igualdade, o que criava uma consciência de que cada um seria fundamental para que o grupo atingisse o objetivo final. Líder motivador e entusiasta, Tucker era positivo e contagiava seus parceiros com muito bom humor e perseverança. Essas atitudes faziam parte do cotidiano da organização. Outros aspectos de destaque são o relacionamento interpessoal, a proatividade e a flexibilidade — características de liderança que fazem a diferença para a motivação e o incremento da produtividade em uma organização.

Uma linda mulher, com Richard Gere e Julia Roberts

> CONCEITOS-CHAVE: atendimento ao cliente; estratégias de remuneração; tipologia de organizações; ética e responsabilidade social corporativa.

O filme oferece uma visão sistêmica dos bastidores das organizações (industriais, comerciais e de serviços). A *empresa prestadora de serviços* é o escritório do personagem (Richard Gere), que exerce atividades de consultoria financeira, investimentos de capitais e promoção de fusões e aquisições de frágeis *empresas industriais* (organizações que transformam matérias-primas e insumos em produtos finais e que no enredo do filme se mostram vulneráveis nos mercados em que atuam, dependendo do capital financeiro dominado pelos bancos e escritórios financeiros). Mostra que, além do enfoque técnico presente no planejamento corporativo, existe o lado informal e subjetivo que influencia as decisões da alta administração das organizações. São evidenciadas, ainda, *empresas comerciais* (organizações do setor competitivo que atuam em comércio varejista de compra e venda de mercadorias).

O filme caracteriza questões de marketing, sempre presentes no comércio varejista. Quando a protagonista (Julia Roberts) tenta fazer compras em uma loja de grife, é mal atendida pela vendedora pelo fato de estar em trajes simples. Isso demonstra o total despreparo da vendedora para a função, ausência de treinamento e aulas de *recursos humanos*, bem como a despreocupação do dono da loja com o marketing e a reputação de seu negócio. A mensagem é que de nada adianta um planejamento estratégico cuidadoso tendo como prioridade o aumento das vendas, se o pessoal da área comercial (lojas) está mal preparado para a execução.

A encenação de uma ópera é um dos pontos fortes do filme. A complexidade de encenar uma ópera oferece alguns paralelismos com os problemas de gestão empresarial. Enquanto o espetáculo operístico se desenrola na tela, uma reflexão é pertinente. Seriam os músicos um mero conjunto de indivíduos reunidos pelo prazer da música em sua simplicidade? Enquanto a música se eleva com a harmonia de sons emitidos pelos instrumentos sob a batuta do maestro, pode-se pensar o contrário. A orquestra também é uma grande organização complexa! A direção da orquestra tem de lidar com músicos, artistas, artesãos e operários sindicalizados, além de *free-lancers*, em regimes de tempo parcial e integral, cada um com seu próprio contrato, diferentes salários, jornadas de trabalho e acordos de horas extras. Isto converte a organização dos ensaios em um pesadelo logístico. Enfim, a complexidade organizacional de uma empresa se iguala às exigências práticas de encenar uma ópera. Exige uma variedade incrível de ofícios, desde a carpintaria e engenharia até a fabricação de perucas e roupas.

Nos bastidores do teatro podem-se observar dezenas de artesãos trabalhando com trajes, perucas, cenários e outros detalhes logísticos. Bibliotecários catalogam milhares de folhas de partituras para que cada cantor ou músico tenha a sua parte devidamente anotada e ajustada à interpretação artística do maestro. A produção deve atrair, ainda, artistas de primeira linha que, invariavelmente, querem ampliar os seus interesses, cantando ou dirigindo determinadas obras. Acima dessas questões há, também, a necessidade constante de vender uma quantidade de ingressos suficiente pelo menos para cobrir os custos do espetáculo (na empresa é o tradicional ponto de equilíbrio, no qual as receitas se igualam aos custos).

O espetáculo requer cantores, músicos, corpos de baile e mãos no cenário que trabalhem sem descanso. Se algum elemento falhar, tudo vem abaixo; exatamente como ocorre nas organizações empresariais, onde se exige trabalho em equipe em todos os diferentes segmentos organizacionais. O trabalho do diretor de uma empresa, como o de um maestro, é dar coesão a todos os indivíduos sob sua supervisão. Da mesma forma que uma orquestra necessita equilibrar obras tradicionais consagradas com trabalhos contemporâneos ou menos conhecidos, em um negócio são travadas constantes batalhas entre as equipes de pesquisa e desenvolvimento e o pessoal de marketing para um ou outro produto. Ou seja, na composição de produtos (*mix* de marketing) diferentes grupos de interesses, assim como o mercado, influenciam nas decisões estratégicas.

Uma mulher de classe, com George Hamilton, Brigitte Nielsen e Corey Feldmann

CONCEITOS-CHAVE: trabalho em equipe; liderança; clima organizacional; terceirização de mão de obra; parcerias; estratégias empresariais; responsabilidade social corporativa.

Veronica Lamar (Brigitte Nielsen), uma renomada estilista do ramo da moda da alta costura, é sócia da empresa Diva Fashion, junto com seu irmão Omar. Ele contrata uma pequena oficina, a Confecções Beckwith, para fazer a coleção da Diva Fashion para o mais importante evento da moda feminina do país. O pequeno ateliê de costura, de propriedade do microempresário Doug Beckwith (Corey Feldmann), funciona de maneira doméstica e tem constantes problemas financeiros, sofrendo pressão dos bancos para o pagamento de empréstimos contraídos e atrasando frequentemente o pagamento de seus funcionários.

A contratação desse pequeno fornecedor, incapaz de atender a tão complexo pedido, na verdade faz parte de uma grande trama liderada pelo grande empresário da moda, Alonso Palermo (George Hamilton) para, em conjunto com Omar, levar a Diva Fashion à falência. De fato, a Confecções Beckwith acaba entregando a encomenda em cima da hora no próprio local do desfile, totalmente fora das especificações. A coleção modificada e improvisada, entretanto, faz um surpreendente sucesso.

Da noite para o dia, Doug Beckwith torna-se conhecido nos meios da alta costura e com isso consegue recuperar financeiramente sua microempresa. Alonso Palermo não desiste e procura contratar Beckwith, que agora dispõe de informações privilegiadas e confidenciais, tais como especificações de novos produtos e datas de lançamentos. Essa estratégia articulada por Alonso visa provocar uma concorrência desleal com a Diva Fashion em relação a preços, venda e distribuição de produtos, conquistando uma fatia significativa do mercado pertencente à empresa de Veronica Lamar. Tal plano, entretanto, não vai adiante graças à intervenção pessoal de Veronica que, como de hábito, dedica especial atenção aos assuntos estratégicos envolvendo sua empresa.

Em sua aparição na mídia, já como estilista de sucesso, Doug Beckwith faz questão de enfatizar que o êxito dos modelos e da nova coleção Diva Fashion "é resultado de um trabalho de equipe e não de uma pessoa isoladamente".

O aspecto de liderança é enfatizado na figura da empresária Veronica Lamar, que comanda pessoalmente os diferentes profissionais especializados de sua empresa, líder do mercado em seu segmento. A diversidade de talentos necessários a uma empresa de serviços especializados revela a importância de se constituir um banco de dados com informações sobre profissionais do mercado e de se usar intensivamente a terceirização de mão de obra especializada.

Wall Street: poder e cobiça, com Michael Douglas, Martin Sheen e Charlie Sheen

Conceitos-chave: planejamento de carreira; clima organizacional; globalização e internacionalização dos mercados; governança corporativa; estratégias empresariais; responsabilidade social corporativa.

O enredo desse filme está focalizado em uma corretora de valores onde Bud Fox (Charlie Sheen), um de seus executivos de contas, resolve se tornar um profissional bem-sucedido. A empresa adota um planejamento de carreira hierarquizado: corretor de ações, executivo de contas, gerente de fundos, supervisor, sócio sênior e diretor. Bud como todo recém-admitido, assume o primeiro cargo na hierarquia, ou seja, a função de corretor de contas. Sua escalada pelas diferentes posições do plano de carreira irá depender do processo de avaliação de desempenho conduzido pelo seu superior hierárquico. O processo de avaliação prevê o preenchimento de uma ficha de avaliação pelo chefe de Bud, e, como todo procedimento de avaliação, possui um componente subjetivo, pois depende significativamente da vontade e estado psicológico do avaliador.

Nessa empresa a avaliação de desempenho é conduzida de forma desumana, prevalecendo apenas o cumprimento ou não das metas (quotas de vendas) estipuladas para o período. No caso de não cumprimento desses objetivos, o funcionário é simplesmente desligado e substituído por outro. Para o cargo mais baixo na hierarquia, o candidato é recrutado externamente, enquanto o preenchimento dos outros cargos é feito por meio de recrutamento interno, na forma de promoção.

Em uma empresa com uma sadia política de recursos humanos, o resultado da avaliação de desempenho pode ser de três tipos. Quando a avaliação é favorável, o funcionário pode ser promovido ou ter um adicional financeiro em seu salário. No caso de ser desfavorável, o funcionário pode ser designado para um programa de treinamento para adquirir a capacitação necessária à função. E na terceira situação, o funcionário pode ser transferido para outro cargo, mais compatível com suas atuais habilidades e competências.

A corretora de valores pertence ao setor de instituições financeiras (ou empresas de serviços financeiros). O filme mostra os efeitos da globalização dos mercados de capitais. Bud tem uma certa admiração profissional pelo megainvestidor Gordon Gekko (Michael Douglas), que se impressiona com o desempenho do corretor e aos poucos o transforma em seu assessor de confiança. Ensina-lhe todas as nuances do mercado de capitais. Bud se deixa levar pela ambição e esquece as normas de conduta ética e de responsabilidade social, preocupando-se apenas em fazer fortuna.

De maneira aética, Bud obtém informações privilegiadas que o fazem conquistar o megainvestidor como nova conta da corretora e, com isso, consegue uma promoção. Bud convence Gekko a investir e assumir o controle acionário da Blue Star, uma empresa aérea. Após incorporar a companhia aérea, Gekko resolve se desfazer de seus ativos, desmobilizando os equipamentos/aviões para vender a empresa em partes e provocando, com isso, a demissão de todos os funcionários. É o início de uma escalada de processos de aquisição de controle acionário de empresas deficitárias. Essas transações financeiras, visando apenas o lucro, provocam demissões e liquidações de empresas. Gekko, o financista, é seguidor da filosofia de negócios e estratégia empresarial prescrita em *A arte da guerra*, de Sun Tzu, e ensina-a ao seu assessor (Bud Fox).

O filme é uma lição de recursos humanos em termos do que "não devem ser" planejamento de carreiras, avaliação de desempenho e estratégias de cargos e salários. Ilustra a força da informação financeira como recurso estratégico para a tomada de decisões empresariais. Ou seja, a real alavancagem dos negócios do megafinancista Gekko é seu controle de informações, que o capacita a conhecer profundamente o mercado.

O filme mostra, ainda, os bastidores do poder e o aspecto predatório do processo de aquisição, fusão, cisão e incorporação de empresas, vivido pelo megainvestidor.

Sobre os autores

Takeshy Tachizawa é doutor em administração pela Fundação Getulio Vargas, mestre em administração e em controladoria e contabilidade pela FEA/USP, administrador pela mesma instituição e especialista em gestão de negócios pela University of California, Irvine. É empresário e autor de várias obras sobre administração: *Como fazer monografia na prática, Gestão de instituições de ensino* e *Criação de novos negócios: gestão de micro e pequenas empresas* (FGV); *Tecnologias da informação aplicadas às instituições de ensino e às universidades corporativas, Organizações não governamentais e terceiro setor: criação de ONGs e estratégias de atuação, Gestão ambiental e responsabilidade social corporativa, Gestão de negócios: visões e dimensões empresariais da organização, Organização flexível: qualidade na gestão por processos* (Atlas); *Estratégia empresarial: tendências e desafios, Gestão ambiental: enfoque estratégico aplicado ao desenvolvimento sustentável* (Makron Books); *Metodologia da pesquisa aplicada à administração: a internet como instrumento de pesquisa, Estratégias empresariais e o teletrabalho: um enfoque na realidade brasileira, Estratégias de negócios: lógica e estrutura do universo empresarial* (Pontal).
E-mail: usptakes@uol.com.br.

Victor Cláudio Paradela Ferreira é doutorando em administração e mestre em administração pública pela Fundação Getulio Vargas – Ebape. Exerceu cargos de direção e outras atividades em diversas organizações públicas e privadas, tendo atuado, também, em vários projetos de consultoria na área de gestão de pessoas. Diretor acadêmico do Instituto Metodista Bennett e professor de cursos de pós-graduação do programa FGV Management, é coautor do livro *Introdução à administração: uma iniciação ao mundo das organizações* (Pontal, 2000), tendo ainda diversos artigos publicados em periódicos da área acadêmica.
E-mail: victor@paradela.com.br

Antônio Alfredo Mello Fortuna é pós-graduado em administração de recursos humanos e administração financeira, bacharel em letras, administrador de empresas e especialista em gestão estratégica. Pesquisador nas áreas trabalhista e de clima organizacional, possui experiência profissional de 26 anos como executivo nas áreas de administração geral e recursos humanos em organizações de expressão nacional e internacional, entre elas a Petrobras S.A. Consultor em planejamento estratégico e desenvolvimento organizacional em organizações públicas e privadas do Brasil e do exterior, é autor de vários trabalhos sobre gestão de recursos humanos.
E-mail: sfortuna@uol.com.br